はじめての刑法学

［編著］佐久間 修

［執筆者］小野晃正
川崎友巳
品田智史
十河太朗
豊田兼彦
安田拓人

三省堂

はしがき

本書は、刑法を学び始めた皆さんが、しばらくして「壁に当たった」際の「手引き書」です。

なぜ刑法学では複数の見解が激しく対立するのか？

なぜ専門用語による難解なやりとりが繰り返されるのか？　不思議に思ったことはありませんか。

本書は、過去の入門書とは異なり、こうした「疑問に答える」というコンセプトで編集されました。また、「トピックス」では、少し難しくても、多くの教科書が取り挙げるテーマに触れました。その意味で、これから本格的に刑法を勉強する皆さんにも、教科書として使って頂ける内容になっています。

つぎに、本書では、法律学一般や刑法学の基本知識がなくても、犯罪と刑罰の仕組みがわかるように、いろいろな工夫をしました。たとえば、通常の教科書とは異なり、いちいち法律学辞典で調べることなく、自然に刑法学の専門用語が頭に入るようになっています。具体的には、刑法学で使用される専門用語を、できるだけ平易な日常用語に置き換える一方、そのすぐ後に、カッコ書きで専門用語を入れました。こうした記述により、少しずつ専門用語を覚えるでしょうし、すでに法学部で勉強している学生諸君にとっても、専門用語を正確に理解しているかを確認することになります。

そのほか、初学者が勉強を進める上で必要最小限の予備知識について、第0講の「イントロダクション」を設けました。そこでは、日本の犯罪をめぐる現状を説明する一方、刑法とはなにかを考えるための素材を提供しています。法律学では、まず社会の実態を正しく把握することが前提条件であり、そこから生じた疑問が法的思考のキッカケとなります。そして、具体的事件をめぐる判例や学説を調べることで、様々な法律問題を解決する手がかりが得られることでしょう。法律学が生活に根ざした学問である以上、「机上の空論」に終わってしまっては、まったく意味がないからです。

さて、第1講以下では、『はじめての憲法学』や『はじめての行政法』と同じく、「設問」、「なにが問題となるか」、「解説」、「設問への答え」、「参考文献」の順に記述しています。特に「解説」のところでは、各設問の中で必要不可欠な知識を示すことで、読者が自分で解決策を考えるようになっています（もちろん、各講の末尾には、「設問への答え」もあります）。また、本書では、全体の体裁や表現はそろえましたが、各種のテーマに合わせて解説の仕方を変えてあります。いわば執筆者の「競作」であり、それぞれの語り口や叙述の工夫を読み取って下されば幸いです。

最後になりましたが、本書の企画に賛同してくださった上、ご多忙の中、充実した原稿をお寄せ頂いた執筆者の先生方に対して、心より御礼を申し上げます。また、本書の企画段階から出版にいたるまで、種々お世話になった三省堂六法・法律書編集室の黒田也靖氏にも、あわせて感謝の意を表したいと思います。

2020年3月

佐久間　修

◆さらに深く刑法を学びたい人には、以下のような体系書・教科書類があります。

【単独の著者によるもの】

井田　良・講義刑法学 総論（第2版・2018年)、講義刑法学 各論（2016年）
大塚　仁・刑法概説 総論（第4版・2008年)、刑法概説 各論（第3版増補版・2005年）
大谷　實・刑法講義総論（新版第5版・2019年)、刑法講義各論（新版第4版補訂版・2015年）
川端　博・刑法総論講義（第3版・2013年)、刑法各論講義（第2版・2010年）
佐伯仁志・刑法総論の考え方・楽しみ方（2013年）
佐久間修・刑法総論（2009年)、刑法各論（第2版・2012年）
高橋則夫・刑法総論（第4版・2018年)、刑法各論（第3版・2018年）
中森喜彦・刑法各論（第4版・2015年）
西田典之・刑法総論（第3版［橋爪隆補訂］・2019年)、刑法各論（第7版［橋爪隆補訂］・2018年）
橋爪隆・刑法総論の悩みどころ（2020年）
前田雅英・刑法総論講義（第7版・2019年)、刑法各論講義（第7版・2020年）
松宮孝明・刑法総論講義（第5版補訂版・2018年)、刑法各論講義（第5版・2018年）
山口　厚・刑法総論（第3版・2016年)、刑法各論（第2版・2010年）

【共著者によるもの】

今井猛嘉＝小林憲太郎＝島田聡一郎＝橋爪隆・刑法総論（2009年)、刑法各論（2007年）
伊藤渉＝小林憲太郎＝鎮目征樹＝成瀬幸典＝安田拓人・アクチュアル刑法総論（2005年）
伊藤渉＝小林憲太郎＝齊藤彰子＝鎮目征樹＝島田聡一郎＝成瀬幸典＝安田拓人・アクチュアル刑法各論（2007年）
佐久間修＝橋本正博＝上嶌一高・刑法基本講義 総論・各論（第3版・2019年）

大塚裕史＝十河太朗＝塩谷毅＝豊田兼彦・基本刑法Ⅰ総論（第3版・2019年）、基本刑法Ⅱ各論（第2版・2018年）

◆インターネットで法令・文献・判例の情報を検索する際には、以下のようなデータベースがあります。

①**e-Gov法令検索**（各府省庁に関連する法令データを提供しています）
https://elaws.e-gov.go.jp/search/elawsSearch/elaws_search/lsg0100/

②**日本法令索引**（明治19年以降の法令の制定・改廃等の情報や、帝国議会・国会に提出された法案の審議経過等を収録した国立国会図書館が提供するデータベースです）
http://hourei.ndl.go.jp/SearchSys/

③**裁判所ウェブサイト**（各裁判所の主要な判例情報を検索できます）
http://www.courts.go.jp/app/hanrei_jp/search1

④**判例体系・現行法規・法律判例文献情報**（第一法規が提供する法情報総合データベースです。法律の文献や判例に関する情報を網羅的に収録しています）
https://mypage.d1-law.com/dh_p/

⑤**判例秘書**（法律雑誌や法律文献に掲載された論文・評釈・記事などを収録しています）
https://www.hanreihisho.net/

⑥**LEX/DBインターネット**（明治8年～現在までの判例の全文情報を収録したTKC提供のデータベースです）
http://lex.lawlibrary.jp/lexbin/DBSelectAC.aspx

⑦**公的判例集データベース**（「最高裁判所民事判例集」、「最高裁判所刑事判例集」等の公的判例集をデータベース化したもので、判例の原典をPDFで閲覧できます）
https://ls.lawlibrary.jp/syoseki/Search.aspx?jc=9901&st=1

凡　例

【法令名の略称】

法令名につきましては、基本的に本文中では正式名称を用いましたが、略称を使用したものもあります。本書で使用している主な略称は以下の通りです。

あっせん利得処罰法……公職にある者等のあっせん行為による利得等の処罰に関する法律

公害罪法……人の健康に係る公害犯罪の処罰に関する法律

自動車運転死傷行為等処罰法……自動車の運転により人を死傷させる行為等の処罰に関する法律

児童買春防止法……児童買春、児童ポルノに係る行為等の処罰及び児童の保護等に関する法律

心神喪失者等医療観察法……心神喪失等の状態で重大な他害行為を行った者の医療及び観察等に関する法律

ストーカー行為規制法……ストーカー行為等の規制等に関する法律

精神保健福祉法……精神保健及び精神障害者福祉に関する法律

組織的犯罪処罰法……組織的な犯罪の処罰及び犯罪収益の規制等に関する法律

道交……道路交通法

独占禁止法・独禁法……私的独占の禁止及び公正取引の確保に関する法律

法人……一般社団法人及び一般財団法人に関する法律

【判例・出典等略称】

判例の典拠については、模範六法にしたがい、次のように略記しました。

《例》最大判昭34・12・16刑集13-13-3225は、最高裁判所大法廷昭和34年12月16日判決・最高裁判所刑事判例集13巻13号3225頁所収を示します。

［判例の略称］

大判……大審院判決

最判……最高裁判所判決

最決……最高裁判所決定

最大判……最高裁判所大法廷判決

高判……高等裁判所判決

地判……地方裁判所判決

［判例集の略称］

刑録……大審院刑事判決録

大審院裁判例……大審院裁判例

刑集……大審院刑事判例集

　　　　最高裁判所刑事判例集

裁判集刑……最高裁判所裁判集刑事

高刑集……高等裁判所刑事判例集

下刑集……下級裁判所刑事裁判例集

判時……判例時報

判タ……判例タイムズ

新聞……法律新聞

目　次

装丁＝岡本健＋
組版＝木精舎

執筆者紹介

〈編著者〉

佐久間　修（さくま　おさむ）　名古屋学院大学法学部教授

第0講、第1講、第2講、第13講、第22講執筆。

〈執筆者〉＊50音順

小野　晃正（おの　こうせい）　摂南大学法学部教授

第7講、第16講、第23講執筆。

川崎　友巳（かわさき　ともみ）　同志社大学法学部教授

第5講、第8講、第17講、第26講執筆。

品田　智史（しなだ　さとし）　大阪大学大学院高等司法研究科准教授

第6講、第15講、第20講、第25講執筆。

十河　太朗（そごう　たろう）　同志社大学大学院司法研究科教授

第10講、第12講、第14講、第24講執筆。

豊田　兼彦（とよた　かねひこ）　大阪大学大学院法学研究科教授

第3講、第11講、第19講執筆。

安田　拓人（やすだ　たくと）　京都大学大学院法学研究科教授

第4講、第9講、第18講、第21講執筆。

第0講

イントロダクション

【ある夫婦の会話】

妻：大変！ 駅前の駐輪場に自転車を置いといたら、盗まれちゃったわ。

夫：しっかり鍵をかけたのかい。そういえば、ご近所でも空き巣が入ったそうだね。ストーカーや通り魔殺人など、最近の日本も物騒になったなあ。日本は、外国と比べて治安がいいというけど、いつ身近で犯罪が起きるかと思うと、安心して夜道を歩けないね。

妻：この前、テレビで「日本の犯罪件数は少なくなった」といってたけど、本当にそうなのかしら。覚せい剤のニュースもよく見るわ。

夫：昔からいい加減なコメントをする専門家はいるし、最近の報道を見ていると、統計の数値自体も怪しいね。実際のところ、日本の犯罪や刑罰はどうなっているのだろう。

この講では、初めて刑法を勉強するにあたり、現在の日本では、どのぐらいの犯罪が起きており、刑罰で犯罪を防ぐための刑法が、他の法律とどこが違うかを説明しておきましょう。

(1) 日本の治安は悪いのか？　まず、日本の治安は悪化したでしょうか。21世紀になってから、殺人罪の刑罰を重くしたり、かつての強姦罪を拡張して「強制性交等罪」にするなど、厳罰化に向けた法改正が続いています。また、無差別テロ事件や未成年者による凶悪犯罪があったり、サイバー犯罪や「振り込め詐欺」が日常化するなど、不安を感じる人も多いでしょう。しかし、『犯罪白書』によれば、警察などが把握した犯罪の数（犯罪認知件数といいます）は、2002（平成14）年に戦後最大の285万件を超えたものの、その後、官民挙げての治安対策が功を奏して、戦後最低を記録するところまで減少しました。もっとも、警察が把握していない犯罪もあり（これを「暗数」と呼びます）、ひとたび社会環境が変化すれば、また犯罪認知件数は増加するでしょう。

(2) 刑法の特徴　次に、刑法とそれ以外の法律の違いですが、①刑法は、刑罰という厳しい制裁を科すものです（刑罰法規や処罰規定と呼ぶこともあります）。したがって、②あらかじめなにが犯罪であって、どのように処罰するかを示さなければならず（これが罪刑法定主義の原則です）、③たとえ処罰する条文が存在しても、これを適用するうえでは厳格なルールがあります（たとえば類推解釈は、禁止されています）。

いい換えれば、刑法という法律は、つねに条文の形で存在するため、条文になっていない刑法は存在しないことになります。なるほど、文章化されていないルールや決まりも、広い意味では「法」とされますが、刑法では、狭い意味の「法」である「法律」、すなわち、国会が制定した法律や、地方議会が制定した条例の規定がなければ、国民を処罰することはできません（なお、罪刑法定主義については後述します）。

1　法・法律・刑法

◆刑法の役割と効果

広辞苑によれば、刑法とは、「①刑罰の法則・おきて、②犯罪及び刑罰を規定した法律の体系。狭義には1907（明治40）年公布の『刑法典』を指す」となっています。①でいう「刑法」には、成文の法律でないものが含まれることもあります。また、②でいう「刑法」は、一般に刑法典と呼ばれる法律を指しますが、広い意味では、およそ犯罪と刑罰を定めた法律のすべてが入ります。これらの刑法は、死刑や懲役・禁錮などの刑罰を科す点が特徴であり、刑罰権行使の条件（法律要件）が全部そろってから、初めて犯人を処罰すること（法律効果）ができます。

(1) 一般予防と特別予防　刑法の使命は、犯罪者を処罰することにより、国民を犯罪から守ることです。そのためには、まず、国民全体に対して「犯罪をしたら処罰するぞ」という警告を与えて、犯罪の発生を抑えるしくみになっています（これを一般予防と呼びます）。また、すでになんらかの罪を犯した人間に対しては、「もう一度犯罪を繰り返したら、重く処罰するぞ」と脅すことで、いわゆる再犯を防ぐ機能もあります（これを特別予防と呼びます）。さらに、刑法には社会の秩序を維持する側面がありますし（秩序維持機能と呼びます）、個人・社会・国家のもつ利益（法益）を守っているともいえます（法益保護機能と呼びます）。

(2) 刑法と道徳　さて、「人を殺してはならない」、「人のものを盗んではいけない」というルール（学説では「規範」と呼びます）は、なにも刑法だけに限られません。憲法・民法はもちろん、道徳や倫理にあっても、人殺しや盗みは禁じられています。他方、道徳や倫理に反する行動であっても、つねに犯罪となるわけではありません。反対に、自動車の速度制限違反など、道徳や倫理とは無関係に処罰される場合があります。その意味で、刑法と道徳・倫理は別のものです。しかし、人殺しや盗みなどの犯罪が、道徳や倫理に反するのは当然であって、「刑法は最低限の道徳である」という法ことわざ（法格言ともいいます）さえあります。

◆刑罰の種類 —— 行政処分としての交通反則金・課徴金

日本の刑法典が「刑罰」としているのは、以下の7種類です。単独でも刑罰となるのは、死刑、懲役・禁錮・拘留、罰金・科料ですが、これらの刑罰に付加されるものとして、没収があります（9条）。それ以外の制裁手段は、たとえ刑罰と似た効果（いわゆる不利益処分）があるとしても、ここでいう刑罰には当たりません。

(1) 応報刑と抑止刑　まず、死刑（11条）は、犯罪者の生命を奪う刑罰であり（生命刑と呼びます）、懲役（12条）、禁錮（13条）および拘留（16条）は、犯罪者の自由を剝奪・制限するものです（まとめて自由刑と呼びます）。他方、罰金（15条）、科料（17条）および没収（19条）は、犯人から一定の財産を取り上げる刑罰です（これらを財産刑と呼びます）。刑罰は、犯罪自体の重さや犯人の責任に見合ったものでなければなりませんが（いわゆる応報刑という考え方です）、再犯の予防という見地からは、犯人の危険性を重視して、犯罪の重さとは無関係に刑の量を決定することがあります（これを抑止刑といいます）。実際の刑事裁判では、ほとんどが懲役刑となりますが、上述した「応報」と「予防」のいずれを優先するべきかは、学説が分かれています。

(2) 刑罰と行政処分　刑罰でない制裁手段として、独占禁止法や金融商品取引法などの課徴金制度（独禁7条の2、8条の3、金融商品取引172条以下など）があります。また、道路交通法による交通反則金制度もあります。これらは、いずれも行政処分の一種であって、厳密にいえば刑罰ではありません。ただ、こうした不利益処分も、犯人に働きかけることで、将来の違反行為を防止する役割を担っています。そのため、課徴金の社会的機能が限りなく刑罰に近づくならば、同時に刑罰も科すことで、憲法39条後段の「二重処罰の禁止」に違反する可能性があります。

◆いろいろな刑法──一般刑法と特別刑法

現在の日本では、刑法典のほかにも、犯罪と刑罰に関する多数の法律が存在します。①広い意味の刑法は、およそ犯罪と刑罰を定めたすべての法律を指します（これが実質的意味の刑法です）。しかし、②狭い意味の刑法は、1907年に制定された刑法典であることは、すでに述べたとおりです（これを形式的意味の刑法といいます）。すなわち、①広い意味の刑法は、刑法典という基本法規とそれ以外の刑罰法規（特別刑法と呼びます）から成り立っています。

「小六法（小型版の六法です）」には、特別刑法の例として、暴力行為等処罰ニ関スル法律、盗犯等ノ防止及処分ニ関スル法律、軽犯罪法、覚せい剤取締法、爆発物取締罰則などが載っています。また、会社法や独占禁止法のなかにも、多数の罰則が規定されています。

なお、新しく罰則を制定する立法過程と、現行法令を適用する法解釈は、しっかりと区別しなければなりません。いくら一般国民の処罰要求が大きいからといっても、条文の形になった罰則がなければ犯罪となりません。他方、社会の複雑化や人間関係の希薄化に伴って、刑罰法規を含む法規制に頼る領域は徐々に拡大しています。そこでは、新たな概念や異質なルールが登場することもあります。

2　刑法の解釈

◆罪刑法定主義のルール

刑法には、「法律なければ犯罪なし、法律なければ刑罰なし」という基本原則があります。その趣旨は、およそ国民を犯罪者として処罰するためには、あらかじめ法律に明記しなければならないというルールです（いわゆる成文法主義です）。こうした考え方を「罪刑法定主義」といいますが、その歴史的な起源は、イギリスのマグナ・カルタ（1215年）であるとされています。フランス革命の人権宣言（1789年）や、アメリカ合衆国憲法の「適正手続」条項にも、同じようなルールが入っています。

(1) 絶対王制から市民社会へ　近代以前の専制主義国家を考えてみましょう。この時代の刑法は、君主が一般国民を押さえつける手段になっていました。しかし、18世紀になってから、国王や権力者の刑罰権を制限する思想が広まり、いわゆる「近代刑法学の幕開け」を迎えました。近代刑法学は、専制君主や教会権力による刑罰権の乱用を防止して、いわゆる「罪人（つみびと）」の劣悪な境遇を改善する一方、刑法の予防的機能を重視することで、罪刑法定主義の原則を確立したとされます。このようにして、刑法は、個々の犯罪者を裁く「裁判規範」であると同時に、第1講や第2講で述べる一般予防機能や特別予防機能に象徴される、国民一般に対しての「行為規範」にもなります。

(2) 旧憲法と現行憲法　わが国でも、戦前の大日本帝国憲法（旧憲法）には、罪刑法定主義を定めた条文がありました（同法23条）。また、現行刑法典の前に制定された旧刑法2条（トピックス1参照）も、法律に条文がなければ、いかなる行為であっても処罰できないと明記していました。いまの刑法典には、そうした趣旨の条文はありませんが、日本国憲法31条の「法律の定める手続」は、主に刑法を想定しています。また、憲法39条前段や同73条6号ただし書きも含めて、罪刑法定主義は、現行法にあっても基本原則となっています。

◆国民主権国家と罪刑法定主義

読者の皆さんは、罪刑法定主義という重々しい言葉に尻ごみする必要はありません。罪刑法定主義も、近代刑法学が登場した頃の歴史的所産であって、国民主権と法治主義が整備された国家では、その社会状況に応じた捉え方が許されるからです。結局のところ、罪刑法定主義も、罰則を適用する際の基本的なルールにとどまり、生（なま）の刑事事件を処理する際には、各条文が想定する典型例はなにか、その法律が守ろうとする利益はなにか（これを保護法益と呼びます）に応じて、具体的な適用範囲が決まることになります。

(1) 国民の人権と刑法　国民主権にもとづく法治国家では、人々の基本的人権を保障するためにも、国民の代表である国会議員が（刑法を含む）法律を制定してきました。その意味で、新しい罰則を設けること自体は、なんら罪刑法定主義に反しません。当初、近代刑法学が「人権尊重」を唱えたとき、国王から弾圧される市民（＝犯罪者）の人権を考えがちでした。しかし、今日では、むしろ、犯罪の被害者となる国民の人権を重視しなければなりません。その意味で、法治国家の進展に応じて、刑法のあり方も異なってくるのは当然でしょう。罪刑法定主義のルールは、「刑法を必要悪」とみる刑事司法消極主義とは別のものです。

(2) 刑事司法積極主義の時代　21世紀に入ってから、治安の悪化やテロリズムとの戦いを通じて、ほとんどの先進国家は、刑事罰法規を積極的に活用する刑事司法積極主義に転じました（積極的一般予防論が台頭したともいえます）。近代刑法学が罪刑法定主義を起点にしたとはいえ、激動する現代社会において、罪刑法定主義は旧時代の遺物になったのでしょうか。いいえ、現行法の罰則を適用するとき、法律家や権力者がルーズに解釈するならば、処罰される範囲は不当に広がってしまいます。そのような状態では、法律に明記したことも無意味になるでしょう。刑罰法令を解釈する際には、罪刑法定主義でいう厳格な解釈が維持されねばなりません（→◆**許される解釈と許されない解釈**）。

◆罰則の仕組み――禁止規定と処罰規定

さて、刑法は、どのような形で犯罪と刑罰を定めているでしょうか。たとえば、殺人罪の場合、「人を殺した者は、死刑又は無期若しくは5年以上の懲役に処する」と規定しています（199条）。前半部分が法律要件に当たるもの（これを「構成要件」と呼びます）であり、後半部分が法律効果としての刑罰を示しています。しかし、刑法典以外の特別刑法では、道路交通法のように、「……してはならない」という禁止規定を置くとともに（道交65条）、その違反者に対する罰則を別に定める形式が普通です（道交117条の2）。これらの禁止規定と罰則を併せて、実質的な意味の刑法となります。

いずれの場合にも、罪刑法定主義を基本として、法律の条文に即した厳格な運用が求められます。しかし、すべての犯罪成立要件が明記されているわけではありません。そこで、条文の解釈という作業が必要となりますが、まず、①日常用語的な意味に添った「文理解釈（字句そのままの解釈です）」から始まり、②処罰する方向に意味を広げる「拡張解釈」や、③処罰しない方向で狭める「縮小解釈」があります。さらに、立法者の意思を忖度（そんたく）した「目的論的解釈」もあります。これに対して、④法律の趣旨・目的を超えた「類推解釈」は、刑法では固く禁じられています。とはいえ、激動する現代社会では、特別な専門知識を要求する複雑な処罰規定が多用される反面、現行法令の適用範囲を解釈により広げることも多くなりました。それらが許された拡張解釈なのか、禁じられた類推解釈なのかが争いとなってきます。

◆許される解釈と許されない解釈（類推禁止の原則）

罪刑法定主義として「法律主義」があるにもかかわらず、なぜ解釈が必要となる抽象的な文言にしたのでしょうか。最初から素人にもわかる表現にしておけば、解釈の問題は生じないのでは？と思われるでしょう。しかし、すべての個別事例を条文化するならば、法律の専門家でも扱いきれないほどの膨大な分量になってしまいます。また、目の前の事件が過去の同種事件と完全には一致しない以上、たとえ詳細な規定を設けても、過去の事件を想定した古い条文を適用できないこともあります。そこで、包括的ないし抽象的な条文を設けることで、柔軟に対応できるようにしたわけです。

(1)　社会の変化と刑事立法　しかし、これから生じるすべての事態を見越して、刑罰法規に取り込むのは不可能です。なるほど、新しい事件が起きたとき、その都度、新しい法律を作ればよいという考え方もありますが、民主主義国家においては、それほど迅速に立法ができるわけではありません。そのため、しばらくの間は、犯罪を放置することになってしまいます。そこで、まずは広く網をかけておき、およそ犯罪に当たらない場合や、とくに犯罪が不成立となるケースを示しておくことになります（第4講と第5講で述べる違法性阻却事由や責任阻却事由がそれです）。

(2)　刑罰法規の明確性　もちろん、正当防衛（36条）などのように、犯罪を成立させない場合にも、条文の解釈という作業が必要となります。その際、「犯罪者（被告人）にとって有利な方向であれば、類推解釈も許される」という見解があります。しかし、犯人を刑罰から解放するためであっても、刑罰法規の明確性という見地からは、類推解釈は許されないという意見があります。また、社会状況や人間関係が変わっても、刑罰という制裁を加えるうえでは、あまりに緩やかな罰則の適用は望ましくありません。一般国民からみてなにが犯罪であるかの予測可能性を維持するためにも、罪刑法定主義のルールが尊重されるべきでしょう。

＊ これまで類推解釈になるかどうかをめぐっては、①電気が、窃盗罪の「財物」に含まれるのか（大判明36・5・21刑録9-874）、②電子コピーは、文書偽造罪の「文書」といえるか（最判昭51・4・30刑集30-3-453）、③インターネット上のポルノ画像は、わいせつ物頒布等罪の「わいせつ物」に含まれるか（最決平13・7・16刑集55-5-317）が問題となりましたが、いずれも許される範囲の拡張解釈とされました。

3 判例と学説

◆法令の適用と判例実務

現在の刑法典は、具体例を挙げて詳細な条文を設けるのでなく、殺人罪や窃盗罪のように、ごく短い文章で簡潔に表現しています。その意味で、実際の事件に当てはめた裁判例（過去の具体的判断）が、それ以降の事件処理に一定の影響を及ぼすことがあります。これまで戦前の大審院から、戦後の最高裁判所の時代を通じて、膨大な数の判例が蓄積されてきました。これらは、直接の処罰根拠（法源と呼ばれます）とはならないものの、過去の裁判所による罰則の適用例として尊重されます（これを判例の先例拘束性といいます）。

もちろん、罪刑法定主義の原則がある以上、裁判所の解釈によって、立法機関が設けた処罰範囲の限界を超えるわけにはいきません。また、近年では、グローバル化のなかで諸外国の法制度を参照しつつ、罰則を追加することもありますが、新しくできた条文は、それ以前の事件にさかのぼって適用することは許されません。これに対して、過去の判例で無罪となったものが、その後の解釈変更によって、新しい事件では有罪となることもありますが、憲法39条（刑罰法規の不遡及）には違反しません（最判平8・11・18刑集50-10-745）。

◆学説の解釈と立法政策

刑法学における「学説」とは、法令の解釈をめぐって刑法学者が主張した見解のことをいいます。そのなかでも、大多数の学者が支持する見解を「通説」と呼びます。しかし、通説は、単に支持者の多寡で決まるわけではありません。むしろ、判例実務に一定の影響を与えたかどうかを重視することになります。また、有力説や少数説と呼ばれる見解もありますが、こうした学説の役割はなんでしょうか。およそ学説は、過去の法令適用をめぐって、裁判所の判断が妥当であるかを検討したり、これまでの立法経緯や罰則の運用状況を観察しつつ、今後の犯罪対策を提言するものでしょうか。

他方、学説のなかでも、法令の解釈をめぐって見解が分かれるように、学界の多数説と裁判所の見解がくい違う場合も少なくありません。最高裁判所の判例であるにもかかわらず、多くの刑法学者が批判しているケースもあります。その意味で、最高裁判所による解釈と刑法学者の支配的見解が、必ずしも一致するわけではありません。さらに、学説が変わり得るように、すでに確立した判例であっても、その後に裁判所が自らの解釈を変更することも少なくありません。

◆刑法の基本思想とその根底にあるもの

上述したように、刑法学では、他の法分野と異なり、なるべく客観的な枠組みを維持することで、刑罰権の濫用を防いできました。犯罪成立要件を予告することは、国民の自由な行動を保障する有効な手段となりますし(これが刑法の自由保障機能です)、実際に刑法を適用する場面では、罪刑法定主義にもとづく類推解釈の禁止という原則があります。もちろん、実際の裁判では、条文の解釈をめぐって、すでに定着した過去の判例が重視されますが、そうした解釈を超える刑事立法や刑事政策については、学説の主張や外国の法令なども参照されるべきでしょう。

かりに裁判所の判断を追認するだけの学説があるとしたら、その存在意義はきわめて乏しいでしょう。もちろん、日本の法体系や過去の裁判例を無視した見解は論外といえますが、警察の事件処理や判例実務を知るだけでは、刑法の実像を正しく捉えたことにはなりません。むしろ、刑法の学説は、「刑法の根底にあるもの」を見据えて、犯罪成立要件と法律効果を客観的に分析することで、国家刑罰権の適切な行使を目指すものでなければなりません。

＜参考文献＞

①「法学部生は知っておきたい！　昭和・平成の法律事件⑵」法教350号（2009年）8頁以下

②「同前⑶」法教351号（2009年）8頁以下

③「平成の法律事件」法教463号（2019年）別冊付録14～15、22～23、26～27、28～29、34～35、38～39頁

トピックス1　刑法典の改正履歴

日本の刑法典は、明治維新の直後に制定された旧刑法（明治13年・第36号布告）を廃止して、1907年4月24日に公布されました（法律第45号。翌10月1日から施行）。その後、何度かの大きな法改正がありましたが、とくに1995年には、古い漢文調の条文が全面的にリニューアルされて、現代用語による表記となりました（法律第91号）。

この大改正でも、主要な犯罪と刑罰は、基本的に変わっていません。ただし、2004年には、懲役刑と禁錮刑の上限が一律に引き上げられ（15年以下→20年以下）、殺人などの重大犯罪の刑罰が重くなりました。また、公訴時効期間も延長されています。その背景には、他人の生命・身体に重大な危害を及ぼす凶悪犯罪が増えたこと、犯罪被害者とその遺族の処罰感情が厳しくなった点に加えて、国民の「体感治安」が悪化したという事情があります。

さらに、2011年には、サイバー犯罪など、社会環境の変化を反映した法改正がありました。たとえば、刑法典中にコンピュータ・ウィルス作成罪を設けたり、インターネット上のわいせつ表現に関する罰則が整備されました。そのほか、民事介入暴力に対する強制執行妨害関係の罰則を拡充したり、2017年には、性暴力に関する罰則を改正しています。具体的には、男性も対象とした強制性交等罪や、社会的弱者に対する監護者わいせつ及び強制性交等罪の規定が新設されました。

第1講

刑法という法律
── 罪と罰の法 ──

設　問

刑法について、次の問いに答えなさい。

①刑法は、なにを犯罪としていますか。また、犯罪の本質を論じることに、どんな意味があるのでしょうか。

②刑法には、死刑や無期懲役などの刑罰がありますが、なんのために処罰するのでしょうか。また、どのような効果がありますか。

③「刑事立法の時代」といわれますが、今後も、どんどん新しい罰則を作っていくべきでしょうか。

《なにが問題となるか》

刑法は、犯罪と刑罰に関する法律です。そのなかで、「犯罪とはなにか」の問いは、「人間とはなにか」の問題と重なります。どのような国家でも、犯罪を根絶できないのは、生身の人間が「罪を犯しやすい生き物」だからです。刑法学では、現行法上の犯罪とは別に、「およそ犯罪とはなにか」を議論してきました（ここでは「実質的意味の犯罪」が問題となります）。ただし、第0講「イントロダクション」で述べたように、実際に処罰されるのは、成文の法律が規定したものだけです（これを「形式的意味の犯罪」と呼びます）。

次に、なぜ犯人を処罰するかの問いは、「人が（他）人を処罰できるのか」という根源的な問題と結びつきます。刑罰の本質をめぐっては、かつて激しい見解の対立がありました。刑罰の捉え方いかんによっては、裁判所が宣告する刑罰や刑務所の運営にも大きく影響してくるからです。さらに、刑法の役割をめぐる立場の違いに応じて、「（国民一般に対する）強制」と「（犯罪者の）矯正」の位置づけも異なってきます。

解　説

1　刑法学における「罪と罰」

◆法律上の犯罪成立要件

犯罪が成立するのは、刑法典または特別刑法が規定するすべての条件（犯罪成立要件）を満たした場合だけです。法律上、どのような行為が犯罪に当たるかを表記した部分が、いわゆる「構成要件」です。しかし、殺人事件の犯人が、刑法199条の構成要件を満たしても（「構成要件に該当した」と表現します）、それだけでは足りません。犯行の具体的状況を細かく吟味したうえで、実質的意味においても違法な行為でなければなりません。

(1)　違法性と責任　たとえば、客観的には「人殺し」となる場合にも、正当防衛による殺人は適法とされます（36条）。つまり、殺人罪の形式的な構成要件に該当するだけでは足らず、犯行当時の状況下で実質的にも違法といえる場合だけが（これを「実質的違法性」といいます）、刑法上の犯罪となります。正当防衛では、こうした意味の違法性が欠けるからです。違法性は、第2の犯罪成立要件とされますが、さらに第3の犯罪成立要件として、責任が必要です。その内容は、当該行為者を法的に非難できることです（これを「非難可能性」といいます）。たとえば、犯人がわざと他人を傷つけたり（故意犯）、不注意で建物を燃やしてしまったとき（過失犯）、犯人の行為を「人間としてけしからん」と評価できることです。

(2)　犯罪概念の三段階構造　つまり、形式的意味の犯罪は、①構成要件該当性、②違法性、③責任の3要素から成り立っています。その際、①の構成要件該当性は、罪刑法定主義の思想にもとづいて、犯罪とはなにかを事前に告知するものです。いわば犯罪概念の外枠といえるでしょう。他方、②の違法性は、刑法の法益保護機能と結び付いて、処罰の対象を社会的観点から有害な行為だけに絞り込みます。正当防衛（36条）や緊急避難（37条）は、ここで問題となります。さらに、③の有責性では、実質的に違法な行為であっても、犯人が幼い子どもや重度の精神障害者であれば、その人を非難することができません。したがって、やはり犯罪のなかから除外されることになります（39条）。心神喪失者（39条）や14歳未満の少年（41条）は、ここで問題となります（これらは「責任無能力者」と呼ばれます）。

◆犯罪の実質とは何か

およそ実質的な意味の犯罪は、客観的にも、共同体の法秩序に反することが多いでしょう。刑法は、社会生活上の害悪（有害なもの）であれば、たとえ責任無能力者の行為であっても、実質的な違法性を認めてきました。犯人の個人的な（その意味で「主観的」な）事情は、もっぱら責任要素として考慮されるからです。なお、学説にあっては、犯罪を社会生活上の利益を侵害したというか（法益侵害説）、刑法という規範に違反したというか（規範違反説）により、その捉え方や判断基準も異なってきます。

刑法学の歴史を振り返るならば、当初は、①犯罪の実質を権利侵害に求める見解が登場しました（権利侵害説）。しかし、法律上の権利でない事実上の利益も、刑法上保護されねばなりません。そこで、②犯罪を利益侵害とみる法益侵害説があらわれました。ここでいう「利益」とは、法によって保護される利益（法益）のことです。およそ犯罪には保護法益が予定される以上、まず法益侵害説が起点となるでしょう。しかし、犯罪のなかには、行為者の義務違反性を考慮した規定があります。後述する「不真正不作為犯」や「身分犯」などでは、犯人の地位・身分に関する要素が入ってきます。ここでは、義務違反の側面も無視できません。その意味で、犯罪の実質は、第一次的に法益侵害（または危険）となりますが、第二次的には義務違反性も入ってきます。

2　刑罰の役割と限界

◆刑罰は何のために？

刑法典にある7種類の刑罰は、なんのために存在するのでしょうか。犯罪が発生することで、被害者の法益が害されるのはもちろん、加害者も有罪判決にもとづいて刑務所に収容されたり、一定の罰金を取られることになります。犯人にとっては当然の報いであるとはいえ（「自業自得」とか「因果応報」という言葉があります）、被害者からみれば、たとえ犯人を厳しく処罰しても、すでに生じた損害が回復するわけではありません。その意味では、犯罪を未然に防ぐことが肝要でしょう。刑法には、刑罰による法益の保護だけでなく（法益保護機能）、一般予防および特別予防という機能がある一方（第0講の説明を参照してください）、犯人を確実かつ適切に処罰することで、社会的正義を実現するという秩序維持機能もあります（最後の2つは、刑法の行為規範性として説明されます)。

(1) 応報刑と抑止刑のいずれか　従来、刑罰の役割については、応報刑と抑止刑（または目的刑）という捉え方がありました。すなわち、犯人に対する懲罰である応報（刑）と、再犯を抑止するための改善（刑）のいずれを重視するかの問題です（応報刑論と目的刑論の対立ともいえます)。刑法学者のなかには、応報刑思想を非合理という人もいますが、刑法学の歴史において、応報刑の思想は、過去の残虐な刑罰を合理的な範囲に限定するための役割も果たしました。むしろ、応報刑思想は、歯止めのない改善刑思想に比べたら、罪刑の均衡に資する点では優れています。

(2) 罪刑均衡のルール　かつて哲学者であるカントやヘーゲルが唱えた絶対的応報刑論は、すでに過去のものになったとされます。しかし、たとえ科学主義のヴェール（外被）をまとったとしても、最終的には判断者の主観に左右される抑止刑に比べれば、近代刑法の原点となった応報刑の方が、はるかに合理的であるといえるでしょう。実際、実務家からは、科刑の基準という点では、応報刑論が最も明確であって、刑罰を加えられる被告人の納得という見地からも、最もバランスがとれたものとされます。裁判員裁判が定着した現在、改めて応報刑論が中心になるという意見さえあります。

◆犯罪者に対する応報と改善

そもそも、すべての刑罰を一括して論じるのは適当ではありません。たとえば、死刑では、応報刑が中心になるでしょうし、懲役・禁錮・拘留では、犯人を拘束して改善のための教育をすることで（これを「矯正」といいます)、再犯の予防という目的刑の要素が中心となります。同様にして、殺人罪のように（かけがえのない）他者の生命を奪った場合と、窃盗や詐欺のように金銭的な損害賠償が可能な場合では、刑罰が果たすべき役割も異なるのではないでしょうか。

(1) 死刑制度と冤罪の問題　なるほど、死刑制度に反対する人々は、犯人の「生命の重さ」を強調します。しかし、被害者の「生命の重さ」は考えないのでしょうか。彼らには、理不尽にも殺された人の生命は「目に入らない」のかもしれません。もちろん、無実の者を処罰するのは論外として、かりに冤罪（えん罪）を防ぐためとはいえ、「99人の有罪犯人を取り逃がすことになっても、1人も無実の人間を有罪にしてはならない」というのは、あまりに非現実的な発想です。哲学や宗教ならばともかく、一般の社会常識には合いません。現実を無視した理想論だけでは、国民の安心・安全な生活を守ることはできませんし、犯罪被害者の権利も無視していると思います。

(2) 刑罰の意味と再社会化　かつては、犯罪者が社会政策の犠牲者であって、むしろ救済されるべきだという主張がありました。しかし、こうした捉え方は、国民主権にもとづく法治国家では妥当しません。もちろん、刑罰は個人の復讐心を満たすものでなく、国民の処罰感情を満足させるショー（見世物）でもありません。公正かつ適切な刑罰が科されることで、将来の犯罪を予防するのが刑法の究極的な目標です。最近では、犯罪を繰り返す再犯者の増加が目立ちますが、前科のある人に犯罪をさせないことも重要です。そのためには、刑罰だけでなく、受刑者の出所後の生活を改善する方策が緊急の課題になっています（「再社会化」といわれます)。そのほか、自由刑であるにもかかわらず、懲役と禁錮の区別を設けるのはおかしいという意見もあります（自由刑単一化論と呼ばれます)。

3　刑事立法の時代

◆刑罰は「必要悪」なのか？

日本は、第二次世界大戦を経たにもかかわらず、明治時代にできた刑法典を、全面的に改正しませんでした。しかし、1990年代以降、刑事立法のラッシュともいうべき状況が出現しました。近年では、ほとんど毎年のように新しい罰則が制定されたり、法改正が行われています（そのため「刑事立法の時代」といわれます)。これに対して、近代刑法の基本思想を固持する人たちは、「刑法は必要悪」という見地から（刑事司法消極主義といいます)、近年の「罰則の氾濫」を批判してきました。しかし、多くの刑法学者は、性犯罪などの規制をめぐって、刑法が「時代遅れ」になったと述べて、刑法を「歴史上の遺物」にしないように警告しています。

(1) 刑法の拡大と罰則の氾濫　グローバル社会では、ヒトとモノの移動に伴って国境を越えた犯罪が増加しています。とくに国際的なテロ活動や経済犯罪に対応するべく、早い段階から犯罪とする「罰則の前倒し」や「処罰の早期化」と呼ばれる現象がみられます。しかし、複雑多岐にわたる経済取引が次々と発生する以上、単なる債務不履行や信義則違反のように、私人間の財産トラブルやモラルハザードにすぎないものにまで、広く刑罰法規の網をかけることはできません。行き過ぎた犯罪化は、まさしく「罰則の氾濫」を引き起こしてしまうからです。

(2) 刑法の謙抑性と法の役割分担　むしろ、個人の軽微な財産侵害に終わった場合には、民法上の救済手段に訴えることで、事後的な救済にとどめる方法も考えられます（後述する「可罰的違法性」の理論を参照してください）。その意味で、刑罰は、それ以外の制裁を補う範囲でのみ用いるべきでしょう。こうした考え方を「刑法の謙抑性」という言葉で表現しています。刑法を使用する際には「できる限り抑制的であれ」という意味です。上述した刑事司法消極主義は、現在では流行っていませんが、刑法とそれ以外の法律のあいだで、役割分担を考える必要はあります。刑罰の範囲を不当に拡張したものの、ほとんど抑止効果がなかったという事態は、人的資源・物的資源の適正な配分という見地からも避けねばなりません。

刑事立法のラッシュ？

2001（平成13）年	「支払用カード電磁的記録に関する罪」の新設（163条の2〜163条の5）、危険運転致死傷罪（208条の2）の新設。
2003（平成15）年	国外犯処罰規定の整備・拡充（3条の2）。
2004（平成16）年	懲役刑および禁錮刑の上限の引き上げ（15年以下→20年以下、12条・13条）。重大犯罪や性犯罪における法定刑の加重（176条・177条・199条・204条・205条など）。
2005（平成17）年	逮捕監禁罪・略取誘拐罪における法定刑の加重（220条・224条以下）、人身売買罪の拡大（226条の2第1項〜第3項）。
2006（平成18）年	公務執行妨害罪・窃盗罪における罰金刑の新設（95条・235条）。
2007（平成19）年	自動車運転過失致死傷罪の新設（211条2項）。
2011（平成23）年	コンピューターウィルス作成罪の新設（168条の2〜168条の3）、強制執行妨害罪の拡充・整備（96条の2以下）。
2013（平成25）年	危険運転致死傷罪や自動車運転過失致死傷罪などを含む「自動車の運転により人を死傷させる行為等の処罰に関する法律」の制定（法律第86号）。
2017（平成29）年	強姦罪の法定刑を加重した「強制性交等罪」の新設（177条）、強盗強姦罪を「強盗・強制性交等罪」に拡張するほか（241条1項）、「監護者わいせつ及び監護者性交等罪」の新設（179条）。

◆刑事司法積極主義と性悪説

刑法を積極的に活用しようとする「刑事司法積極主義」は、かつて19～20世紀に「刑法の謙抑性」が強調されたことに対する「揺り戻し」ともいえます。なるほど、罪刑法定主義では、法律主義や類推（解釈）禁止のルールがあるとはいえ、（刑事）立法まで抑制していません。しかし、犯罪者の生命・自由さえ奪う刑罰を設けた刑法は、ある種の劇薬に当たるため、その副作用にも注意しなければなりません。そうかといって、すべての人間が善人であって改善可能とみる見解（いわゆる性善説）は、法律学が「悪人の存在＝性悪説」を前提にしてきたのと矛盾します。

(1) 国民の意識と犯罪被害者の保護　近年、先進諸国で刑事司法積極主義が主流となった背景には、一般市民の安全に対する意識が高まったせいもあります。その意味で、国民の意思が立法に反映された結果ともいえるでしょう。また、多くの先進国では、行き過ぎた「犯罪者の人権保障」を修正して、犯罪被害者の権利保護に努めています。さらに、最近では、再犯の抑止に向けた「修復的司法」という考え方も有力になりました。

(2) 犯罪の予防と法的正義の実現　刑法には、厳正な処罰を通じて同種の犯行を予防する一方、犯罪そのものに対する否定的判断を示すことで、法秩序に向けられた国民の信頼を担保するという機能もあります。また、「（法的な）正義の実現」が刑法の使命であるならば、応報の要素を無視した極端な改善刑思想は、大方の国民の賛成を得られないでしょう。国家による刑罰権の濫用が防止されるのは当然であるとはいえ、犯罪者の人権だけを声高に主張する人々が、庶民の常識からかけ離れた存在であることは否定できません。

◆犯罪被害者の「復権」と国民のための司法

かつての刑事司法は、あまり犯罪被害者の声や国民の処罰感情に配慮してきませんでした。しかし、近年では、刑事訴訟法や刑事訴訟規則などを改正して、被害者の法的地位を重視する動きがあります。たとえば、交通事故や性犯罪の被害者の要望をくみ取って、危険運転致死傷罪や性暴力の罪を拡充しました。こうした「犯罪被害者の復権」に逆行して、相変わらず犯罪者の人権ばかり強調する人々もいますが、そこでは、強者である犯罪者に対して、その犠牲になった被害者（弱者）という視点が欠落しているようにみえます。

従来は法律専門家に委ねられた法政策の分野（刑事政策）にあっても、次第に、一般市民の意見が反映されるようになりました。そうした傾向は、旧時代の呪縛に囚われた一部の法律専門家に対する不信感のあらわれでもあります。いわゆる「プロ」に任せても、自分たちの安全・安心を確保できないと考えたのでしょうか。こうした現象を「専門家軽視」とか「反知性主義」と嘆いてみても、仕方がありません。裁判員裁判が導入されたことに加えて、インターネットにより各種の情報が氾濫する現代社会では、むしろ、一般国民の納得につながる明快な刑法理論が求められています。

◆刑法の謙抑性とパッチワーク化

近年、ストーカー行為規制法や不正アクセス禁止法、自動車運転死傷行為等処罰法など、刑法典以外の特別刑法が増大した結果、伝統的な刑法典の地位が低下する一方、「法のパッチワーク化」が進行しています。しかし、これは「法の専門・分化」であって、必ずしも否定的に捉える必要はありません。いわゆる刑法の断片性（パッチワークと同義です）は、昔から指摘されてきたことだからです。もっとも、特別刑法における「罰則の氾濫」が、刑法の完全無欠性を目指したものであるならば、「刑法の謙抑性」にそぐわないでしょう。

設問への答え

設問①の「犯罪とはなにか」に対する答えは、各人の世界観や人間観によっても左右されます。現在の支配的見解は、実質的意味の犯罪を「社会生活上、なんらかの具体的利益を侵害ないし危険にする行為であって、同時に、現在の法秩序に違反するもの」と定義しています。また、すべての犯罪に共通する性質がなにかを考えることで、今後、新たに犯罪とすべき範囲も明らかになるでしょう（少なくとも人間の思想を処罰することはできません）。

設問②については、あくまで事後処理となりますが、犯罪者を確実かつ適切に処罰することで、将来の犯罪を予防することを目指しています。また、すでに罪を犯した人間が再び罪を犯すのを防止する意味もあります。刑法の究極的な目標は「犯罪をなくす」ことであり、こうした一般予防に加えて、秩序維持や法益保護という側面もあります。

設問③については、刑法がある種の劇薬である以上、できるかぎり、刑法以外の法的手段を選ぶのが望ましいでしょう。それは「刑法の謙抑性」という言葉に示されています。たとえば、私人間の経済的なトラブルまですべて犯罪にするとき、「行き過ぎた犯罪化」と「罰則の氾濫」によって、むしろ、国民の自由な経済活動を萎縮させるおそれが生じます。

＜参考文献＞

①「現代刑法改正の検証」法セ722号（2015年）11頁以下

②「刑事政策の新動向　第1回～第6回」法教451号（2018年）～456号（2018年）の各該当頁

トピックス2　法定刑・処断刑・宣告刑の違い

実際の刑事裁判において、各人の刑罰が決まるプロセス（量刑といいます）を説明しておきましょう。まず、刑法典は、各犯罪で一定の幅のある刑罰を規定しています。これを法定刑と呼びます。法定刑の段階では、懲役・禁錮（自由刑）と罰金・科料（財産刑）のいずれについても、その長期・短期または最高額と最低額を示しているにすぎません。そのなかから、裁判官が刑種を選択するなど、裁量的な判断により具体的な刑の範囲を決定します。とくに刑を加重・減軽する事由がある場合には、必要な限度で法定刑を修正（加重・減軽）して算出してゆきます。これが処断刑と呼ばれるものです。裁判官は、こうした処断刑の範囲内で、被告人の情状を考慮しつつ刑の量定を行って、最終的に「被告人を懲役○年○月に処する」という宣告刑を下すことになります。

第2講

構成要件・違法・責任

── 犯罪の定義について ──

設 問

刑法上の犯罪概念について、次の問いに答えなさい。

①犯罪の成立要件を3つに分けて論じるのは、なぜですか。

②現在の日本には、何千何百もの罰則があるそうですが、それほど多くの罰則をどのように整理したらよいでしょうか。

③犯罪の成否を検討する際、最初に「実行行為」の言葉が出てきますが、これを否定する学説もあります。どうして学説が対立するのでしょうか。

《なにが問題となるか》

まず、犯罪概念を3つの要素に分けたのは、罪刑法定主義にもとづいて、まず法律の形式的な条文（構成要件）から出発するためです。そのうえで、より実質的な観点から、違法性と責任を検討することになります。

次に、広い意味の刑法には、一般刑法（刑法典）と特別刑法がありますが、その全体を保護法益により分類することで、個々の刑罰法令を解釈する手がかりが得られます。かつては、保護法益を3種類に分ける三分説と、2種類に分ける二分説がありましたが、現在は、三分説に落ち着いています。

最後に、通説・判例は、まず実行行為の有無を検討しますが、一部の学説は、これを「形式的犯罪論」と批判しています。むしろ、実質的な法益侵害・危険に着目しつつ、「実行行為」の概念を使わない犯罪論を提唱するのです（その意味で、実質的犯罪論と呼ばれます）。

解　説

1　構成要件から違法・責任へ

◆構成要件ってなに？

犯罪の成立要件は、以下の3要素に区分できます。まず、①具体的な犯罪行為が刑法上の「構成要件」を満たさねばなりません（いわゆる「あてはめ」の判断をします）。次に、②その行為が、実質的にも「違法」と評価されねばならず、しかも、③その犯人には、刑法上の「責任」が認められねばなりません。こうした段階的な思考は、一般的かつ抽象的な枠である構成要件から始まり、順次、具体的な個別事情を吟味してゆくという、実際の判断方法に合っています。とくに刑罰権の濫用を防止するためには、まず客観面が重視されるべきでしょう。

(1)　罪刑法定主義と形式的犯罪論　①の構成要件は、法律が定めた犯罪類型（定型的な外枠）のことです。実際に生じた個々の犯罪事実を構成要件に当てはめて、すべての構成要件要素を満たしたとき、その「構成要件に該当した」といいます。こうした思考方法は、罪刑法定主義を基本原則とする刑法学において、形式的意味の犯罪概念が起点となることを体現しています。歴史的にも、まず「形式的犯罪論」が支持されたのであって、構成要件というメニューないしカタログは、実質的意味の犯罪から形式的意味の犯罪を抽出するための、第1のハードルといえます。

(2)　主観的要素と規範的要素　もちろん、個々の犯罪事実を構成要件に「当てはめる」うえでは、あらかじめ構成要件の内容を明らかにしなければなりません。また、構成要件該当性の判断は、行為の外形に着目した客観的判断が望ましいのですが、人間の行動を外形的事実だけでは捉えきれない以上、一部の構成要件では、主観的要素や評価的要素が入ってきます。たとえば、通貨偽造罪（148条）では、ニセ金を本物として使う目的があって初めて構成要件を満たすことになります（→第22講　偽造と詐欺のあいだ）。また、わいせつ物頒布等罪（175条）では、「わいせつ」性に関する社会全体の認識が変遷するため、ある種の規範的評価が必要となります（→トピックス8　わいせつの意義）。

(3)　形式的犯罪論と実質的犯罪論　上述した形式的犯罪論に対置されるのは、実質的犯罪論でしょう。構成要件概念を起点とする形式的犯罪論では、まず犯人の行為を問題とするのに対して、実質的犯罪論では、実際の侵害結果からさかのぼって犯罪の成否を論じることになります。しかし、「犯罪が（単なる結果でなく）行為である」とすれば、まずなにが犯罪行為であるかを明らかにしないで、いきなり客観的結果と因果経過を問題にすることは、旧時代の結果責任主義に逆戻りするおそれがあります。また、実質的犯罪概念の前提となるのは、上述した法益の侵害・危険でしょうが、そこでは、なにが保護法益であるかを確定しなければなりません。かりに法益侵害の危険があるとしても、どの程度の危険でよいかも問題になります。その意味では、形式的犯罪論と同じく、法益の侵害または危険という概念だけで、すべての問題が解決するわけではありません。

◆行為無価値論と結果無価値論

犯罪の本質をめぐる見解の相違から、犯罪論の各場面でさまざまな差異が生じました。まず、犯罪の本質を行為それ自体に求める立場では、主観・客観の両面から犯行の態様を検討することになります（行為無価値論と呼ばれます）。他方、客観的な侵害結果を重視する立場では、もっぱら行為の外部的側面に着目することになります（結果無価値論と呼ばれます）。行為無価値論と結果無価値論の対立から生じる差異は、以下のようになります（詳細については、第３講～第４講の解説をご覧ください）。

	行為無価値論	結果無価値論
構成要件の要素	実行行為（＋結果）＋因果関係 構成要件的故意・過失を認める。	不法（結果）＋因果関係 客観的要素だけに限定する。
違法性の判断	社会的相当性または規範違反説 （行為時を基準とする） 広く主観的違法要素を認める。 →　防衛意思必要説となる。	法益侵害・危険の有無 （結果発生時を基準とする） 原則として主観的違法要素を否定する。 →　防衛意思不要説となる。
責任の内容	道義的な非難可能性 人格的責任論になることもある。 →　故意説の支持者が多い。	規範的な非難可能性 答責性の理論に結びつきやすい。 →　責任説の支持者が多い。

◆特別刑法の拡大と刑罰法規の明確性

最近の特別刑法では、規範的要素を取り込んだ構成要件や一定の専門知識が必要な罰則が増加しています。そこでは、罪刑法定主義のルールが守られているのでしょうか。

たとえば、地方自治法14条3項では、地方公共団体（の議会）が制定する条例により、2年以下の懲役・禁錮（または拘留）や100万円以下の罰金（または科料）の刑を科することが認められています。現在、すべての都道府県では、いわゆる淫行防止条例（青少年保護育成条例という名称のものもあります）を設けていますが、処罰対象となる「淫行」概念をめぐって、刑罰法規の明確性が争われました。

有名な事件として、福岡県青少年保護育成条例（当時）事件があります。この条例は、青少年の健全な育成を図るべく青少年の保護を目的としており（1条1項）、「何人も青少年に対し、淫行又はわいせつの行為をしてはならない」と規定しています（10条1項）。そして、その違反者には、2年以下の懲役又は10万円以下の罰金が科せられます（16条1項）。しかし、「淫行」という概念では、結婚を前提とした真剣な男女交際まで処罰されてしまうおそれがあります。

これに対して、裁判所は、同条例のいう「淫行」が、青少年を誘惑・威迫・欺罔・困惑させるなど、青少年の未成熟に乗じた不当な手段によって行われる性交や性交類似行為のほか、青少年を単に自己の性的欲望を満足させる対象とする性交や性交類似行為に限られるとしました。つまり、「淫行」の概念を狭く捉えることで、刑罰法規の明確性に反しないとしたのです（最大判昭60・10・23刑集39-6-413）。

なるほど、条例それ自体の文理解釈にとどまらず、他の刑罰法令と比較対照するとき、①児童福祉法では、「(18歳未満の）児童に淫行させる行為」が処罰されており（34条1項6号・60条1項。10年以下の懲役若しくは300万円以下の罰金又はその併科）、②児童買春防止法は、「児童買春」を処罰しているため（4条。5年以下の懲役又は300万円以下の罰金）、大人が児童を金儲けの道具にする最も悪質な行為から（児童福祉法違反）、金銭的な見返りにより児童と性交渉を行う行為が列挙されています（児童買春防止法）。これらと並んで、③淫行防止条例が禁止する自己の性的満足を求めた性的行為も、同じく児童の人格を無視する行為といえます。その意味で、①と②

の延長線上に③があるとしたら、その成立範囲もおのずから明らかになるのでしょう。

2 保護法益と犯行形態

◆刑法典の地位と特別刑法

一般刑法である刑法典は、殺人や強盗などの伝統的な犯罪を規定しています。それ以外の膨大な数の犯罪は、特別刑法のカテゴリーに入ります。これらの犯罪は「刑法各論」の授業で説明されます。特別刑法を含むすべての犯罪を取り扱う学問分野は、広い意味の刑法各論となるのに対して、刑法典各則の「罪」を取り扱う領域は、狭い意味の刑法各論と呼ばれます。通常の授業では、刑法典各則の犯罪を取り上げることで精一杯です。

他方、刑法典総則が定めた共通のルールは（1条～72条）、原則として、特別刑法を含むすべての犯罪に妥当します。刑法典総則では、後述する責任主義（ないし責任原理）の見地から、故意（既遂）犯を基本類型として、例外的に過失犯や未遂犯、そして共犯を処罰する構造になっており、すべての犯罪は、まず故意犯と過失犯に分類することができます。

◆法益二分説と三分説

犯罪の実質を法益の侵害（または危険）に求めるならば、まず、各犯罪類型が想定した保護法益に応じて分類することが望ましいでしょう。刑法典各則の罪を大まかに分類するとき、国家的法益に対する罪（77条以下）、社会的法益に対する罪（106条以下）、個人的法益に対する罪（199条以下）の3つに分けられます（三分説）。かつては、社会的法益を国家的法益に含めることで、公共の法益と個人の法益で区分する見解もありました（二分説）。社会的法益の実体が明らかでない以上、公共の法益でまとめた方がよいというのです。しかし、個人と国家の中間に位置する共同体ないしコミュニティがあり、そこでは、社会の安全や平穏など、独立して保護されるべき利益があります。現在では、三分説が通説となっています。

また、放火罪（108条以下）のように、社会的法益である「公共の安全」に加えて、個人の生命・身体・財産を保護する犯罪があります。同じく、騒乱罪（106条）のように、第一次的には、社会的法益を侵害するものの、第二次的には、不特定多数人の生命・身体・財産を危うくしたり、国家的法益である治安を損なう犯罪もあります。そもそも、国家は、国民一般を犯罪から守る責務がある以上、およそ犯罪行為は、同時に国家的法益も侵害していることになります。その意味では、すべての刑事事件が、国家（訴追者）対個人（犯罪者）の関係になるため、刑法が「公法」のカテゴリーに分類されるのは、いうまでもありません。

◆犯行の形態による分類

それ以外の分類方法もみておきましょう。刑法典上の犯罪は、犯行の形態に応じていくつかのグループに分けることができます。もっとも、これを保護法益の違いで説明する見解もあります。

(1) 侵害犯・危険犯と結果的加重犯　たとえば、傷害罪（204条）と遺棄罪（217条・218条）は、いずれも生命・身体の安全が保護法益ですが、傷害罪が15年以下の懲役又は50万円以下の罰金となるのに対して、遺棄罪は、1年以下の懲役になっています。これは、現実に法益を侵害した場合（傷害罪は侵害犯です）と、侵害する危険があった場合（遺棄罪は危険犯です）の違いによるものです。また、逮捕監禁致死傷罪（221条）や強盗致死傷罪（240条）などの結果的加重犯は、それぞれ自由に対する罪と財産に対する罪に分類されますが（これが基本的部分です）、最終的に人を死傷させた場合、その刑罰を加重するための類型です。

(2) 法益侵害の危険に還元できるか？　次に、保護法益によって分類する場合にも、犯罪の実質である「法益の侵害・危険」だけで説明できない場合があります。その際、犯罪の本質を侵害結果の発生に求める立場（結果無価値論）は、行為者の主観的意思（故意・過失）や犯人自身の属性を、おおむね責任の段階で論じるのに対して、一部の学説は、これらも法益概念に含めようとします。すなわち、客観的には同じ生命（法益）侵害であるにもかかわらず、刑法典が故意犯と過失犯で区別しているのを、危険性の度合いで説明するのです。また、犯人の身分に応じて刑罰が異なる場合も、被害法益の違いとして説明してきました。

(3) 身分犯と目的犯の法益侵害性　刑法典の各則には、収賄罪（197条以下）のほか、暴行罪（208条）や逮捕監禁罪（220条）の加重類型として、特別公務員による職権濫用および同暴行陵虐罪の規定があります（194条・195条）。また、わいせつ物の販売目的所持罪（175条）や営利目的拐取罪

(225条) では、犯人の目的が主観的構成要件要素となっています。かりに犯人の身分や主観的要素が法益侵害・危険を左右するのであれば、そこで問題となるべき法益の内容は、もはや、単なる客体にとどまりません。むしろ、犯罪の成否を左右する判断基準に転化しています。その意味で、当初の法益概念がもっていた犯罪限定機能は低下するでしょう。

3 実行行為をめぐる対立

◆実行行為とはなにか？

ある事件が構成要件に該当するとして、なぜ「実行行為」が起点になるのでしょうか。たとえば、殺人罪では、被害者の胸をナイフで刺したり、拳銃で頭部を狙撃するほか、金属バットで何度も殴るなど、人の生命を奪う危険性のある行為が「実行行為」と呼ばれます。すでに罪刑法定主義の項目でも説明しましたが、形式的意味の犯罪は、法律が明記した行為に限られる一方、刑法43条や60条には、「実行」という言葉が使われています。すなわち、未遂犯が成立するためには、「犯罪の実行に着手し」なければならず (43条)、共同正犯というためには、「共同して犯罪を実行した」ことが前提となります (60条)。

これに対して、実行行為の概念は、もはや歴史的役割を終えたと主張する人々がいます。なるほど、個別の条文を解釈する場面で、実行行為という概念を持ち出せば、ただちに犯罪の成否が明らかになるわけではありません。しかし、法文上は、まず「実行 (行為)」がなにかを明確にするべきです。さもなければ、ある殺人事件で被害者の死亡結果から因果の流れを無限にさかのぼってゆくとき (これを因果的犯罪論と呼びます)、犯人を産んだ母親の行為にまで戻らざるを得ません。通常は、まず起点となる行為 (実行行為) を明らかにしたうえで、順次、それ以外の構成要件的要素を検討することになります。そもそも、近代刑法は「行為責任主義」に立脚しており、それぞれの条文では、犯罪「行為」を規定したわけですから、これを無視して近代以前の「結果責任主義」に後退することは許されません。

◆法益侵害説と行為規範説

それでは、実行行為の概念を否定する論者は、なにを起点とするのでしょうか。まさか結果責任主義の時代のように、有害な結果だけを問題にするわけにはいきません。やはり行為責任主義を前提としながら、その行為がもつ（法益侵害の）危険性に着目することになります。しかし、そこでいう「具体的危険」や「現実的危険」の内容は、必ずしも明らかではありません。そもそも、「法益」の内容をめぐって諸見解が対立する以上、法益侵害の危険という要素も明確ではないからです。これでは、およそなにが「犯罪行為」に当たるかもあいまいになってしまいます。

そもそも、実行行為という概念には、構成要件にあてはまる行為を確定することで、罪刑法定主義を具体化するねらいがありました。こうした考え方を形式的犯罪論と批判する人々もいますが、近代刑法学では、形式的意味の犯罪が出発点となる以上、まず外形的な「あてはめ」判断から始めるのが望ましいでしょう。また、こうした定型的な判断は、国民一般の素朴な事実認識や遵法精神に訴えることで、刑法の一般予防機能を発揮するともいえます（これを「刑法の行為規範性」といいます）。このようにして、実行行為の概念が形骸化したとみるか、なお実際上の判断基準となり得るかは、その内容になにを盛り込むかで決まってきます。

4　いろいろな実行行為

◆不真正不作為犯

刑法199条は「人を殺した」と規定しますが、「見殺しにした」場合も含まれるのでしょうか。いわゆる「不作為の殺人」では、なにが実行行為となるのでしょうか。そもそも、「（積極的に）なにかをする」作為と、「（消極的に）なにもしない」不作為は、まったく正反対の概念です。しかし、母親が幼児に食事を与えずに放置するとき、客観的には幼児の生命を危険にさらしています。他方、「見殺し」にする場合のすべてが、刑法上の殺人罪になるわけではありません。たとえば、公道上にけが人や重病人が倒れていたとき、道徳的には救助するべきでしょうが、たまたま通りかかった人が放置したとしても、犯罪にはなりません。ただの通行人には、行き倒れの人を救助すべき作為義務がないからです。他方、無謀運転のドライバーが人をはねた後、瀕死の重傷者を放置したとき、不作為の殺人に当たる場合さえあります。

学説上は、①人の生命に対する危険性の程度で区別する見解と、②犯人と被害者の人間関係に着目する見解に分かれます。①の見解では、もっぱら法益侵害のおそれに応じて犯罪の成否が決まるので、とくに「実行」という概念を必要としません。他方、②の見解では、まずいかなる人物が放置したかを問題にするため、行為者の社会的地位や身分なども考慮しつつ、不作為の実行行為を論じることになります。たとえば、AとBが同級生のCを誘って海水浴に行った際、遊泳中に足がつったCが助けを求めたところ、AとBがCの様子をおもしろがってスマホで撮るなどしていたら（Cは溺死した！）、どのような罪になるでしょうか。また、これを見物していた海水浴客は、Cの溺死について、なんらかの刑事責任を負うのでしょうか。②の見解であれば、Cの同伴者であるA・Bと、それ以外の海水浴客では、最初から異なった取扱いになります。つまり、刑法上、救助（作為）義務のない海水浴客には、およそ不作為犯が成立する余地はありません。

＊　不作為の殺人が問題になった有名な事件として、シャクティパット事件がありました（最決平17・7・4刑集59-6-403）。そこでは、シャクティ治療と称する怪しげな治療行為をくり返していた被告人が、重病患者の家族から治療を依頼され、入院先の医師の警告を無視して患者をホテルに運び込んだ後、患者を放置して死亡させたものです。裁判所は、入院治療中の患者を病室から搬出するなど、自分自身で招いた危機的状況により、患者の生命を高度の危険にさらしたうえ、被告人の治療法を信じる患者の家族に嘘をついて、重篤な状態のまま医師の救命措置を受けさせずに死亡させたとして、保障者による作為義務違反があり、作為の殺人と同等の行為であると認定しました（不作為の殺人罪が成立しました）。

◆構成要件要素と思考の枠組み

学説のなかには、生命に対する「現実的危険」と「排他的な因果支配」だけで、不作為の殺人を説明する見解があります。しかし、現場にいた多数人のなかから作為義務者を特定しないまま、もっぱら因果の流れに着目して犯罪の成否を論じるため、上述した溺死事例では、直近の海水浴客が容易にCを救助できたならば、ただの見物人であっても不作為犯が成立することになります。しかし、被害者を海水浴に誘った友人のAやBこそ、（救助しないという）不作為の責任を負うべきではないでしょうか。

通説・判例によれば、まず、①どの人間が「保障人」として作為義務を負うのか（その根拠と「あてはめ」が問題となります）を明らかにしたうえで、

②その保障人が、犯行時に作為義務に違反していたか（作為の可能性や容易性が必要です）、また、③作為義務違反の程度が作為の場合と同等であったか（「作為犯との等価値性」と呼びます）を、順次検討した結果として、最終的に不作為の実行行為が認められる場合にのみ、当該の不作為と死亡結果の因果関係を問題にするわけです。

◆間接正犯と共同正犯の違い

次に、間接正犯とは、他人を自分の手足として犯罪に使う場合です。しかし、共同正犯（60条）と違って、明文上の根拠規定がありません。そこで、背後の利用者を実行正犯とみるためには、他人を利用する行為が、当初から法益侵害の客観的な危険を内包していなければなりません。なぜならば、道具になった人間には、自分の意思が欠けるなど、構成要件該当性や違法性が認められないので、共犯にもならないからです（→第11講　境界線上の共犯）。その際、多数の学説は、他人を道具にした点に着目する「道具理論」や、背後の人間が他人を操った（支配した）とみる「行為支配説」で説明してきました。いずれの見解にあっても、犯人には、客観的に人を利用した事実に加えて、道具である他人を支配することで、みずから犯罪を実現する明確な意思が求められます。

たとえば、⑴相手を絶対的強制下においてその身体活動を利用したり（拳銃を突きつけるなど。最決昭59・3・27刑集38-5-2064）、重度の精神障害者の行動を利用する場合には（大判明37・12・20刑録10-2415、最決昭27・2・21刑集6-2-275）、道具にされた人の身体活動が「刑法上の行為」に当たらないこともあります（これを死んだ道具といいます）。また、⑵公務員が民間人を利用して賄賂を受け取ったり（身分のない道具といいます）、他人の過失行為を利用して殺人の目的を達成したり（故意のない道具となります）、学校の教材にすると偽って印刷業者にニセ一万円札を作らせる場合があり（目的のない道具といいます）、さらに、⑶第三者の緊急避難を利用するなど、適法に行為する道具を利用するような場合もあります（大判大10・5・7刑録27-257）。もっとも、⑷上司が部下に命じて犯行に協力させた場合など、その部下に故意があった場合にも道具性を認め得るかについては、争いがあります（故意のある幇助的道具と呼ばれます）。

＊　責任能力のない道具として、12歳の養女を使って「さい銭」泥棒をさせた事件では、父親に窃盗罪の間接正犯が認められました（巡礼父娘事件。最決昭58・9・21刑集37-7-1070）。他方、母親が12歳の息子を利用した強盗事件では、直接実行者である息子の道具性が否定されました（最決平13・10・25刑集55-6-519）。たとえ12歳の少年であっても、ある程度は是非善悪の判断力を備えており、犯行現場で臨機応変に行動したといえる場合には、むしろ、背後の利用者と協力した共同正犯（後述する第11講を参照）に当たるとされました。もちろん、刑事未成年（41条）の規定がある以上、責任能力のない14歳未満の子どもは、犯罪者になりません。

設問への答え

設問①の回答は、刑罰という厳しい制裁を加える以上、裁判官の自由裁量に委ねるのでなく、まず形式的な構成要件該当性を検討したうえで、次第に実質的違法性や責任がある行為に絞り込むことで、犯罪の成否を慎重に判断しようとしたから、となります。

設問②では、一般刑法と特別刑法という分類のほか、故意犯と過失犯、侵害犯と危険犯、身分犯と非身分犯などのカテゴリーを挙げることができます。また、刑法典の各則は、個人的法益に対する罪、社会的法益に対する罪、国家的法益に対する罪に分類されており、こうした区分けが、罰則の適用範囲を決めるうえでも参考にされます。

設問③にあっては、犯罪の実質面を法益侵害・危険だけに求めるか（実質的犯罪論）、それとも、まず形式的な構成要件該当性から始めるべきかで（形式的犯罪論）、実行行為に対する評価が分かれます。しかし、当該行為と侵害結果を結びつける因果関係や、行為の主観面である故意・過失を論じるにあたって、その起点となるべき実行行為をあいまいにしたままで議論することはできません。少なくとも、実際の裁判では、実行行為から検討する見解が支配的です。

＜参考文献＞

①小林憲太郎「実行行為」法教415号（2015年）39頁以下
②嶋矢貴之「不作為犯」法教463号（2019年）80頁以下

トピックス3　早すぎた構成要件実現（早すぎた結果発生）

「事実は小説より奇なり」といいますが、大変珍しい事件がありました。犯人らは、麻酔薬で被害者を眠らせた後（これを第1行為とします）、海岸近くまで運んで自動車ごと海に沈めて殺す予定でしたが（これを第2行為とします）、最初に大量のクロロホルムをかがせた際、被害者が窒息死してしまったのです（クロロホルム殺人事件と呼ばれます）。つまり、行為者の犯行計画よりも早い時点で、被害者が死亡してしまったわけです。なるほど、第1行為の時点では、まだ被害者を溺死させる行為がなかったのですが、犯人らは、2つの行為が時間的かつ場所的に近接する状況下で、計画どおりに被害者を襲撃・殺害しました。裁判所は、第1行為にも生命に対する危険があったとして、殺人の実行行為を認めて殺人既遂罪にしました（最決平16・3・22刑集58-3-187）。

第3講

因果関係

設問

次の各事例における甲、乙に傷害致死罪が成立するでしょうか。

①甲は、Aに暴行を加えて傷害を負わせました。Aは、病院へ運ばれる途中、交通事故で死亡しました。

②乙は、Bに暴行を加えて脳出血を生じさせ、その場に放置して立ち去りました。その後、偶然その場に来たCが、意識を失って倒れているBの頭部を角材で殴打する暴行を加えました。Bは、乙が生じさせた脳出血により死亡しましたが、Cの暴行は、すでに生じていた脳出血を拡大させ、幾分か死期を早める影響を与えました。

《なにが問題となるか》

設問は、甲と乙に傷害致死罪（刑205条）が成立するかを問うています。暴行を加えた場合に傷害致死罪が成立するためには、人の死亡という結果が発生しただけでは足りません。それに加えて、暴行と人の死亡との間に原因と結果の関係、つまり因果関係があることも必要です。そうでないと、「よって人を死亡させた」とはいえないからです。

設問の場合、甲、乙の暴行と、A、Bの死亡という結果があることは明らかです。しかし、Aは交通事故で死亡していますし、Bの死亡については、Cの暴行という偶然の出来事によってBの死期が早まっています。このような場合であっても、これらの暴行と各死亡との間に因果関係があるといえるでしょうか。

解　説

1　偶然の出来事と因果関係

設問①では、甲がAに暴行を加えて傷害を負わせなければ、Aが交通事故で死亡することもありませんでした。ですので、甲の暴行は、Aの死亡と無関係ではありません。しかし、交通事故は、偶然の出来事です。Aは偶然の出来事で死亡したのに、甲がAを死亡させた、つまり、甲の暴行とAの死亡との間に因果関係があると考えてよいでしょうか。このように考えることに違和感はないでしょうか。

偶然の出来事が死亡結果に影響を与えた点は、設問②も同じです。Bの死期を早めたCの暴行は、偶然の出来事だからです。ですが、設問②については、因果関係がないというほうが、むしろ違和感があるのではないでしょうか。Cの暴行は、死期を「幾分か」早めたにすぎないからです。

これらの問いに答えるためには、そもそも刑法における因果関係とはなにか、それはどのように判断されるのかを明らかにしておく必要があります。

2　因果関係とはなにか

◆結果犯の要件としての因果関係

犯罪には多様なものがありますが、犯罪の結果に注目して分類すると、それは、結果犯と挙動犯に分けられます。結果犯とは、行為と別に結果が発生することを必要とする犯罪をいい、たとえば、人の死亡という結果の発生を必要とする殺人罪（199条）、過失致死罪（210条）、傷害致死罪などがあります。これに対し、挙動犯とは、そのような結果の発生を必要としない犯罪をいい、たとえば、住居に侵入する行為があれば成立する住居侵入罪（130条）などがあります。

結果犯においては、行為と結果に加え、行為と結果との間に因果関係があることも必要です。因果関係がない場合には、「人が死んだ」とはいえても、「人を殺した」「人を死亡させた」とはいえないからです。

因果関係がなければ、結果について刑事責任を問うことはできません。問えるのは、行為までです。たとえば、殺人行為と人の死亡との間に因果関係がない場合には、殺人行為をしたことについて、殺人未遂罪（203条・

199条）が成立するにとどまります。設問①②の場合、暴行と死亡との間に因果関係がないと考えれば、暴行を加えて傷害を負わせたことについて、傷害罪（204条）が成立するにとどまります。

◆刑法上の因果関係

では、因果関係とはなんでしょう。それは、一般に、原因と結果の関係をいい、刑法のほか、哲学や自然科学にも登場します。しかし、刑法における因果関係は、哲学や自然科学の因果関係と同じというわけではありません。刑法上の因果関係は、犯罪の結果、たとえば、傷害致死罪であれば人の死亡という結果を生じさせたことについて、刑事責任を問う前提となるものです。ですから、刑法上の因果関係は、「その結果が生じたのは、その行為のせいだ」という法的な評価を含むものとして理解されています。

◆因果関係に必要な条件関係とその判断方法

刑法上の因果関係は、このように法的な評価を含むものですが、だからといって、行為と結果との間に事実的なつながりがなくてよいわけではありません。因果関係があるといえるためには、事実的なつながりが必要です。これを条件関係といいます。

たとえば、人を毒殺する場合、人に毒を飲ませ、その毒の作用で人が死亡するという経過をたどりますが、この場合、毒を飲ませた行為は、毒の作用を通じて人の死亡とつながっています。このつながりが条件関係です。

条件関係があるかないかは、条件公式を使って判断します。条件公式とは、「その行為がなければ、その結果は生じなかった」といえる場合に条件関係があるとする公式です。たとえば、設問①の場合、甲がAに暴行を加えなければ、Aが傷害を負い、病院に運ばれる途中に交通事故で死亡することはなかったといえるので、甲の暴行とAの死亡との間に条件関係があります。設問②についても、条件関係が認められます。

では、条件関係さえあれば、因果関係を認めてよいのでしょうか。

3　条件関係では足りない

学説には、条件関係さえあれば因果関係を認めてよいとする見解（条件説）があります。これによれば、設問①の場合にも、前述のとおり条件関係がある以上、因果関係があることになり、甲に傷害致死罪が成立します。

しかし、Aは、偶然の事故で死亡したのですから、甲を傷害致死罪で処罰するのはいきすぎでしょう。条件関係だけで足りるとする見解には、因果関係の認められる範囲が広くなりすぎるという問題があるのです。

これに対しては、傷害致死罪の成立には死亡結果の発生を予見できたことが必要であるところ、甲は交通事故によるAの死亡を予見できなかったとして、その成立を否定することが考えられます。たしかに、通説によれば、死亡結果についての予見可能性が必要とされているので、このように考えることができます。しかし、判例は、死亡結果についての予見可能性は不要であるとしており、判例を前提にすると、傷害致死罪の成立を否定することはできません。判例の立場を前提にしつつ、傷害致死罪の成立を否定するためには、因果関係を否定するしかないのです。

4 相当因果関係説とその問題点

◆相当因果関係説

そこで、通説は、因果関係が認められる範囲を限定しようとします。その代表が相当因果関係説です。

(1) 相当因果関係説とは　相当因果関係説とは、条件関係があることを前提に、その行為からその結果が発生することが相当であるといえる場合に因果関係を認める見解です。ここにいう相当とは、一般にありうる、日常経験上通常のことである、という意味です。この見解によれば、条件関係があったとしても、行為から結果へと至ることが一般にありえない異常なものである場合には、相当性が否定され、因果関係が認められないことになります。これは、まさに設問①の場合ように、偶然の出来事から結果が生じた場合に因果関係を否定する見解であるといえます。

(2) 相当性の判断資料　相当因果関係説においては、どのような事情を判断資料にして相当性を判断するかが重要になります。たとえば、通常であれば人を死亡させない程度の暴行を加えただけなのに、たまたま被害者に心臓疾患があったため、これとあいまって被害者が死亡したという事例を考えてみましょう。ここで、被害者の心臓疾患を判断資料に入れれば、そのような被害者に暴行を加えたら被害者が死亡することは一般にありうるので、相当性ありとなります。これに対し、被害者に心臓疾患があったことを判断資料に入れなければ、人を死亡させない程度の暴行を加えただけでその人が死亡することはありえないので、相当性なしとなります。

では、判断資料になにを入れるかは、どのように考えられているのでしょうか。この点については、相当因果関係説のなかでも見解が分かれていますが、現在有力なのは、折衷説と客観説です。折衷説は、行為時に一般人が認識できた事情および行為者がとくに知っていた事情を判断資料にします。これによれば、被害者に心臓疾患があったことは一般人に認識できないでしょうから、行為者がそれを知っていたのでないかぎり、心臓疾患は判断資料に入りません。そうすると、前述のとおり、相当性なしとなります。これに対し、客観説は、行為時に存在した事情はすべて判断資料に入れます。これによれば、被害者の心臓疾患が判断資料に入ることになり、前述のとおり、相当性ありとなり、因果関係が肯定されます。もっとも、客観説は、死亡結果についての予見可能性を要求しますので、被害者が心臓疾患で死亡することを予見できなければ、傷害致死罪は成立しません。

(3) 相当因果関係説の特徴　このように、判断資料について見解が分かれていますが、相当因果関係説は、行為から結果へと至ることが一般にありえない異常なものである場合に因果関係を否定する点に、その最大の特徴があるといえます。

◆相当因果関係説の問題点

(1) 異常な経過をたどれば相当性なし？　しかし、このように考えると、設問②の場合に因果関係が認められなくなりそうです。というのも、Cの暴行は、偶然かつ異常な出来事であり、そうである以上、このような経過をたどってBの早まった死亡の結果が発生することは相当とはいえないように思われるからです。

しかし、この場合に因果関係を否定することには違和感があります。Cの暴行は、死期を「幾分か」早めたにすぎないからです。現に、設問②と似た大阪南港事件で、判例は、因果関係を肯定していますし（最決平2・11・20刑集44-8-837)、通説も、その結論を支持しています。

(2) 相当因果関係説からの説明　では、相当因果関係説からは、この結論はどのように説明されているのでしょうか。有力な見解は、次のように説明します。すなわち、Cの暴行は一般人に予見できない事情なので相当性の判断資料から除かれ、乙の暴行により脳出血を生じたBがその脳出血で死亡することは相当であることから因果関係が認められる、と。

(3) 結果を抽象化する点　ここでは、Bの死亡は、Cの暴行により早められた脳出血による死亡ではなく、脳出血による死亡というように抽象化されています。そうしないと、Cの暴行を判断資料から除いて乙の暴行だけで考えた場合、Cの暴行により早められた死亡というものが発生することはありえず、相当性はないということになってしまうからです。

問題は、このように結果を抽象化して相当性を判断してよいのはなぜか、どこまで抽象化してよいかですが、これは難しい問題です。

(4) 介在事情を除いて考える（寄与度を考慮しない）点　また、現実に存在したCの暴行という介在事情を除いて因果関係を判断することにも疑問があります。ひるがえって考えてみると、暴行と死亡との間に、設問①では交通事故、設問②ではCの暴行という、いずれも同じく偶然の異常な出来事が介在しているにもかかわらず、なぜ、設問①では因果関係を認めることに抵抗を感じ、設問②では逆に因果関係を認めないことに抵抗を感じるのでしょうか。それは、介在事情の死亡結果に対する影響力の大きさ、寄与の度合いに違いがあるからではないでしょうか。

すなわち、設問①の場合、Aの死亡は交通事故によるものであり、その寄与度が大きいため、甲の暴行とAの死亡との間の因果関係を認めることに抵抗を感じるのに対し、設問②の場合、Cの暴行がBの死亡に与えた影響力は幾分か死期を早める程度のものであり、その寄与度が小さいため、乙の暴行とBの死亡との間の因果関係を認めるべきだと感じるのでしょう。そうだとすれば、現実に存在した介在事情を除外せずに、その結果に対する寄与度を考慮しながら、因果関係の有無を判断するのが適切でしょう。

このような事情を背景として、近時、支持者を増やしつつあるのが、判例が採用しているといわれる「危険の現実化」の判断枠組みです。

5　危険の現実化

◆危険の現実化とは

危険の現実化の判断枠組みによれば、因果関係は、行為（実行行為）の危険が結果へと現実化したといえる場合に肯定されます。

◆行為時に特殊事情があった場合

ここにいう行為の危険とは、行為に含まれる結果発生の危険性ですが、それは、判例においては、客観的に存在したすべての事情を基礎に判断されているようです。

たとえば、先に挙げた心臓疾患の事例と類似した事案で、判例は、因果関係を肯定していますが（最判昭46・6・17刑集25-4-567）、その結論は、次のように説明できます。すなわち、この事案では、被害者の心臓疾患は一般人に認識できず、行為者も認識していませんでした（それゆえ、相当因果関係説の折衷説を採用した原判決は、因果関係を否定しました）。しかし、暴行の時点で心臓疾患があったことは事実です。そこで、これを判断資料に入れると、暴行には被害者を心臓疾患で死亡させる危険性があったことになり、その危険性が心臓疾患による死亡という結果へと現実化したといえるので、因果関係が肯定される、ということになります。

このように、行為の危険性を判断するときに、客観的に存在したすべての事情を考慮に入れるなら、心臓疾患のような特殊事情であっても、それが行為の時に存在したのであれば、それを前提に危険性が判断されるので、危険の現実化、つまり因果関係が肯定されることになります。

◆行為後に介在事情が生じた場合

では、設問①②のように、行為後に介在事情が生じた場合、危険の現実化はどのように判断されるのでしょうか。これについては、いろいろな整理の仕方が可能ですが、たとえば、介在事情の結果に対する寄与度に注目し、そこから出発して、次のように整理できます。

(1)　寄与度が小さい場合　　まず、介在事情の結果に対する寄与度が小さい場合、それは危険の現実化を妨げる事情にならないので、危険の現実化が肯定されます（前掲最決平2・11・20〔大阪南港事件〕参照）。たとえば、設問②が、この場合に当たります。すなわち、乙の暴行にはBを脳出血により死亡させる危険性があったといえます。そして、Cの暴行により幾分か死期が早まったものの、Bは乙の暴行から生じた脳出血により死亡したのですから、この場合、乙の暴行に含まれる、Aを脳出血で死亡させる危険が、Cの暴行に妨げられることなく、脳出血によるAの死亡へと現実化したといえます。よって、因果関係が肯定されます。

(2)　寄与度が大きい場合　次に、介在事情の寄与度が大きい場合には、介在事情の異常性にも注目する必要があります（この点は、相当因果関係説の相当性の判断と重なります）。

(2－1)　寄与度は大きいが異常性がない（小さい）場合　まず、介在事情の寄与度が大きくても、それが異常なものでなければ、危険の現実化が肯定されます。介在事情が異常なものでない、つまり行為から介在事情へと至ることが一般にありうることである場合には、介在事情を経由して結果へと至る危険性が行為に含まれていることになり、この危険性が結果へと現実化したといえるからです。

この場合に当たる有名な判例として、次のようなものがあります。

事案は、被告人ら6名が、共謀のうえ、被害者に対し、深夜の公園において約2時間10分にわたり間断なくきわめて激しい暴行を繰り返し、引き続きマンション居室において約45分間断続的に同様の暴行を加えたところ、被害者は、すきをみてマンション居室から靴下履きのまま逃走したが、被告人らに対し極度の恐怖感を抱き、逃走を開始してから約10分後、被告人らの追跡から逃れるため、マンションから約763mないし約810m離れた高速道路に進入し、自動車に轢かれて死亡したというもので、被告人らに傷害致死罪が成立するか、とくに被告人らの暴行と被害者の死亡との間の因果関係が認められるかが争点となりました。

これについて、最高裁は、「被害者は、被告人らから長時間激しくかつ執ような暴行を受け、被告人らに対し極度の恐怖感を抱き、必死に逃走を図る過程で、とっさにそのような行動を選択したものと認められ、その行動が、被告人らの暴行から逃れる方法として、著しく不自然、不相当であったとはいえない」として、因果関係を認めました（最決平15・7・16刑集57-7-950〔高速道路進入事件〕）。

高速道路への進入は、抽象的に考えれば、異常なものかもしれません。しかし、被告人らから長時間激しく執ような集団暴行を受けて極度の恐怖感を抱いた被害者が、周囲に助けを求めても直ちに救出されるとは限らない深夜に、必死に逃走を図る過程で高速道路に至ったという事実に照らせば、安全圏に脱する方法として被害者がとっさに高速道路へ進入したことは、必ずしも異常とはいえないでしょう。最高裁は、このように考えて、被害者の行動を「著しく不自然、不相当であったとはいえない」と述べたと考えられます。このように被害者の高速道路への進入が異常なものでないとすれば、被告人らの暴行には、被害者を高速道路に進入させて死亡させる危険性が含まれており、この危険性が、被害者が自動車に轢かれて死亡するという結果へと現実化したといえます（他の例として、最決平18・3・27刑集60-3-382〔トランク監禁事件〕があります）。

(2－2)　寄与度も異常性も大きい場合　以上と異なり、介在事情の寄与度も異常性も大きい場合には、危険の現実化は否定されます。この場合、介在事情を経由して結果を発生させる危険性が行為に含まれていたとはいえず、結果は、行為の危険が現実化したものではなく、介在事情の危険が現実化したものと評価されるからです。

この場合に当たる有名な判例として、次のようなものがあります。

事案は、被告人が自動車を運転中、過失により、自転車に乗っていた被害者を跳ね飛ばし、自動車の屋根に跳ね上げられた被害者に気づかず運転を続けているうち、被害者に気づいた同乗者が被害者を屋根から引きずり降ろして路上に転落させ、死亡させたが、死因となった頭部の傷害が被害者を跳ね飛ばしたことにより生じたのか、路上に転落させたことにより生じたのか不明であったというもので、被告人の過失行為と被害者の死亡との間に因果関係が認められるかが問題となりました。

最高裁は、「同乗者が進行中の自動車の屋根の上から被害者をさかさまに引きずり降ろし、アスファルト舗装道路上に転落させるというがごときことは、経験上、普通、予想しえられるところではな」いとして、因果関係を否定しました（最決昭42・10・24刑集21-8-1116〔米兵ひき逃げ事件〕）。

この事案では、被害者の死因を形成したのは被告人の行為ではなく、同乗者による引きずり降ろしという介在事情であった可能性を否定できませんでした。この場合、「疑わしきは被告人の利益に」の原則により、死因を形成したのは介在事情であるという前提で考えることになります。つまり、本件は、同乗者の引きずり降ろしという介在事情の結果に対する寄与度がきわめて大きい事案ということになります。そして、最高裁によれば、それは経験上予想できない異常なものでした。そうすると、被告人の過失行為には、同乗者の引きずり降ろし行為を経由して被害者を死亡させる危険性があったとはいえず、被害者の死亡は、被告人の過失行為の危険が現実化したものではなく、同乗者の引きずり降ろし行為の危険が現実化したものと評価され、因果関係が否定されることになります。

設問への答え

条件関係さえあれば因果関係ありとする見解（条件説）に立てば、設問①②のすべてについて因果関係が肯定されます。いずれも条件関係が認められるからです。死亡結果の予見可能性を不要とする判例の立場からは、いずれについても傷害致死罪が成立することになります。

これに対し、判例の立場を前提としつつ、設問①で傷害致死罪の成立を認めるべきでないと考えるなら、他の見解を採用して因果関係を否定すべきことになります。ここで参考になるのが相当因果関係説と危険の現実化の考え方です。相当因果関係説に立てば、暴行の負傷者が交通事故で死亡することが相当かを問うことになります。危険の現実化の考え方に立てば、交通事故がAの死亡結果に与えた寄与度や交通事故の異常性を考慮して、甲の暴行の危険性が交通事故によるAの死亡という結果へと現実化したといえるかを問うことになります。後者の判断においては、暴行の危険性やAの死亡結果を具体的に把握する必要があります。

設問②についても、相当因果関係説からは、Cの暴行は異常であり、相当性が認められないのではないか、それでよいかが問題となります。危険の現実化の考え方からは、Cの暴行がBの脳出血による死亡という結果に与えた寄与度が重要になります。

＜参考文献＞

小池信太郎「因果関係」法学教室464号（2019年）94頁

第4講

自ら招いた侵害に対する反撃・相手方の侵害が終わった後の攻撃

設 問

①誰かに襲われた場合には、逃げることができたのなら逃げたらよいのではないですか。それなのに、あえて反撃に出た場合でも、それが正当防衛として罪に問われなくなるのはどうしてですか。
②自ら挑発して、相手方の侵害を招いておきながら、それに対して反撃をした場合、そこだけを捉えれば不正の侵害に対する反撃だということで、正当防衛になるのは、おかしくないですか。
③相手方の侵害が終わった後で、なお攻撃を続けてしまったような場合、寛大な扱いがなされることはありますか。

《なにが問題となるか》

①暴漢に襲われたときに必要な反撃を加えた人が罪に問われるべきだと考える人はまずいないでしょう。これを正当防衛といいますが、これが罪に問われないのは、どうしてなのでしょうか。自分の身を守るためだというなら、逃げられる場合は逃げればよく、反撃に出る必要はないのではないでしょうか。
②正当防衛が認められるとして、相手方の侵害を自分で招いた場合はどうでしょう。自分で侵害を招いておいて正当防衛はないだろうと考えた人も多いのではないでしょうか。この結論はどのように説明できるでしょうか。
③正当防衛は、相手方の侵害をやめさせるために、反撃に出るものですから、相手方の侵害が終わってしまえば、正当防衛にはなりません。でも、興奮のあまり、ついつい相手方の侵害が終わった後も、攻撃を続けてしまうような場合を、ただの犯罪扱いしてよいのでしょうか。

解　説

1　正当防衛行為の違法性が阻却されるわけ

◆違法性阻却事由：違法性が例外的になくなる場合

刑法学では、犯罪を、悪くて責められるべき行為、教科書っぽくいえば、違法で有責な行為だと考えています。皆さんの六法を開いていろんな罪が載っているところを見てください。人殺し（「人を殺した者」）は殺人罪（199条）、泥棒（「他人の財物を窃取した者」）は窃盗罪（235条）で処罰されます。人殺しは、悪い行為です。だから刑法は処罰するための規定をつくって、やめさせようとしているわけです（ただ、悪い行為でも、たとえば統合失調症の幻覚妄想の圧倒的な影響のもとで、人殺しをしてしまった場合は、その人を責めることはできないでしょう。犯罪であるためには、こうした場合でないこと、言い換えれば、責任があることも要件となります。これについてはまた第9講で勉強しましょう）。

でも、人を殺す行為であっても、例外的に悪くないとされる場合があります。現在の日本では、死刑が認められています。ですから、死刑の執行は、確かに、「人を殺した」ことにはなるのですが、刑の執行なので、例外的に「悪くない」行為として扱われます。こうした場合には、刑法学では、違法性が阻却される（＝例外的になくなる）といいます。

では、正当防衛はどうなのでしょうか。正当防衛は、刑法36条1項に規定されています。「急迫不正の侵害に対して、自己又は他人の権利を防衛するため、やむを得ずにした行為は、罰しない。」となっています。「罰しない」とされる場合にも、悪くない場合と、責められない場合があるのですが、正当防衛は、悪くない場合、違法性が阻却される場合だと考えられています。ではそれはなぜなのでしょう。

◆正当防衛行為の違法性が阻却されるわけ

ある行為が悪くないというときは、だいたい、2つの考え方のどちらかで説明できます。1つの説明は、天秤を持ち出してきます。まず、左の皿には、正当防衛によって侵害された利益を載せます。たとえば、襲ってきた暴漢が反撃によって大怪我をしたときには、身体が他の人から攻撃されない利益（身体の安全の利益）を載せるのです。次に、右の皿には、正当防衛によって守られた利益を載せます。殺されそうになっていたような場合なら、命という利益を載せますので、より大きな利益が守られたこと（右の皿が下がること）は明らかです。優越的利益の原則というのは、このように、より大きな利益が守られたのであれば、許されるのだとする考え方です。

では、鉄パイプで頭を激しく殴られて、頭蓋骨を骨折させられそうになった人が、近くに落ちていた鉄パイプで反撃して、相手を殺してしまった場合はどうでしょう。左の皿には、正当防衛によって侵害された利益、つまりは、相手の命が載せられますが、右の皿には、正当防衛によって守られた利益、つまりは、自分の身体の安全の利益しか載りません。秤は左の皿が下がりそうですが、それではこの反撃行為は悪いことになってしまうでしょう。

そこで、多くの見解は、右の皿に利益を追加し、右の皿を下げようとします。「法確証の利益」という言葉を聞いたことはありませんか。これはドイツ語の翻訳ですので、聞き慣れない言葉だと思いますが、「法確証」のだいたいの意味は、「正当防衛のときは、侵害してきたほうが悪いのであって、侵害されたほうは悪くありません。正当防衛は、侵害してきたほうに反撃をすることによって、侵害されたほうが悪くなかったこと、正しかったことをはっきりさせ、正しい権利や利益を守る法秩序が、悪者の攻撃によってびくともしなかったことを、宣言するのです」ということです。こうした利益が加算されるために、正当防衛は、悪くない、違法でないということになるのだ、というのです。

もう1つの説明は、相手の利益を侵害していないから、悪くないという言い方をします。法益欠如の原則といいます。被害者の同意という問題が、この場合に当たります。たとえば、被害者が「いいよ」と言っている場合に、そのとおりのことをしたのなら、命を奪ったり大きな怪我をさせたりするのでなければ、多くの見解は、悪くないと考えています。では、正当防衛の場合はどうなのでしょう。

この見解は、正当防衛の場合は、相手に手を出したほうが悪いのだから、手を出されたほうの利益が絶対的に優先されるべきだと考えます。どちらも無傷ではいられないのなら、相手に手を出したほうを犠牲にして、解決をするべきだ、つまりは、正当防衛に必要な範囲で、相手に手を出した悪者の利益をないものとして考えればいいじゃないかということです。

◆正当防衛と退避義務

どちらの考え方でも、そんなに結論に変わりはないように思えるかもしれませんが、1つ目の考え方は、相手に襲いかかった暴漢の利益も、保護されなければならない利益として秤に載せているのに対し、2つ目の考え方は、相手に襲いかかった暴漢の利益は、ないものと考えてよいとしているところに、大きな違いが出てきます。このことが、問題にあるような、「逃げることができた場合」の解決に少し影響をしてくるのです。

ぶつかっている2つの利益が、どちらも正当な利益である場合（「正」対「正」の関係といわれます）については、刑法37条1項の緊急避難の規定が適用されますが、この場合は、どちらの利益も正当なものですから、相手を侵害しなくてよい別の手段があるのであれば、それを選ばないといけません。たとえば、誰かの飼い犬にかまれそうになったとき、近くの電柱に上って逃げることができるのであれば、それをせずに犬を蹴飛ばしてはいけないのです。襲った側の利益を正当なものと認めることは、このことに関係してきます。襲った暴漢の利益も大切な利益だというのなら、防衛行為をせずにすむ場合は、そうしなければならないでしょう。ですが、これでは、襲われた側がまったく悪くないのに、悪いやつである、襲った側を保護する義務を負わせるようなものですから、変ではないでしょうか。そこで、第2の見解は、襲われた側が自分の身を守るために必要な限度で、襲った側が犠牲になってもかまわないと結論づけていくわけです。

でもよく考えてみると、正当防衛が自分の身を守るための制度だというのであれば、「逃げるが勝ち」ではありませんが、急に襲われた場合に身を守る最善の方法は、ともかくダッシュで逃げることでしょう。正当防衛は、「自己又は他人の権利」を守るための制度ですが、暴漢に立ち向かうというのは、リスクをともなう大変なことなのです。

そこで、一部の見解は、正当防衛は、襲われた側が身を守るためだけにあるのではなくて、法秩序とか正義とかいったものを守るためにもあるんだと考えます。だからこそ、逃げることができても逃げなくていいんだというわけです。それどころか、むしろ、そこに踏みとどまって、悪いやつをたたきのめすべきだとする考えもありうるところです。こういわれると、ちょっとついていけない人もいるでしょう。

正当防衛は悪くない、それはそうなのですが、なぜかなあと考えてみると、意外に奥が深くて難しいですね。

2 自ら招いた侵害に対する反撃と正当防衛

◆最高裁平成20年5月20日決定・刑集62巻6号1786頁のケース

最近の最高裁判例で問題となったケースは、次のようなものでした。決定要旨から、事実関係に関する部分を引用してみましょう。

(1) 本件の被害者であるA（当時51歳）は、本件当日午後7時30分ころ、自転車にまたがったまま、歩道上に設置されたごみ集積所にごみを捨てていたところ、帰宅途中に徒歩で通りかかった被告人（当時41歳）が、その姿を不審と感じて声を掛けるなどしたことから、両名は言い争いとなった。

(2) 被告人は、いきなりAの左ほおを手けんで1回殴打し、直後に走って立ち去った。

(3) Aは、「待て」などと言いながら、自転車で被告人を追いかけ、上記殴打現場から約26.5m先を左折して約60m進んだ歩道上で被告人に追い付き、自転車に乗ったまま、水平に伸ばした右腕で、後方から被告人の背中の上部または首付近を強く殴打した。

(4) 被告人は、上記Aの攻撃によって前方に倒れたが、起き上がり、護身用に携帯していた特殊警棒を衣服から取り出し、Aに対し、その顔面や防御しようとした左手を数回殴打する暴行を加え、よって、同人に加療約3週間を要する傷害を負わせた。

この被告人は、Aさんの顔面をいきなりげんこつで殴りつけたのですから、Aさんが怒るのは当然で、殴られたら殴り返してもよいわけはないにしても、被告人が返り討ちにあうのは、ある意味自然な流れだともいえます。そのときに、その局面だけ切り取って、自分は攻撃を受けたから正当防衛で反撃したんだと言われれば、ちょっと待ってよ、という感じはしないでしょうか。

最高裁も、「前記の事実関係によれば、被告人は、Aから攻撃されるに先立ち、Aに対して暴行を加えているのであって、Aの攻撃は、被告人の暴行に触発された、その直後における近接した場所での一連、一体の事態ということができ、被告人は不正の行為により自ら侵害を招いたものといえるから、Ａの攻撃が被告人の前記暴行の程度を大きく超えるものでないなどの本件の事実関係の下においては、被告人の本件傷害行為は、被告人において何らかの反撃行為に出ることが正当とされる状況における行為とはいえないというべきである。」として、被告人に正当防衛を認めていません。

◆正当防衛が認められないわけ

被告人をＸとしましょう。この事案は、①ＸがＡを殴り、②これに怒ったＡがＸを殴り返し、③Ｘがこれにまた反撃する、という流れですよね。ここで、②③のところだけを切り取ってみてください。②の行為が①の行為に対する反撃としてやりすぎであれば、それは許されない悪い行為ですから、Ｘがその悪い行為（②）に反撃すること（③）は正当防衛だということになりそうです。

Ｘの味方をしてあげるとすれば、Ａは確かに殴られたけれど、殴られたから殴り返してもよいという法はないのだから、我慢しないといけなかったのに、殴り返してしまったんだから、それはまずいのではないか。殴り返すことはいけないこと、悪いことなんだから、それに対する反撃はふつうに正当防衛になったっていいじゃないか、といったところでしょうか。学説上はこう考える人もいないわけではありません。

ですが、Ｘに正当防衛を、そのまま認めてしまってよいのでしょうか。正当防衛を認めることに違和感があるとすれば、１つには、それは自分のまいた種でしょ、ということがあります。相手方の侵害を自ら招いた場合には、それに対する反撃が正当防衛として悪くないとする根拠に欠けるというわけです。

多くの見解は、正当防衛が悪くない理由として、それが法秩序とか正義とかいったものを守るためにもなっていることを挙げていますが、そうした見解からしますと、自ら招いた侵害に対して正当防衛を認めても、法秩序とか正義とかが守られることにはならず、その逆に作用してしまうと考えるわけです。

◆正当防衛が認められないもう１つのパターン

自招防衛とは違いますが、前もって攻撃が予想できていたのに、攻撃に立ち向かったような場合については、正当防衛が否定されることがあります。侵害の予期という言葉を教科書で見たことがあるかもしれませんが、それがこうしたパターンです。確かに、襲われることがわかっているからといって、逃げ回らないといけない理由はありません。痴漢が出るとわかっていれば、その電車に乗らず、別の方法で行くべきだ、それもせずに痴漢にあったら、承知の上で電車に乗ったんだから我慢しておけと言われたら、びっくりでしょう。

そこで、これまでの最高裁の判例では、そのような状況を利用して相手方をやっつける意思（これを積極的加害意思といいます）があった場合に限って、正当防衛を否定しようとしてきたのです（最決昭52・7・21刑集31-4-747）。こうした意思がある場合は、正当防衛の状況を、最初から相手をやっつけるための機会として利用しているのだから、正当防衛として悪くないとしてあげる必要はないということです。

ここでは、自招防衛の場合と分けて説明しましたが、ポイントは変わりません。どちらの場合でも、一見すると正当防衛にみえる反撃が、じつは、自ら攻撃を招いた人の行為の危険あるいは意思が実現したものだとみられ、正当防衛としての保護を与えるだけの理由がまったく見当たらないということなのです。

なお、最近、最高裁は、侵害を予期していた場合について急迫性が否定される場合を検討する際の考慮ファクターとして、「侵害回避の容易性、侵害場所に出向く必要性、侵害場所にとどまる相当性」をカウントすることを明言するに至りました（最決平29・4・26刑集71-4-275）。これは、前もって襲われることがわかっていた場合には、それが避けられるなら避けようよ、そうしないで襲われそうな場所に不必要に行ったり、とどまったりして、実際に襲われてしまって反撃しても、正当防衛にも過剰防衛にもしてあげないよ、という枠組みを打ち出したものだと考えることができるでしょう（侵害回避義務論と呼ばれるものです）。襲われることが予想できていた場合については、最高裁の立場はちょっぴり厳しくなったものとも考えられるところです。

3　相手方の侵害が終わった後に攻撃を続けてしまった場合

◆最高裁平成20年6月25日決定・刑集62巻6号1859頁のケース

最高裁判所の判例に出てくる有名なケースがあります。ちょっとだけ単純化して説明しますと、次のような感じです。被告人は、Ａから大きなアルミ製灰皿を投げつけられたので、顔面を1回殴りつけたところ（これを第1暴行ということにします）、Ａは転倒して、後頭部を地面に打ち付け、仰向けに倒れたまま意識を失ったように動かなくなりました。被告人は、憤激のあまり、状況を十分に認識しながら、「おれを甘くみているな。おれに勝てるつもりでいるのか」などと言って、腹部を足蹴にしたり、踏みつけたり、腹部に膝をぶつけるたりする暴行を加えました（これを第2暴行ということにします）。Ａは、第1暴行によるくも膜下出血が原因で搬送先の病院で死亡し、第2暴行により傷害を負いました。

このケースの場合、第1暴行は、Ａからの攻撃に反撃するものですから、そこだけみれば正当防衛になるでしょう。第2審の東京高裁は、そのように判断しています。では、Ａの侵害が終わった後の、第2暴行はどうでしょうか。

最高裁が、一連の行為を全体として過剰防衛としたのは、次のようなケースでした。被告人は、Ｂが屋根ばさみを両手に持ち、「殺しちまうぞ」と威嚇しながら向かってきたので、殺されると思って、その場にあった鉈《なた》でＢの左側頭部に一撃を加え、よろけながらはさみを落としたＢの同部付近に追撃を加え、さらに横倒れになったＢの頭部目がけて、3、4回切り付け、頭部切創による脳損傷のため即死させたというものでした。こうしたケースですと、相手方の侵害に対する反撃の流れで、勢い余って追撃に及んでしまったといえそうです。最高裁も、こうした一連の行為が、全体として、過剰防衛に当たると判断しています（最判昭34・2・5刑集13-1-1）。

では最初のケースはどうでしょう。被告人は、Ａが倒れ、侵害が終わったことを十分に認識しながら、それにもかかわらずいわば勝利宣言をしたうえで、第2暴行に及んでいるものと考えられます。相手方の侵害に対する反撃の流れで、勢い余って追撃に及んでしまったとは、とうていいえなさそうです。最高裁も、第2暴行の時点では、「防衛の意思」が失われているから、「急迫不正の侵害に対して反撃を継続するうちに、その反撃が量的に過剰になったものとは認められない」と判示し、第1暴行は正当防衛としながら、第2暴行についてはただの傷害罪だと結論づけています。

◆過剰防衛の刑の減免根拠（おまけしてもらえるわけ）

刑法36条2項の過剰防衛が認められますと、刑が減軽または免除してもらえる可能性があります。その根拠としては、過剰防衛といっても、不正な侵害に対して正当な利益を守った部分もあるから悪さが少なくなるのだという考え方（違法性減少説）と、襲われた人が陥るパニック状態のためにやりすぎたことは強く非難できないからだという考え方（責任減少説）があります。そのほかこれらを組み合わせた考え方もありますが、まずはこの基本の2つでみておきましょう。

責任減少説のほうは、どのようなシチュエーションにでも使える、オールマイティーカードです。過剰防衛には、反撃が強すぎて、やむを得ずにしたとはいえなくなった場合（質的過剰といわれることが多いですが強度的過剰というほうがわかりやすいですね）のほか、先ほどのケースのように、相手方の侵害が終わった後も追撃に及んでしまったような場合（量的過剰といわれることが多いですが時間的過剰というほうがわかりやすいですね）もありますが、責任減少説ですと、どちらの場合でもうまく説明ができます。どちらの場合でも、要はパニック状態のためにやりすぎてしまったのであり、そのことは強くは責められないという説明がうまくあてはまるからです。

では違法性減少説のほうはどうでしょうか。反撃が強すぎて、やむを得ずにしたとはいえなくなった場合については、問題なく説明ができますが、相手方の侵害が終わった後も追撃に及んでしまったような場合はどうでしょうか。

1つの考え方は、だいぶ前に主張されていたものです。相手方の攻撃に対し3発殴って反撃しようとしたが、2発目、3発目のときにはもう相手方の攻撃が終わっていたとしましょう。そうすると、1発目は不正な侵害に対する反撃といえますが、2発目、3発目は、不正な侵害がないのに相手を追撃してしまったことになり、そもそも過剰防衛だということがいえないのだと考えていきます。なので、もちろん刑法36条2項は適用されません。

でもこれって変じゃないでしょうか。この2発目、3発目の攻撃は、相手方から襲われたからこそ、それへの反撃の流れの中でやっていることなのに、ただの犯罪行為だというのでは、どうみても問題を捉え損なっているのではないでしょうか。

そこで、最近では、違法性減少説の立場からも、相手方の攻撃に対する反撃と攻撃が終わってからの追撃を一連一体のものと捉えることによって、この問題をクリアーしようとする見解が有力になっています。先ほどの例でいいますと、3発分をまとめて一連一体の行為と捉え、それが相手方の攻撃に対するものとして、全体としてやりすぎたということにして、過剰防衛を認めればよいと考えていくのです。

この考え方が登場したことによって、過剰防衛の刑がおまけしてもらえる根拠をどう考えるかは、相手方の侵害が終わった後に攻撃を続けてしまった場合につき過剰防衛を認めるかの結論に直結しないということで、意見の一致がみられるようになりました。

◆侵害に対する反撃と侵害終了後の追撃を一体的に把握してよいか

責任減少説とか最近の違法性減少説は、相手方の攻撃に対する反撃と攻撃が終わってからの追撃を一連一体のものと捉えることによって、過剰防衛を認めようとします。そうすると、相手方の攻撃に対する反撃が、そこだけ切り取ってみれば正当防衛（悪くない行為）に当たる場合に、さらに追撃に及んだことによって、そこが過剰防衛（悪い行為）に格下げになっているのではないか、それは変じゃないのかということが問題となるのです。

そうはいっても、たいていは、追撃行為によって相手方に死亡や傷害の結果が発生するでしょうから、追撃行為が過剰防衛にしてもらえるほうが、被告人にとってもメリットがあることになるのが普通です。

ですが、先ほどの最高裁平成20年6月25日決定のケースで、追撃行為が防衛の意思により勢い余って行われたものだとしたらどうでしょう。このケースでは、Aの死亡結果は、第1暴行から生じていますね。ですから、死亡結果を生じさせた第1暴行が正当防衛で無罪だとしてもらったほうが、被告人にとっては有利なのです。実際、このようにした第2審や最高裁は被告人を懲役2年6月にしましたが、全体として過剰防衛を認めた第1審は被告人を懲役3年6月にしています。全体として過剰防衛になったほうが、量刑が重かったということになるのです。

こうした問題はどうしたら解決できるのでしょうか。学説では、それなら、第1暴行には正当防衛を認め、第2暴行には過剰防衛を認めればいいじゃないかという考え方も主張されていて、少しだけ支持者がいるのですが、皆さんはどう思われますか。

設問への答え

正当防衛は、襲った側が悪いのであって、襲われた側には、自分の身の安全を守る権利があるために、悪くないとされる（違法性が否定される）のです。逃げることができたとしても、襲った側が悪いことには変わりはありませんので、逃げる義務が課されることはなく、襲った側の負担でこの事態が解決されてもよいことになります。

自ら招いた侵害に対して反撃に出た場合には、正当防衛を認めるべきではないと考えられるでしょう。こうした場合には、最初に手出しをした者の責任で、この事態が解決されるべきであるため、というところが大きいでしょう。

相手方の侵害が終わった後でなお攻撃を続けてしまった場合でも、過剰防衛として刑が減免される可能性があります。それは、簡単にいえば、襲われたことに対する反撃の流れでやってしまったといえる場合でしょう。

第5講

緊急行為としての緊急避難

設　問

①鉄橋上で線路の補修工事をしていた5人の作業員に無人の暴走列車が近づいてきましたが、偶然、鉄橋の手前にある軌道切替地点にいたXが、列車に気づき、軌道を切り替えたので、列車は引込線に進路を変え、5人は助かりました。でも代わりに、引込線で作業をしていたVが列車に轢かれて死亡しました。Xは、Vに気づいていましたが、5人を救うためには仕方がないと考え軌道を切り替えたのでした。Xの罪責は？

②上記の事例で、鉄橋上で線路の補修工事をしていたのが1人で、引込線で作業をしていたのが5人であったため、1人が助かり、5人が死亡した場合、①とXの罪責は変わるでしょうか？

《なにが問題となるか》

この講では、緊急避難（37条）を解説します。緊急避難も、警察などの助けを待っていたのでは間に合わないような緊急状態で、自分自身や他人の法益を守るために行われる実力行使（緊急行為）である点では正当防衛と同じです。しかし、不正な侵害者への反撃である正当防衛とは違って、緊急避難では、自分自身や他人の「現在の危難」を避けるために、危難とは無関係の第三者や危難を不法にもたらしたわけではない者の法益を侵害する行為が問題になります。つまり、正当防衛が、「不正」対「正」の関係で行われた行為であるのに対して、緊急避難は、「正」対「正」の関係で行われた行為である点に特徴があります。ただ、いくら自分自身や他人の法益が危険にさらされたからといって、安易に第三者の法益を犠牲にしてよいはずはありません。それでは、無関係な人を巻き込んでも許されるのは、どんなときなのでしょうか。

解　説

■1 緊急避難が罰せられない理由

そもそも、自分自身や他人の法益に生じた危難を避けるためとはいえ、危難とは無関係の第三者などの法益を侵害する行為を、どうして刑法は罰しないのでしょうか。この点に関して、刑法は、明確な理由を定めていません。このため、学説では、いくつかの異なる説明が加えられています。

◆違法性阻却事由説

そのうち最も一般的で、判例も前提としているのが、緊急避難を、正当防衛と同様に、違法性阻却事由と解する説明です（違法性阻却事由説）。たとえなにも悪いことをしていない人の法益を侵害したとしても、それが緊急行為であり、その行為によって侵害したものより大きいか、同等の自分自身や他人の法益を保護したのであれば、結果的に、「利益のほうが大きい」、あるいは「社会的に相当性が認められる」という理由で悪くない（違法性が阻却される）と評価するのです。しかし、この考え方に対しては、緊急避難が、より大きな価値の法益を守るために、他人の小さい価値の法益を侵害したときだけでなく、同じ価値の法益を守るために、他人の法益を侵害することも罰しないと規定している点をふまえて、そのような場合にまで、「利益のほうが大きい」、あるいは、「社会的に相当性が認められる」とはいえないとの批判が加えられてきました。

◆責任阻却事由説

そこで、唱えられているのが、責任阻却事由と解する考え方（責任阻却事由説）です。なにも悪いことをしていない人の法益を侵害するのだから、違法でないとはいえないけれども、緊急状況であったことをふまえると、「他の適法な行為を行うべきだった」と非難することはできないというわけです。しかし、この考え方に対しても、問題点が指摘されています。まず、後でも触れますが、緊急避難は、守った法益が、奪った法益よりも大きいか、少なくとも同等であることが成立要件とされているのですが、緊急状況のため、「他の適法な行為を行うべきだった」と非難できないことが罰しない理由なら、守った法益が、奪った法益よりも小さい場合に、緊急避難を成立させない理由がないと指摘されます。また、緊急避難は、他人の法益を守るために行うことも認められていますが、そうした事例では、「他の適法な行為がなかった」とはいえないともいわれています。

◆二分説

このような両説の問題点をふまえて提唱されているのが、緊急避難には、違法性阻却の場合と責任阻却の場合があるという説（二分説）です。この説は、どのように二分するかで、細分化されます。たとえば、守った法益が、奪った法益よりも大きいときが違法性阻却で、同等のときが責任阻却とする考え方や、基本的には、違法性阻却としながら、「生命」対「生命」、「身体」対「身体」は、その質や量を比較して「利益が大きかった」とか、「社会的に相当」といった評価を下すことになじまないから、責任阻却にとどまるとする考え方などです。しかし、こうした考え方も、1つの条文で、「罰しない」という文言で定められている緊急避難に2つの法的効果を与えることに無理があるうえ、結局、両説の問題点を解消するというよりは、両方の問題点を抱え込んでしまっていると批判されています。

◆緊急避難の法的性質を考える意義

緊急避難の法的性質を違法性阻却と解しても、責任阻却と解しても、結局、「罰しない」のですから、こうした議論はそれほど意味はないと思うかもしれませんが、そうとはいいきれません。一番の違いは、緊急避難行為で、自らの法益を侵害されそうになった第三者が、自らの法益を守るために行う反撃についての法的評価です。

もし、緊急避難が違法性阻却事由なら、緊急避難行為は、正当な（適法な）行為であり、そうした行為と反撃との関係は「正」対「正」ということになり、緊急避難が認められるにとどまります。これに対して、責任阻却事由なら、緊急避難は違法だけれども、非難できない行為であり、そうした行為と反撃との関係は、「不正」対「正」ということになるので、緊急避難に比べて成立要件が緩やかな正当防衛が認められる可能性も出てくるのです。

◆改めて通説（違法性阻却事由説）を考える

緊急避難の法的性質については、結局、どの説に立っても完ぺきではないことから、より問題点の少ない理解が支持されているといえるでしょう。でも、本当に違法性阻却事由説は、問題点の少ない理解なのでしょうか。

緊急避難の典型例として、しばしば、「1隻の船が難破し、海に投げ出された乗組員が、たった1枚だけ海に浮かんでいた板切れにすがりついたが、そこにもう1人、同じ板につかまろうとする者が現れ、2人がつかまれば板そのものが沈んでしまうことから、自らの生命を守るために、後から板につかまろうとした者を突き飛ばして溺死させた」という事例が挙げられます。たしかに、「正」対「正」の関係で、一方が、自らの生命を守るために、他方を犠牲にしたわけですから、緊急避難が適用される事例ですが、結局、この解決は、「最終的に、生き残れるのは、力の強いほう」ということになります。刑法は、このような解決に対して、「違法ではない（正しい）」というお墨付きを与えてよいのでしょうか。

近代刑法が前提としている今日の法治国家は、力による問題解決を否定するところから始まっています。もちろん、緊急状態では、力による問題解決を消極的にでも認めざるをえないケースはあるでしょう。でも、それでも、その解決は、「正しい」ではなく、「仕方なかった」と評価されるべきではないでしょうか。もし、そうであるとするなら、この「仕方なかった」という評価に一番マッチする説が、緊急避難の法的性格を的確に位置づけていることになります。皆さんは、それはどの説だと思われますか。

2　緊急避難が認められるとき

緊急避難が、どのような法的性格をもっているとしても、なにも悪いことをしていない人の法益を侵害する行為について、「罰しない」という効果をもたらすわけですから、簡単に認めてよいはずはありません。そこで刑法37条は緊急避難の成立に、正当防衛よりも厳しい要件を課しています。具体的には、①現在の危難に対するものであること、②危難を避けるためのものであること、③やむを得ずにしたものであること、④生じた害が、避けようとした害の程度を超えなかったことの4つです。

◆現在の危難

(1) 現在の危難の意義　正当防衛と同様、緊急避難も、警察などの公的な機関による救済を期待できない場合にのみ認められるべきであることから、法益に対する侵害が、現に行われているか、間近に差し迫っている状況にあることが1つ目の成立要件になっています（「現在の危難」）。現行刑法は、法益に対する侵害が間近に迫っているのが、自分ではなく、他人の場合についても、緊急避難を認めています。

「現在の危難」は、基本的には、正当防衛でいう「急迫」と同じ意味です。ただし、「正」対「正」の場面で行われる緊急避難は、そうした状況が、「不正」にもたらされることは要件としていません。したがって、自然災害や野生動物が原因である場合も、異論なく「現在の危難」と認められます。

(2) 法益の内容　また、刑法37条1項は、それを守ることが緊急避難となる法益の内容を、「自己又は他人の生命、身体、自由又は財産」と明示的に列挙しています。この点は正当防衛との違いです。同じ緊急行為で、36条と37条に並べて規定されているのに、片方だけ列挙されているわけですから、立法者は、それ以外の法益を守るために、他人の法益を侵害しても、緊急避難の成立を認めないつもりだったと考えられます。

しかし、生命や身体はともかく、現に刑法は性的自由や名誉を保護するために、その侵害を犯罪として定めているわけですから（強制性交等罪〔177条〕や名誉毀損罪〔230条〕など）、自由や財産が、性的自由や名誉よりも、格段に重要だとはいえないでしょう。ですから、37条1項に明示的に列挙されている4つ以外の法益が侵害されたときにも、緊急避難は認められるべきでしょう（学説上、4つの法益の侵害にしか緊急避難の成立を認めないという立場も、性的自由を「身体」や「自由」に、名誉も「自由」に包含することで、事実上、その対象を拡張すべきと説くのが一般的です）。

(3) 社会法益・国家法益と緊急避難　なお、このように「現在の危難」にさらされていた法益が、生命、身体、自由、財産以外でも、緊急避難が成立する可能性があるという考えの延長として、そうした法益が、特定の個人に関係するものでなく、社会全体の利益（「公共の安全」や「取引の安全」）や国のしくみに関連する利益（「国家の存立」や「公務員への信頼」）が「現在の危難」にさらされたときにも、緊急避難を認めるべきかという問題についても議論されていますが、学説上は、肯定説が有力です。

◆危難を避けるため

緊急避難の成立が認められるためには、他人の法益の侵害が、危難を避けるために行われなければなりません。ここから、判例や通説は、正当防衛と同様に、「避難のためにやっている」という意思（避難の意思）がなければ、緊急避難は認められないと解しています。したがって、客観的に、危難を避ける効果の認められる行為を行った結果、他人の法益を侵害したとしても、その侵害行為を行った者に、避難の意思がなければ、緊急避難の成立を認めることはできません。

これに対して、学説上、「避難の意思」は不要と主張する説もあります（避難の意思不要説）。この説によれば、「危難を避けるため」とは、客観的に、危難を避ける効果があることを意味すると解釈されます。

◆やむを得ずにした行為

正当防衛と同様、緊急避難も、「やむを得ずにした行為」であるときに限って、その成立が認められます。そうした緊急避難の行為としては、不法ではない侵害行為を行ってきた本人に対して行われる場合と、侵害行為とは無関係の第三者に対して行われる場合の両方が認められています。前者を「防御的緊急避難」、後者を「攻撃的緊急避難」と呼びます。

しかし、緊急避難は、「正」対「正」の関係の中で起こるものであることから、「やむを得ずにした行為」の要件を満たすかどうかは、正当防衛の場合に比べて厳格に判断されています。具体的には、危難を避け、法益を守るために、他にとることができる手段がなかったことが要求されているのです。これを「補充性の原則」といいます。なにも悪くない被害者の法益を侵害しておいて、「他にも方法はあった」というのでは、到底、その行為を罰しないことに社会的な了解は得られないでしょう。たとえば、深夜に急病人を病院に運ぶために、自動車を無免許運転した場合、救急車やタクシーを呼べたのであれば、補充性が否定されることになります（東京高判昭46・5・24判タ267-382）。

◆法益の権衡

無関係で、なにも悪いことをしていない被害者を犠牲にしてまで、自らの法益の侵害を避ける行為を、処罰せずにすませるためには、客観的にみて、避難行為をやって良かったといえるだけの結果を残す必要があります。ここから、緊急避難の成立には、避難行為によって生じた害（現実に発生させた法益の侵害）が、避けようとした害（回避した法益の侵害）と比べて、同等か、あるいは小さいことが必要とされています。これを「法益の権衡」といいます。したがって、10万円相当の猟犬を守るために、2万円相当の雑種を撲殺した場合（大判昭12・11・6大審院裁判例(11)刑87）のように、同一の法益で、より価額の高いほうへの侵害を避けたときや、強制的な妊娠中絶を逃れるため、日本に密入国した場合（松江地判平10・7・22判時1653-156）のように、異なる法益のうち、より価値が高いほうへの侵害を避けたときにだけ、緊急避難は成立します。

なお、避難行為によって生じた「害」が、避けようとした「害」に比べて大きくなってしまった場合は、過剰危難（37条1項ただし書）が成立し、情状によって、刑を減軽または免除する可能性が認められています。

3　緊急避難の応用問題

◆強制された犯罪行為と緊急避難

(1)　緊急避難の成立に否定的な見解　「Xは、Yから、こめかみに銃を突き付けられて、『目の前にいるVの首を絞めて、殺せ。さもないと、お前を撃ち殺す』といわれ、やむを得ず、Vを絞殺した」という事案に、緊急避難は成立するでしょうか。たしかに、一見したところ、緊急避難の要件をすべて満たしているようにみえます。しかし、こうした事案について、緊急避難を認める（とくに、違法性を阻却する）ことには、学説上、否定的な見解が有力です。というのも、①Xは、Yの不法な行為に加担しており、もはや、緊急避難で「正」対「正」と評価される前提を欠いており、②それにもかかわらず、緊急避難として違法性を阻却すると、緊急避難行為の相手方のVに、正当防衛が認められないからです。この点を重視する見解からは、緊急避難の法的性質について違法性阻却事由説に立つとしても、強制された犯罪行為については、期待可能性がなかったと評価できる場合に、責任が阻却されるにとどまると説かれます。

(2)　緊急避難の成立に肯定的な見解　しかし、こうした強制された犯罪行為についても、一律に、緊急避難の成立を否定することには、疑問が残ります。

むしろ、こうした事例は、多くの場合、避難行為の相当性が否定されるために、緊急避難が成立しないことはあり得るでしょうが、もし、相当性が否定されないのであれば、緊急避難は成立するのではないでしょうか。現に、下級審の裁判例では、宗教団体の教祖に拘束された元信者Xが、教祖から「Vを殺さなかったら、おまえを殺す」と強要され、やむを得ずVを殺害したというケースで、身体の自由に対する現在の危難を認めて、過剰危難の成立を認めたものがあります（東京地判平8・6・26判時1578-39〔オウムリンチ事件〕）。

◆自ら招いた緊急避難状況

「現在の危難」を、自らの故意や過失などによって招いてしまった場合にも、緊急避難は認められるでしょうか。このうち、故意で危難を招いた場合は、そもそも危難の到来が予測できることがほとんどで、「現在の危難」とは評価できなかったり、「避難の意思」が認められなかったりするのが、ほとんどでしょう。

これに対して、過失や偶然の事情で、危難を招いてしまった場合には、一律に、「現在の危難」や「避難の意思」という要件を満たさないとはいいきれません。たとえば、自動車の運転中に、自らの前方不注意で、停車中のトラックの陰から飛び出した子どもを轢きそうになり、これを避けるため、慌ててハンドルを切り、歩行中の子どもの祖母を轢いてしまったといったケースです。このケースでも、子どもを轢きそうになった場面だけを切り出せば、緊急避難の成立要件はすべて満たすでしょう。しかし、そもそも、危難を生み出した本人が、そのまま子どもを轢いてしまったら、自動車運転過失致死罪が成立するのに、回避して別の人を轢き殺しても罰せられないという結論は、はたして妥当でしょうか。このように自ら招いた危難については、自招行為から緊急行為を全体として把握した場合、もはや緊急避難が前提としている「正」対「正」の状況にはないと評価されるものも少なくないでしょう。そうした場合には、形式的に、緊急避難の成立要件を充足するとしても、緊急避難の成立は否定されることになります（東京高判昭45・11・26判タ263-355）。

設問への答え

(1) この事例は、「トロッコ事例」と呼ばれ（オリジナルの設問が、列車ではなく、トロッコだったことから、こう呼ばれています）、刑法だけでなく、倫理学や哲学でも、簡単には答えを出せない難しい問題として、議論されているものです。

設問では、無人列車の暴走によって、鉄橋上で、線路工事を行っていた作業員5人の生命が緊急状態にあったことから、Xが、軌道を切り替え、列車の進路を変更して5人の生命を救った代わりに、Vを死亡させました。Xの軌道切替え行為は、列車が暴走している中で実行されたものであり、引込線上で作業をしている者の生命を侵害する具体的な危険性が認められることから、殺人罪の実行行為と認められます。したがって、殺人罪の主体であるXが、殺人の実行行為を行った結果、Vを死亡させ、実行行為と死亡結果の間に、因果関係が認められることになり、設問のXの行為は、殺人罪の構成要件の客観面を充足しています。他方、Xは、引込線上でVが作業中であることは知っていましたし、軌道の切替えによって、Vが死亡することも「やむを得ない」と考えたのですから、Vに対する殺人罪の故意という構成要件の主観面も認められます。

問題は、そのうえで、緊急状況で、「正」対「正」の関係の中で実施されたXの軌道切替え行為について、緊急避難の成立を認め、違法性阻却または責任阻却できるかです。

そこで、次に、緊急避難の成立要件に、Xの行為が該当するかを確認してみましょう。まず、暴走列車が、鉄橋上で線路の補修工事を行っていた5人の作業員に迫っていたわけですから、「現在の危難」に当てはまることは間違いありません。次に、軌道切替えは、そうした危難を知ったXが、5人の作業員を助けるために行ったわけですから、「危難を避けるため」という要件で問題となる「危難の意思」も認められます。鉄橋上の作業員5人の生命を救うためには、他に方法はなく、手段としての相当性も認められることから、「やむを得ずにした行為」という要件にも当たります。さらに、Vの生命によって、作業員5人の生命を救ったのですから、「法益の権衡」も認められます。したがって、Xの行為には、緊急避難が成立します。

(2) では、救った人の数と、そのために犠牲にした人の数が、逆だった場合は、どうでしょうか。この設例の変更によって、改めて検討が必要となるのは、緊急避難の成立要件のうち、「法益の権衡」です。「法益の権衡」は、生じた害が避けようとした害の程度を超えなかったときに認められますが、設例では、生じた害が、引込線で作業していた5人の作業員の生命で、避けようとした害が、鉄橋で線路の補修作業をしていた1人の作業員の生命ということになります。これを形式的にみれば、5人の生命侵害は、1人の生命侵害の程度を超えているので、法益の権衡は、否定されることになりそうです。しかし、生命は、はたして量によって優劣を測ってよいものなのでしょうか。じつは、この点については、明確に判断をした判例はなく、学説上も、見解の一致をみていません。

第6講

故意の在り処

設　問

X：年末になると、酔っ払い運転による人身事故のニュースが多くなるね。人を轢くかもしれないとわかっていて、酒を飲んでハンドルを握るなんて、これって殺人と同じじゃないの？

Y：確かに、轢き殺された被害者の遺族にとっては、「殺された」と感じるだろうね。処罰感情が厳しいのも、仕方ないかな。でも、ナイフで刺し殺す場合とは違うし、少なくとも、明確な殺意はないと思うよ。

X：でも、「轢き殺すかもしれないけど、まあいいや」と思って飲酒運転をするわけでしょう。これって新聞で読んだ「未必の故意」っていう場合じゃないの？

《なにが問題となるか》

皆さんはXとYの発言のどちらを支持するでしょうか。その答えは、「殺意」(＝殺人の故意) や (殺人の)「未必の故意」をどのように理解しているのかにもかかわるでしょう。犯罪の成立のためには、原則として、行為者にその犯罪の故意があることが必要であり、故意の有無は刑罰を科してよいかどうかにかかわるきわめて重要な概念です。では、故意とはどのような心理状態で、どのようにして認められるのでしょうか。また、設問の酔っ払い運転に殺意が認められない場合、運転者は人を死なせた責任を問われないのでしょうか。故意犯処罰の例外の存在について理解することが必要になります。

解　説

1　故意の内容

◆犯罪事実の認識

刑法38条1項は、「罪を犯す意思がない行為は、罰しない。」と規定しています。この「罪を犯す意思」が故意であり、38条1項は故意犯処罰の原則を定めているといわれています。故意とは「意思」である以上、人の心の状態（主観的要素）を意味し、その内容とは自分の行おうとする犯罪を知っていること（犯罪事実の認識）です。犯罪事実の認識は、①構成要件該当事実（第2講参照）の認識と、②違法性阻却事由（第4、5講参照）の根拠となる事実を認識していないことに分けられます。

①と②を備えた行為者は、違法という評価を受ける事実を認識していることになります。にもかかわらずあえて行為に出たことに対して、故意犯として処罰することができると考えられています。

◆構成要件該当事実の認識

故意が認められるためには、原則として、行為者が客観的構成要件要素を基礎づける事実のすべてを認識している必要があります。たとえば、殺人罪の場合、構成要件要素である行為と結果、それらを結ぶ因果関係、被害客体をすべて認識していなければ、殺人罪の故意である「殺意」は認められません。また、不作為の殺人罪であれば、その実行行為である作為義務違反を基礎づける事実の認識も必要です。もっとも、特定の構成要件要素を具体的に認識していることまでは不要です。たとえば、テロ目的で人のいる建物を爆破して建物内の人を死傷させた場合、建物内にいた個々の人を認識しなければ故意が認められないというわけではなく、「建物内の人を殺害する」という認識があれば故意は認められ（概括的故意）、実際に死傷した人それぞれについての殺人（未遂）罪が成立します。

「事実」の認識があれば構成要件該当事実の認識を認めるのに十分であり、自分の行為が構成要件に該当することを正しく評価している必要はありません。たとえば、XがVの大事にしている食器におしっこをかけた場合、食器は割れていませんがVは再び使いたいと考えないでしょう。そのため、食器としての機能（効用）が失われたとして器物損壊罪（261条）

が成立します。この場合、Xが「おしっこをかけただけで壊したわけではないから器物損壊ではない」と考えていたとしても、それは、「事実が構成要件に該当しない」という評価の誤りにすぎず、「食器におしっこをかけた」という器物損壊罪の構成要件に該当する事実を認識している以上、故意が認められます（Xの誤解は後述の違法性の意識の問題になります）。

◆意味の認識

もっとも、構成要件要素の認識があるといえるために、行為者自身が一定の評価をすることが必要な場合があります。わいせつな文書を配ることを処罰するわいせつ物頒布等罪（175条）などがこれに当たります。たとえば、英語で書かれたわいせつ文書について、英語が苦手な人であれば、文書に書かれたアルファベットはわかっても、その意味するところは理解できないでしょう。その場合に故意を認めることはできません。故意を認めるためには、行為者が英語で書かれたその文書が「わいせつ」な意味をもっていることを理解できていなければなりません（意味の認識）。ただし、この場合、「わいせつ」が刑法上どのような意義をもつのかという専門的知識までが要求されているわけではありません。

◆正当化事情の不認識

犯罪事実の認識があるといえるためには、そのほかに、違法性阻却事由を基礎づける事実の認識がないことが必要です。たとえば、酔っ払って道に倒れたAをVが助けようとしていたところ、通りがかっていたXが、AをVが殴ろうとしていると勘違いして突き飛ばしたという場合、急迫不正の侵害はないので正当防衛は成立しません。もっとも、Xが勘違いした「AをVが殴ろうとしている」という事実には急迫不正の侵害が認められます。したがって、Xには正当防衛を基礎づける事実の認識が認められ、Xに故意は認められません（誤想防衛と呼ばれます）。

他方、XがVを突き飛ばしたのではなく、ナイフで刺した場合、Xの勘違いを前提としてもその行為には相当性が認められないため、Xが認識しているのは正当防衛ではなく過剰防衛の根拠となる事実にすぎません。過剰防衛には違法性が認められるため、Xには、違法性という評価を受ける事実の認識である故意が認められます（誤想過剰防衛）。ここでも重要なのは事実の認識であり、Xが「ナイフで刺しても自分の行為は正当防衛として許される」と考えていても故意は否定されません。

◆違法性の意識

他方、行為者が、自己の行為が犯罪ではないと考えている場合や、法律の存在をそもそも知らなかった場合について、刑法38条3項本文は、「法律を知らなかったとしても、そのことによって、罪を犯す意思がなかったとすることはできない。」と定めていますが、その理解には争いがあります。

学説では、違法性の意識は必要でそれは故意の要素のひとつであるとする見解（厳格故意説）も有力です。もっとも、そこから素直に考えれば、法律を知らなかった場合には故意が否定されてしまうため、不自然な結論になってしまう場合がたくさん出てきます。そのため、学説の多くは、違法性の意識を要求しません。もっとも、行為の違法性を意識することがおよそできなかった場合にまで処罰するのは不当であるとして、「違法性の意識の可能性」は犯罪の成立に必要であるとします。

他方、判例は、犯罪の成立にとって違法性の意識はいらないという立場を伝統的に示してきました（最大判昭23・7・14刑集2-8-889、最判昭25・11・28刑集4-12-2463など）。しかし、近時は、行為者に違法性の意識がないことについて相当の理由があるときには犯罪の成立を否定する余地を示しており、違法性の意識は不要でも違法性の意識の可能性は必要と考えているようにも評価できます（最決昭62・7・16刑集41-5-237）。

2　故意の判断

◆確定的故意

ここからは、構成要件該当事実の認識（構成要件的故意）をとりあげます（とくに断りがなければ、以下の「故意」は構成要件的故意を指します）。刑法を勉強していない人が、殺意、すなわち殺人罪の故意があると考えるのは、行為者が積極的に人の殺害を意図している場合でしょう。たとえば、車を運転して目の前の人物を轢き殺そうと考えている場合、殺人罪の故意が認められることに異論はありません。しかし、故意が認められるのは、そのような構成要件該当事実の実現を意図する場合に限られません。

たとえば、タクシー運転手Xが、客Vを乗せて山道を運転中に急に自殺したくなって崖に車を転落させたが、Xは奇跡的に生き延びてVが死亡した、という事例について、Xは、Vの殺害を積極的に意図していたわけではありませんが、XにV殺害の故意はないと考える人はいないでしょう。このように、意図がなくとも、構成要件該当事実の発生を確定的なものと認識している場合にも故意は認められます。これを確定的故意といいます。

◆未必の故意

それ以外に、設問でも出てきた「未必の故意」がある場合にも、故意は認められます。未必の故意は、犯罪事実の実現を積極的に意図しておらず、また、犯罪事実の発生を確定的なものと認識していない場合であっても認められる故意で、いわば故意が認められる限界です。

未必の故意を認めるための要件について、そもそも大きな立場の対立があります。一方の見解は、行為者が行為時になにをどこまで知っていたかという認識的要素に注目し、構成要件実現の可能性が高いこと（蓋然性）を認識していれば未必の故意を認めるというものです（認識説）。もう一方の見解は、認識的要素だけではなく、行為者がなにをしようとしているのかという意思的要素も考慮に入れ、構成要件実現の可能性の認識に加え、その実現を受け入れるという内心の態度（認容）があってはじめて未必の故意が認められるとします（認容説）。

判例は、未必の故意を「あえて〇〇する意思」がある場合に認めています（最判昭23・3・16刑集2-3-227参照）。この「あえて」について、認容説からはまさに「認容」を意味する表現であると理解されている一方、認識説の論者も、「あえて」とは構成要件実現の可能性を認識しながら行為に出ているということを意味しているにすぎないとしており、決定打とはされていません。

◆認識説と認容説の対立の意味

両説の対立は、構成要件実現の可能性を認識したうえでそれを実現するという意思的態度を故意の内容に含むかどうかであり、それは、故意犯を処罰する根本的な理由についての理解の違いにかかわる理論的に重要なものです。もっとも、両説の実質的な違いはあまり大きくありません。認識説の論者も、それを故意に含めるかどうかはともかくとして、犯罪の成立にとって行為者の意思的態度を考慮しないとは考えていません。
　また、両説は具体的な結論の点でもほとんどかわりません。構成要件実現の可能性が非常に低い場合、どちらの立場からも未必の故意は認められません。他方、構成要件実現の高度の可能性を行為者が認識している場合、認識説からすれば故意が認められるのは当然ですが、認容説からも、高度の可能性を認識しながら行為をしている以上、結果発生を受け入れているといえる（消極的認容）として未必の故意が認められています。

◆未必の故意の認定

　そのため、未必の故意を判断するためには、構成要件実現の可能性の高さに注目することになります。殺人罪の場合、行為が死亡結果を発生させる高度の可能性を備えていること、そして、行為者がその可能性を（正しく）認識していたことが必要です。設問にあるような「(酔っ払い運転で)轢き殺すかもしれないけど、まあいいや」という場合、単なる「酔っ払い運転」というだけでは、人が死亡する危険は高度のものとまではいえず、行為者が「酔っ払い運転をする」という事実を認識しているだけでは、未必の故意の根拠として十分な、構成要件実現の高度の可能性の認識を認めることは不可能であり、いずれの立場からも故意は認められません。
　他方、近時社会問題となっている「あおり運転」の場合、殺人罪を認めた裁判例が存在します（大阪高判令元・9・11裁判所ウェブサイト）。あおり運転の場合、意図的に衝突させる場合とは異なり、あおるだけで衝突させることまでは望んでいないことが通常です。しかし、裁判所は、問題となった具体的な「あおり運転」について、衝突直前に弱いブレーキしかかけていなかったことや、被害者が車ではなくバイクに乗っており衝突すれば死亡する危険性が高いこと、犯行後の被告人の言動などを挙げて、「衝突してもかまわないという気持ちで、あえて衝突した」として殺意を認めました。裁判で未必の殺意を認めるためには、ここまでの事実を示すことが必要とされているということです。他方、このような事情が認められないあおり運転については、殺意を認めることが困難であると考えられています。あおり運転を社会問題化させるきっかけとなった東名高速におけるあおり運転の事例では、検察側はそもそも殺人罪として起訴することはありませんでした（横浜地判平30・12・14）。

3　結果的加重犯

◆故意犯処罰の原則の例外

冒頭の事例で殺人罪が認められない場合、どのような犯罪が成立するでしょうか。刑法38条1項本文は、故意犯処罰の原則を定めていますが、同項但書において「ただし、法律に特別の規定がある場合は、この限りでない。」として、例外が認められています。それが過失犯です。一定の重要な結果発生に対して、刑法典は過失犯の処罰規定を定めています。過失犯は、故意がない、すなわち、構成要件該当事実の認識・認容がない場合に問題となりますが、故意がなければ直ちに成立するわけではありません。法益侵害結果の発生に結びつくなんらかの不注意（過失）が必要です（第8講参照）。なお、結果発生を認識しながらも、それを避けられると考えて行動した場合を、とくに「認識ある過失」と呼び、未必の故意と区別されています。

誤って人を死なせたり、怪我を負わせた場合、過失傷害罪、過失致死罪が成立し（刑209条、210条）、過失が業務上の不注意であったり、重大であったりすれば、業務上過失致死傷罪、重過失致死傷罪として重く処罰されます（刑211条。法定刑の上限は5年の有期懲役）。自動車事故の場合、かつては業務上過失致死傷罪によって処罰されていました。しかし、現在では、自動車の運転の際の過失の場合は特別法によって処罰されます。自動車運転死傷行為処罰法5条は、運転過失致死傷罪として、業務上過失致死傷罪よりさらに重い法定刑を置いています（法定刑の上限は7年の有期懲役）。この罰則は、自動車運転が危険であることを根拠に過失致死傷の事例を重く処罰するものと説明されています。なお、設例では、そのほかに酔っ払いの度合い（血中のアルコール度数の度合い）に応じて、道路交通法上の酒気帯び運転の罪（同法65条1項、117条の2の2第3号）や酒酔い運転の罪（同法65条1項、117条の2第1号）が成立します。

◆結果的加重犯

もっとも、これだけであれば、運転者に科されるのは、最大10.5年の有期懲役（刑法45条の併合罪加重による）であり、人を死なせるような危険な行為を行い、実際に人を死なせた場合に、それでよいのかという疑問の声が上がることでしょう。刑法には、故意犯処罰の原則のさらなる例外として、いわば故意犯と過失犯の中間に当たる類型が置かれています。それが、結果的加重犯と呼ばれる犯罪類型です。

結果的加重犯は、基本となる犯罪（基本犯）を実行してそこから重い結果（加重結果）が発生した場合を、基本犯より重く処罰する犯罪類型です。たとえば、傷害致死罪（刑205条）では、「身体を傷害し、よって人を死亡させた」場合に、傷害罪より重い法定刑を科しています。結果的加重犯と通常の故意犯との違いは、故意の対象です。通常の故意犯が、原則として構成要件該当事実をすべて認識しなければならないのに対し、結果的加重犯の場合、基本犯の構成要件該当事実さえ認識していれば故意としては十分です。傷害致死罪の場合、傷害罪（刑204条）の構成要件該当事実さえ認識していればよく（第14講も参照）、死亡結果とそれに至る因果関係の認識は不要です。その認識があれば、殺人罪の故意が認められ同罪が成立します。したがって、殺人罪と傷害致死罪は、殺意の有無で区別されているともいえます。

結果的加重犯については故意犯処罰の原則を緩めてよいのはなぜでしょうか。これについては、基本犯が加重結果発生の危険性を類型的に備えている場合に、その危険性が実現し重い結果が発生すれば違法性が大きくなるという説明がなされています。しかし、責任主義（第9講）の見地からは、加重結果について行為者になんらかの責任が必要であるとして、加重結果について過失が必要という見解が学説上は有力です。具体的には、基本犯実行者が、重い結果の発生について予測することがおよそ不可能な場合には、結果的加重犯の成立を否定します。他方、判例（最判昭26・9・20刑集5-10-1937参照）は、加重結果についての過失は不要という立場を確立しています。

◆危険運転致死傷罪

設問のような酔っ払い運転の結果事故を発生させた場合、自動車運転死傷行為処罰法には危険運転致死傷（同法2条）、準危険運転致死傷（同法3条）の規定が設けられています。これらの規定は、危険運転行為という一定の行為を基本犯とする結果的加重犯として理解されており、危険運転部分について故意があれば十分です。ただし、基本犯部分に当たる危険運転については、独立の処罰規定はなく、その意味で特殊な結果的加重犯であると説明されています（道路交通法の酒酔い運転や酒気帯び運転が、危険運転致死傷罪の基本犯部分に類似していますが、若干内容が異なります）。

同法2条の危険運転致死傷罪は、アルコールの影響により正常な運転が困難な状態で自動車を走行させ、それによって人を死傷させた場合に成立し、最大20年（他の犯罪も犯していれば併合罪加重によって最大30年）の有期懲役が科されるという重い犯罪です。重度の飲酒運転その他の危険運転行為が非常に重大な交通事故を引き起こすことから立法されました。ただし、その法定刑の重さから、その成立要件はある程度限定されています。飲酒運転であれば、「アルコールの影響により正常な運転が困難な状態」とは、道路交通法の酒酔い運転罪の「正常な運転ができないおそれがある状態」よりも認めることが困難な状態です。そのため、本罪の適用範囲が狭すぎるという批判が出てきました。実際、正常な運転が困難な状態といえるほどアルコールを飲んでいた場合、意識がないとして同状態を認識していたという故意が認められないこともありえます。

同法3条は、その批判にこたえた類型です。同条は、アルコール等の影響により、その走行中に正常な運転に支障が生じるおそれがある状態で自動車を運転した者が、そのアルコール等の影響により正常な運転が困難な状態に陥り、その結果として人を死傷させた場合に成立します。2条との違いは、アルコールの影響で「正常な運転に支障が生じるおそれがある状態」で自動車を運転していることが故意の内容で、その後「正常な運転が困難な状態に陥」ったこと、および、その結果「人を死傷させたこと」は故意の内容ではありません。そのため、法定刑は、2条より軽くなっています。

設問への答え

最初の問いへの答えは、殺人罪の未必の故意をどのようにして認めるかにかかわります。未必の故意の判断については、認識説と認容説の対立がありますが、いずれの見解に立っても、重要なのは、構成要件実現の高度の可能性があり、行為者がそれを認識していたかどうかです。

Xの発言のように、酔っ払い運転をしている場合、「人を轢き殺すかもしれないけど、まあいいや」という心理状態があるとして未必の殺意を認めることはできません。酔っ払い運転というだけでは、それによる死亡結果発生の高度の危険性を行為者が認識していたということは通常できないからです。したがって、故意が否定され殺人罪は成立しません。

その場合、運転者には、危険運転致死傷罪の成立が問題になります。危険運転には自動車運転死傷行為処罰法2条と3条の2つの類型が存在しますが、どちらの犯罪が成立するかは、運転者が、「アルコールの影響により正常な運転が困難な状態」の認識まであったのか（2条)、それとも、「アルコール等の影響により、その走行中に正常な運転に支障が生じるおそれがある状態」の認識しかなかったのか（3条）によって異なり、飲酒運転の度合いと、それに対する認識ということで、ここでも故意が問題になります。

交通事故、とりわけ飲酒運転の場合は、結果的加重犯の創設や、過失犯の重罰化などさまざまな方法で厳罰化がはかられてきました。その一方で、故意犯処罰の原則の中核概念、および、故意が認められる限界についてはある程度厳しい基準がなお維持されています。もっとも、近年のあおり運転の社会問題化により、今後変化が訪れるかもしれません。

トピックス4　犯罪論体系と故意

故意は、犯罪論体系の構成（第2講）と密接にかかわります。まず、故意が違法要素か責任要素か、あるいはその両方かということが問題になります（故意があると違法性が増えると考えるのか、それとも責任が増えると考えるのかということです)。このことは、違法性の実質について結果無価値のみとするのか、行為無価値も含むとするのかという問題にも関連します。次に、故意が、犯罪論体系、すなわち、構成要件、違法、責任のどの場所に置かれるかも問題になります。さまざまな考え方がありますが、①構成要件該当事実の認識は構成要件要素に置かれ、②違法性阻却事由を基礎づける事実の認識の問題は責任要素に置かれるという理解が一般的でしょうか（そのため、①は構成要件的故意、②は責任故意と呼ばれることもあります)。

第7講

事実の錯誤と結果併発事例

設　問

暴力団員Xは、対立する暴力団組長Aを射殺するため、病院の待合室にいたAに向けて拳銃を発砲しました。ところが、連射した弾丸が、Aの周囲にいた入院患者Bと看護師Cにも命中して、AとBが死亡、Cにも重傷を負わせました。ただし、Xは、Aの至近距離で発砲しているため、周囲の人間に危険が及ぶとは考えておらず、BとCが死傷したのは想定外であると主張しました。

このように客観的な事実（複数名に生じた死傷）と犯人の主観内容（1名のみを狙った銃殺）にズレが生じている場合、複数の故意犯を成立させてもよいのでしょうか。

《なにが問題となるか》

犯人が頭のなかで思い描いた犯罪事実の認識・予見および認容（これを故意といいます：故意の内容や位置づけについては第6講を参照してください）に従って実行行為に出たところ、その認識・予見と一致しない犯罪事実が生じた場合、故意を超えた犯罪事実についても犯人に故意犯を認めることができるでしょうか。言い換えれば、故意を超えた犯罪事実の部分については犯人に故意責任を負わせず、別途過失責任の有無を検討するにとどめるべきでしょうか。

道義的な感情としては、故意がきっかけで生じた犯罪事実に対して犯人に故意犯の刑事責任を負わせたいところです。しかし、犯人側としては認識・予見および認容外の事実に対して故意犯の刑事責任を負うことを回避したいところでしょう。どちらの結論をとるにせよ、道義的感覚ではなく刑法学上の理論的根拠が必要です。

本講では、このような犯罪事実の認識・予見部分と現実に生じた犯罪事実との間に不一致が生じた場合、犯人にどのような刑事責任を負わせるべきかについて学習します。

解　説

1　条文の確認

本講で取り扱う「事実の錯誤」を検討する際の出発点もやはり条文です。刑法典では「事実の錯誤」をどのように取り扱っているのでしょうか。まず確認しましょう。

刑法典を参照すると38条に「故意」という規定があります。そこでは、1項で「罪を犯す意思がない行為は、罰しない。ただし、法律に特別の規定がある場合は、この限りでない」とされ、故意犯処罰の原則と過失犯処罰の例外が明示されています。しかし、こうした文言から本問を解決するための直接の手がかりをみつけることはできません。

他方、2項は「重い罪に当たるべき行為をしたのに、行為の時にその重い罪に当たることとなる事実を知らなかった者は、その重い罪によって処断することはできない」と規定します。この刑法典38条2項は、たとえば、「人」の顔を殴る暴行という事実が存在するのに、行為の時に犯人は「人形という器物」の顔面部分を殴るという暴行よりも軽い罪に当たる器物損壊の認識であった場合、器物損壊より法定刑の重い暴行の罪で罰せられないと述べているにすぎません。すなわち、暴行と器物損壊のような異なる犯罪構成要件間で生じた事実の錯誤を対象としているのです。

このように、38条2項は犯罪事実と故意内容の不一致について触れてはいるものの、設例にあるような同一構成要件内において生じた事案、すなわち、1人殺害するつもりで複数の人を殺害した場合の処理についてはなんら触れていません。刑法典は、同一構成要件内において生じた犯罪事実と故意内容の不一致について、その問題の解決方法を裁判実務や学説による理論刑法学（刑法解釈学）に任せているのです。

2　「事実の錯誤」の類型と「事実の錯誤」の対象による分類

◆「同一構成要件内の錯誤（具体的事実の錯誤）」と「異なる構成要件間の錯誤（抽象的事実の錯誤）」

先に述べたように、「事実の錯誤」は、38条2項が取り扱う異なる構成要件間にわたるものと、条文には規定されていない同一構成要件内におけるものとに大別できます。前者は講学上「抽象的事実の錯誤」、後者は「具体的事実の錯誤」と呼ばれています。以下では、設問で問題となる「同一構成要件内の錯誤（具体的事実の錯誤）」を念頭に説明をします。なお、「異なる構成要件間の錯誤（抽象的事実の錯誤）」についてはコラム欄で簡潔に通説の考え方を紹介します。

さて、「同一構成要件内の錯誤」ですが、現実に生じた犯罪事実と犯人の認識・予見との間にズレがある客観的構成要件要素に応じて、①客体の錯誤（眼前の行為客体を誤信して取り違えた場合）、②方法の錯誤（実行に着手したところ、認識した対象とは別の対象に犯罪結果を生じさせた場合）、および、③因果関係の錯誤（実行行為と結果を結ぶ因果経過につき予見と現実の不一致がある場合）に分類されます。以下では、これらの分類について個別に検討しますが、学説上で激しい対立がみられる「方法の錯誤」について詳述したのち、「客体の錯誤」と「因果関係の錯誤」については簡単に触れるにとどめます。

3　方法の錯誤

方法の錯誤は、設例のようにAを狙って拳銃を発砲したところ、弾丸が複数発砲されたためBにも命中してしまった場合です。方法の錯誤は(i)Aには命中せずBに命中した場合と、(ii)Aへ命中した弾丸がBにも命中した場合（結果併発事例）に細分できます。方法の錯誤は、前述したように条文そのものに解決の指針となる規定がないため、その処理をめぐって「具体的符合説」と「法定的符合説」という2つの学説が激しく対立しています。それぞれの学説の内容については、代表的な判例を概観したのち以下で説明します。

◆判例の確認

まずは実際に生じた事件の概要とその判例を概観してみましょう。ひとつめは、東京高判昭30・4・19高刑集8-4-505です。事案は、XがAを殺害しようと毒酒をA宅に届けさせたものの、Aの妻Bが、酒に毒が混入しているとは知らずに、生活苦にあえぐ知人Cにその酒を贈与したため、酒を飲用したCが死亡したというものです。本件の争点は、犯人Xにおいて想定外のCが毒酒を飲用して死亡した場合についても殺人既遂罪の刑事責任を認めてよいかです。東京高裁は「およそ殺人の罪は故意に人を殺害するによつて成立するものであつて、その被害者の何人であるかは毫もその成立に影響を及ぼすものではない」とし、もしも「その飲用死亡者が被告人の意図した者と相違していたとしても、なお被告人に殺人罪の刑責の存することは論をまたない」と述べ、想定外の人物Cの死亡結果についても殺人の故意を認めています。

さらに、併発事例についても先例があります。最判昭53・7・28刑集32-5-1068の事案は、Xが殺意をもって改造銃で警官Aを銃撃したところ、銃弾がAの腹部に命中するとともに、Aの腹部を貫通した銃弾がさらに30メートル先にいた通行人Bの背中にも命中し、AとBの双方が受傷したという事案です。本件の争点は、先の事案と同様に、犯人Xの想定外の人物Bに対して生じた結果についても故意犯の刑事責任を負わせてよいかですが、先の事案と異なる点は想定内の人物Aにも犯人が予見したとおりに結果を生じさせている点です（結果併発事例）。この事案で最高裁は、「犯罪の故意があるとするには、罪となるべき事実の認識を必要とするものであるが、犯人が認識した罪となるべき事実と現実に発生した事実とが必ずしも具体的に一致することを要するものではなく、両者が法定の範囲内において一致することをもつて足りる」としました。そのうえで「人を殺す意思のもとに殺害行為に出た以上、犯人の認識しなかつた人に対してその結果が発生した場合にも、右の結果について殺人の故意があるものというべきである」と判断して、AとBの双方に殺人の故意を認めています。

◆学説の確認

以上の判例はどのような理論的根拠を用いて結論を導いたのでしょうか。これについては判決理由をみるかぎり必ずしも明確ではありません。以下では、この問題について解決方法の指針となる理論的根拠である学説を概観しましょう。

学説は、具体的事実の錯誤（同一構成要件内の錯誤）の事例において、犯人にいかなる範囲で故意を認めるべきかをめぐり、「具体的符合説」と「法定的符合説」が対立しています。

(1)　具体的符合説　具体的符合説は、故意を認めるためには、犯罪事実と犯人の認識・予見が「個別具体的に一致（符合）」していることを要求する見解です。次に説明する法定的符合説との違いですが、具体的符合説は犯罪事実と認識・予見との「具体的一致」を要求しますので、その点に不一致がある部分について故意を認めません。

(2) 法定的符合説　これに対して、法定的符合説は、「構成要件の範囲内で犯罪事実と犯人の認識・予見が符合」してさえいれば故意を認めてよいとする考えです。たとえば、「人」を殺害しようとして「人」を殺害した場合、犯罪事実と犯人の認識・予見との間に法的な一致がある以上、犯罪事実と認識面について符合があるとして、故意を認めます。

法定的符合説に対しては、こうした構成要件を介した抽象化がなぜ可能なのかという疑問が生じます。その論拠として法定的符合説は、「一般国民に与えられている刑法上の禁止規範や命令規範は、構成要件というかたちで与えられている。そうである以上、認識上の犯罪事実と現実に発生した犯罪事実も構成要件的評価として一致していれば、犯人は刑法上の規範に直面しつつもあえて故意行為に及んだといえる。そうであれば、その反規範的人格は刑法上の非難に値すると評価できる以上、故意犯の刑事責任を認めてよい」というのです。

◆具体的符合説と法定的符合説からの当てはめ

これらを前述した東京高判昭30・4・19に当てはめると、具体的符合説からは認識・予見上のAと実際の被害者Cは具体的にみて不一致ということになりますから、被害者Cに対して殺人既遂という結論は導かれず、別途、過失致死の罪が検討されることになります。他方、法定的符合説からは、AとCはともに「自然人」という点で構成要件の枠内で一致していますので、Cに対する殺人の故意が認められます。同様のことは、前述した最判昭53・7・28の事案でも当てはまります。こうした限りで裁判例は、法定的符合説の立場に整合的であるとみてよいでしょう。

◆法定的符合説内における学説の争い

もっとも、併発事例においては、犯人の認識・予見上の行為客体は1名であるのにもかかわらず、なぜ複数名に対する故意犯、すなわち複数の故意が認められるのかという疑問が法定的符合説に浮上します。この問いについては法定的符合説内部において見解の対立があります。

(1) 一故意犯説　第1の見解は、犯人が認識した行為客体の個数に応じた数の故意犯を認める見解です。これは一故意犯説と呼ばれています。一故意犯説によれば結果併発事例において、犯人が行為客体を1つと認識していた場合、刑法規範に直面したのは1つの行為客体である以上、1個の故意犯を認めて他の客体には故意犯を認めず、別途過失犯が検討されます。

(2) 数故意犯説　これに対して第2の見解は、結果併発事例において複数個の故意犯を認めたとしても、罪数の処理で「一個の行為が二個以上の罪名に触れ……るときは、その最も重い刑により処断する」(刑54条1項前段) 以上、観念的競合 (科刑上一罪) という一罪処理をすれば問題はないとします。この第2の見解を数故意犯説といいます。錯誤をめぐる問題に対して罪数で応答する点にいささか違和感を覚えなくもないですが、先の最判昭和53年7月28日はこの数故意犯説によったものであるとみられています。以上のように判例実務においては法定的符合説が優勢です。また学説上の法定的符合説が伝統的な通説であるといってよいでしょう。

◆近時における具体的符合説からの反論

もっとも、近年では具体的符合説から新たな有力な反論がみられます。たとえば、法定的符合説の一故意犯説に対しては、Aを殺す認識でAが負傷しBが死んだ場合、一故意犯説はBに対する殺人既遂を成立させるが、その後にAの容態が急変して死亡した場合、一故意犯説では故意犯を認める対象がAの死亡を境に変化するのではないかという問題提起です。また、法定的符合説の数故意犯説に対しても、故意による正犯の成立に所為の支配という要素を根底に置く新しい具体的符合説からは、次のような指摘もなされています。すなわち、故意は行為の危険性ないし方向性をも支配する実現意思である以上、方法の錯誤の場合には認識対象外の行為客体に対しては行為の危険性が認識されず、またその方向性も支配できていないため、故意犯を認めるのは無理であって、別途過失犯を検討するべきであるという見解です。

4　客体の錯誤

客体の錯誤は、行為の客体の取り違えに関する犯罪事実と認識の不一致です。たとえば、眼前の人間をAだと認識したうえで殺害したところ、実は殺害されたのはＡの一卵性双生児である弟のＢであったというケースです。

◆判例の確認

判例には、被告人らがＡを殺害しようと身を潜めて待ち構えていたところ、覆面をした夜警ＢをＡと誤信して攻撃をし、創傷を負わせたという事案があります（大判大11・2・4刑集1-32）。この事案で大審院は、およそ殺人の罪が成立するには、他人を殺す意思をもって人を殺傷しさえすれば、犯人の主観面で被害者の人数に誤認があっても殺意の阻却になんら影響を及ぼさない、としています。もっとも、この判旨だけではなぜそのような結論が導かれるのか必ずしも明らかではありません。

◆学説の確認

客体の錯誤においても具体的符合説と法定的符合説からの解決アプローチがあります。

具体的符合説は、故意を認めるためには、犯罪事実と犯人の認識・予見が具体的に一致（符合）していることを要求する見解でした。他方、法定的符合説は、構成要件の範囲内で犯罪事実と犯人の認識・予見が一致してさえいればよいとする考えでした。

大審院の事案に当てはめますと、具体的符合説を徹底すれば、ＡとＢは別人である以上、犯罪事実と犯人の認識面において不一致がありますから、不一致部分の故意は阻却し（「阻却」とは「認めない」ことです）、別途過失犯を検討するという結論もとり得るところです。しかし、実際には、具体的符合説においても「眼前の人」を殺害しようとして「眼前の人」を殺害したのだから、犯罪事実と犯人の認識・予見は一致しており、故意を阻却するという見解は皆無であるといってよいでしょう。

他方、法定的符合説においても、「人」を殺害しようとして「人」を殺害したのだから、犯罪事実と認識に不一致はなく、故意の殺人既遂罪を成立させます。そのため、同一構成要件内における客体の錯誤について両見解に結論の差異はありません。

5 因果関係の錯誤

因果関係の錯誤は、実行行為と結果を結びつける因果関係において、実現された因果経過と犯人が予見した因果経過に不一致がある場合です。もっとも、構成要件該当性における客観面の判断で因果関係がそもそも認められなかった場合については、論理的に犯罪事実と犯人の予見に不一致が生じます。しかし、この場合には因果関係（客観的構成要件該当性）が認められなかった部分以降の犯人の認識・予見（主観的構成要件該当性）は検討する必要がありませんので、因果関係の錯誤を議論する余地はありません。

因果関係の錯誤が問題となるケースはいくつかに分類できます。たとえば、殺意をもって橋から被害者を海に突き落として溺死させようと予見したうえで被害者を突き落としたところ、実現した事実は被害者が頭部を橋げたに強打したため脳挫傷で死亡したというような場合です。この場合、たしかに突き落とし行為からの溺死という予見と実際の脳挫傷による死亡という不一致があります。しかし、犯人は殺意をもって高所から人を突き落とせば人が死亡するという危険性と、そうした行為に出れば人が通常死亡するという因果経過を予見していますので、因果関係に関する故意を阻却するには及びません。

◆判例の確認（「遅すぎた結果発生」）

「因果関係の錯誤」には、「遅すぎた結果発生」という類型もあります。これは、犯人が第1行為により犯罪結果を達成したと誤信したため、犯跡隠滅のための第2行為に出たところ、じつは第1行為で予見していた犯罪結果が第2行為により遅く実現されていたという場合です。たとえば、犯人は首を絞めて被害者を窒息死させることを予見して実行に出たのち被害者が死亡したと誤信して、犯跡を隠滅するために仮死状態にすぎない被害者を海に放置したところ、被害者が砂を吸い込んで窒息死したような場合です（大判大12・4・30刑集2-378）。この事案で大審院は因果関係を認めるのは当然であるとして殺人既遂を認めていますが、因果関係の錯誤には直接言及していません。

◆学説の確認

学説には、第2の犯跡隠滅行為にはそもそも殺意がないとして第1行為と第2行為を切り離し、第1行為に殺人未遂、第2行為に過失致死を認める見解もあります。しかし、ここでもやはり人の首を絞めれば窒息死にいたる危険性があること、および、そうした行為に出れば人は最終的に死亡するのが通常であろうということを予見・掌握していますので、法定的符合説に立てば故意を阻却することはありません。

なお、「遅すぎた結果発生」と逆の類型である「早すぎた結果発生」という事例もありますが、これは「因果関係の錯誤」以前に実行行為性の論点も含みます。「早すぎた結果発生」については第2講に詳しい説明がありますので、そちらを参照してください。

設問への答え

この事例は方法の錯誤における結果併発事例です。したがって、犯人が認識した行為客体以外にも複数の故意犯を認めるためには、判例・通説である法定的符合説の数故意犯説を採用することになります。すなわち、犯罪の故意があるとするには、罪となるべき事実の認識を必要とするものですが、犯人が認識した罪となるべき事実と現実に発生した事実が必ずしも具体的に一致することを要するものではありません。「人」を殺す認識をもてば、「人」を殺してはならない、という禁止規範にも直面するため、狙いをつけた「人」以外の「人」を殺したことについても、その禁止規範に反する人格的態度が認められ刑法上の非難に値するからです。よって両者が法定された構成要件の範囲内において一致することをもって足ります。

これを本問に当てはめますと、Xが暴力団組長Aという人を殺す意思のもとに殺害行為に出た以上、犯人の認識しなかったBとCという人に対して殺傷結果が発生した場合にも、殺人という構成要件の範囲内において不一致は生じていないので、A、BおよびCそれぞれの殺傷結果について殺意が認められることになります。

なお、上で説明した事例を含めて結果併発事例には様々な類型があります。いくつか類型を挙げてみましょう。Aを狙った殺人の実行行為がAに打撃をもたらしたうえで、A以外のB等にも同様の打撃をもたらした場合（結果併発事例）においては、①AおよびB等がすべて死亡する類型、②A

が受傷しB等が死亡する類型、③Aが死亡しB等が受傷する類型、④AとB等がともに受傷する類型など様々な事例が考えられます。

＜参考文献＞

①団藤重光『刑法綱要総論〔第3版〕』(創文社・1990年)
②平野龍一『刑法総論Ⅰ』(有斐閣・1972年)
③大塚仁『刑法概説（総論)〔第4版〕』(有斐閣・2008年)
④安田拓人「錯誤論（上)」法教273号（2003年）69頁以下、および「錯誤論（下)」法教274号（2003年）91頁以下。

トピックス5　抽象的事実の錯誤

条文確認の箇所でみたように、刑法38条2項は「重い罪に当たるべき行為をしたのに、行為の時にその重い罪に当たることとなる事実を知らなかった者は、その重い罪によって処断することはできない」と規定しています。つまり、犯人が、軽い犯罪（器物損壊）の構成要件を認識・予見して重い犯罪（暴行）の構成要件を実現した場合、異なる構成要件にわたる不一致が生じていますが、原則として重い犯罪で処罰できないと規定しています。もっとも、この条文は、犯人が、重い犯罪（暴行）の構成要件を認識・予見して軽い犯罪（器物損壊）の構成要件を実現した場合、どのように処断するのかについてはなんら述べていないことに注意を要します。

ここで思い出さないといけないのは、前述した同一構成要件内の錯誤の事例において、判例・通説である法定的符合説が、犯人の認識・予見した犯罪事実と現実に生じた犯罪事実とが一致しない場合において、なぜ故意犯を認めることができたのかということです。その根拠は、一般国民に与えられている刑法上の禁止規範や命令規範は、構成要件というかたちで与えられている以上、認識上の犯罪事実と現実に発生した犯罪事実も構成要件的評価として一致すればよく、そうした刑法規範に直面したのに犯行を踏みとどまらずに犯罪を実行した点に、反規範的人格がみられるがゆえ、故意犯の非難に値するからでした。そうであるとすれば、異なる構成要件間の錯誤においては、認識・予見した事実と発生した事実が構成要件的評価として不一致である場合、現実に発生した事実に対応する刑法規範に直面していませんから故意犯を認めることはできません。これが、抽象的事実の錯誤事例における処理の原則です。

したがって、犯人が「人」を殴り傷害を負わせるという重い犯罪を実現した場合であっても、認識上は「人形（器物）」の顔面を殴るという器物損壊の故意であったときは、「人」を故意をもって傷害してはいけない禁止規範に直面していませんので、過失としての傷害罪を検討することになります。

また、条文では言及されていない逆のケース、すなわち、犯人が人形を殴り破壊するという軽い器物損壊を実現した場合であっても、認識上は「人」の顔面を殴るという暴行の故意であったとき、他人の器物を損壊してはならないという規範に直面していませんから、器物損壊の故意は認められません。さらに、過失の器物損壊の構成要件は、刑法典上存在しませんので不可罰となります。

もっとも、窃盗と強盗、あるいは、覚醒剤所持と麻薬所持のように、「条文」そのものは重なり合いませんが、保護法益や行為態様の点で条文解釈から導かれた「構成要件」が実質的に重なり合う場合には、その重なり合う限度で、たとえば「規制薬物を無許可で所持してはならない」という刑法上の禁止規範に直面していたということができます。そうであるとすれば、認識した犯罪と実現した犯罪に刑の軽重がある場合、38条2項の趣旨から軽い犯罪の故意を認めることができます。また、それぞれの犯罪の刑が等しい場合、客観的に成立した犯罪の故意を認めるのが判例・通説の処理になります。

第8講

リスク社会と過失責任

設　問

胃腸への刺激がなく、眠くもならない風邪の特効薬Aを開発した製薬会社Bの代表取締役社長Xは、Aを使用した消費者の中に、激しい頭痛を起こしたものがいるとの報告を受けた。しかし、厚生労働省からの認可を受けるための治験だけでなく、報告後に、新たに行った実験でも、Aの服用と頭痛の因果関係が確認できなかったことから、Xは、Aの販売を継続する判断を下したところ、A服用後に激しい頭痛を訴え、病院に運び込まれたV（80歳）が死亡するという事件が起こった。その後、海外の研究機関で、Aの服用により脳内のホルモンに異常を来して激しい頭痛を起こし、場合によっては生命を脅かす危険性のあることが発覚し、すでにVを含む5人の高齢者が、この副作用が原因で死亡したことが判明した。Xの罪責は？

《なにが問題となるか》

第6講では、故意について学びましたが、それだけでは、犯罪の主観的な成立要件の半分しかわかったことにはなりません。「うっかり」行った行為も、犯罪になり、刑事責任を問われることがあるからです。このような犯罪を過失犯と呼びます。

では、どうして現行刑法は、過失で行われた行為まで犯罪としているのでしょうか。また、その適切な成立範囲は、どのように画されるべきなのでしょうか。

こうした点を明らかにしていくために、刑法学では、そもそも刑法上の過失とは何なのか、その具体的な内容について議論が戦わされてきました。じつは、今の社会では、これまで以上に過失犯の重要性が高まっています。その理由も含めて、過失犯について説明していきたいと思います。

解　説

1　過失犯処罰の根拠

◆過失犯の意義

前講で説明したように、日本の刑法は、原則として、刑法で禁じられている行為を、故意で行ったときにだけ刑事責任を問い、処罰することにしています（故意責任の原則）。しかし、それだけでは、刑法に求められている法益保護の役割を、十分に果たすことができません。現代社会では、故意で行われたわけでなくても、重大な法益侵害をもたらす可能性の認められる行為がたくさんあるからです。現行刑法は、今の社会にとって必要とされる法益の保護を図るために、故意ではない行為のなかで、刑罰をもって臨むことが適切なものについて、例外的に犯罪とし、刑事責任を問うことにしているのです。それが、過失犯です。

たとえば、自動車の運転中に、よそ見をしていたために、赤信号を見落として停車せず、青信号で横断歩道を横断中の歩行者をはねて、死亡させた運転手には、殺人の故意はありませんが、それでも、しっかり前方に注意を払っていなかったことについて、刑法上の非難を加えるというわけです。刑法が、38条1項ただし書で、故意がなくても、「法律に特別の規定がある場合」には、刑事責任を問えることを定めているのは、こうした過失犯処罰を認める趣旨と解されています。

◆故意犯処罰と責任主義

ただし、かといって、法益を侵害してしまったあらゆる行為に対して、故意がなくても刑事責任を問うというのは、責任主義に反することになりますし、刑法の濫用につながる危険もあるでしょう。そこで、刑事責任を問うに値する過失の範囲を確定することが重要になるのです。

では、故意がなくても、犯罪として処罰するに値するのはどんな行為でしょうか。この点を考えるうえで、まず押さえておかなければならないのが、責任主義の原則は、ここでも守られなければならないということです。つまり、他人の命を奪ってしまったり、けがをさせてしまったりしたとしても、それだけで刑事責任を問うことは、結果責任を問うことになり、許されません。たとえば、「歩道橋で友だちとふざけて遊んでいたVが、誤って手すりを超えて転落したところ、偶然、その下の車道を自動車で走行中のXが、その自動車でVをはねてしまったため、Vが死亡した」というケースで、Vの命を奪ってしまったことについて、Xに刑事責任を問うのは行き過ぎでしょう。

◆他行為可能性から導く過失犯処罰の根拠

改めて確認しておくと、故意で、法益侵害が惹き起こされたのであれば、その行為者は、自らの行為が違法であると認識することができたでしょう。そして、その認識を基に、違法な行為の実行を思いとどまり、他の適法な行為を選択することができたはずです。それにもかかわらず、違法な行為を選択してしまったときに、行為者は、「どうして、その行為を選択したのか、それは、選択してはいけない行為だったのに」という刑法上の非難を加えられるのです。

このように法益侵害が起こらないように、他の行為を選択すべきであったのに、そうしなかったということ（他行為可能性）が、刑事責任を問う根拠であるなら、故意がなくても、そうした非難が当てはまるケースがあります。それは、不注意で、法益侵害という結果を招いたときです。しっかり注意していたら避けられたのに、注意を怠ったために避けられなかったというとき、「どうして、注意しなかったのか、注意していれば、避けられたはずなのに」という非難を加えるわけです。

故意に加えて、こうした不注意という過失をも対象にしなければ、刑法が保護すべき法益を、十分に保護できません。とくに、人の生命や身体などの重要な法益については、「不注意で侵害することも許さない」という厳しい姿勢を示すことで、その保護の徹底を図ろうというのが、現行刑法のスタンスであり、過失犯が処罰される根拠なのです。

科学技術や産業技術の発展がめざましい近代社会では、不注意がもたらす法益侵害が、故意がもたらすものに比べて、小さいとは限りません。たとえば、鉄道事故や航空機事故などでは、運転士やパイロットの不注意が原因で、多くの人命が失われてしまうからです。また、製造過程で、不注意で異物を混入させてしまった食品や薬品も、放置すれば、多くの人命を奪う危険があります。このように、不注意の場合にも、重大な法益を侵害したときには、刑法上の非難を加えることで、関係者に注意を喚起するのが、過失犯を処罰する意義なのです。

2　リスク社会における過失犯処罰の意義

◆リスク社会

さて、こうして科学や産業の発展にともない、その重要性を高めてきた過失犯は、今日、「リスク社会」の到来により、新しい局面を迎えています。リスク社会とは、私たちの生活を豊かにする科学技術や産業の発展が、同時に、私たちの生活に、予測できない危険（リスク）をもたらす可能性を内在している社会を指し、ドイツの社会学者U・ベックによって、現代社会の特徴を示すキーワードとして提唱されました。

現代社会では、原子力発電所や遺伝子組換食品のように、実害をもたらしていなくても、「もしかすると、これからなにか甚大な被害をもたらすかもしれない」というリスクを内在したものが、「便利だから」という理由で、使われ続けています。しかも、そのリスクは、科学技術や産業技術の高度化に従って、どんどん複雑で大きなものになっています。でも、「もしかすると」の事態が、実際に起こってもらっては困ります。リスクをコントロールして、実際に起こらないようにしなければならないのです。

◆リスク社会の中の刑法

刑法も、そうしたコントロールに一役買っていて、たとえば、今までのように、人の健康を害したとか、環境を破壊したといった実害を発生しなくても、そうした実害につながるリスクを高めたというだけで、早めに処罰するという「処罰の早期化」が行われるようになっています（15頁参照）。

「リスク社会」の中で、刑法の果たす役割が大きくなっているもうひとつの場面が過失犯です。先ほども述べましたが、過失犯は、科学技術や産業技術が発展し、不注意でも甚大な法益侵害をもたらす時代になったことで、その重要性を増してきました。したがって、「リスク社会」では、さらに、不注意による実害の発生も防ぐ必要が高まっているのです。

3　不注意の中身（過失の内実）

◆旧過失論

前述したように「過失犯とは不注意によって、法益侵害を引き起こした行為を、犯罪として定めたものをいう」と理解しても、肝心の不注意の内実がわからなければ、過失犯の実態は不鮮明なままです。そこで刑法学では、不注意の中身、つまり過失の内実が古くから議論されてきました。

このうち昔から支持を集めてきた考え方が、故意犯と過失犯は、客観面では差異はなく、主観面で、自らが行う行為がもたらす結果を認識していていながら、これを意欲したり認容したりすることが故意で、結果を予見できたのに、意思の緊張を欠いてしまったために、予見しなかったことが過失であるというものです。この考え方は、古くから唱えられていたことから、「旧過失論」と呼ばれています。この旧過失論では、過失とは、内心の不注意のことであり、このように、行為者が、注意していれば、予見できた結果を予見しなかったという「悪しき心理状態」に、故意ほどではないけれども、刑法上の非難を向けることができると説かれるのです。

◆旧過失論の問題点

こうした旧過失論の考え方は、説明としては、明瞭なのですが、いくつかの問題点が指摘されています。たとえば、主観面以外は、故意犯と過失犯は同じと理解されている点には、殺人罪と過失致死罪は、主観面以外にも、違いがあるはずとの批判が加えられてきました。また、毎年、多数の死亡事故が発生している自動車の運転や、副作用の可能性が0%ではない医薬品の服用など、今日の科学技術が発展した社会では、そもそも法益侵害の危険性（リスク）はあるけれども、それよりも社会にもたらすメリットのほうが大きいので、許容されている行為がたくさんあります。こうした行為から法益侵害結果が発生した場合に、そのすべてについて刑事責任を問い、処罰していては、社会が成り立たないでしょう。

しかし、旧過失論を前提にした場合、はじめから、事故や副作用のリスクを承知している以上、予見できなかったとはいえず、刑事責任の対象とせざるを得ないのです。もっとも、「旧」というネーミングですが、今なお学説上一定の強い支持を集めている旧過失論では、自説の問題点を克服するために、現在では、高度で、具体的な予見可能性を要求することによって、社会に存在するリスクを実現してしまった場合にも刑事責任を問わないという帰結を導く考え方が主流になっています。

◆新過失論

他方で、旧過失論の問題点を克服するために、旧過失論とは違った考え方も登場しました。それが、旧過失論よりも新しいという意味で「新過失論」と呼ばれるものです。この新過失論は、自動車の運転や副作用が0%でない薬品の販売のような法益侵害の危険性を有する行為でも、社会的に求められる基準にそっていれば、そこから法益侵害が発生しても過失は否定されるべきという理解を前提に、過失の成立に、予見可能性に加えて、結果回避義務違反という要件を求めることで、その成立範囲の限定を図ろうとします。

つまり、一定の行為をする際に、法益侵害が発生しないようにすべき地位にある者が、そうした法益侵害の発生する危険性を予見できたケースで、さらに、その予見に基づいて、結果発生を回避することができたときに、結果回避義務を課し、その義務を怠ったために、結果が発生した場合に、そうした義務違反に対する非難を加えるのが過失犯と捉えるのです。

◆新過失論の問題点

新過失論に対しても、いくつかの批判が加えられています。なかでも新過失論の考え方では、過失犯を注意義務違反として把握するために、基準となる義務が設定されなければなりませんが、その設定根拠が明確でないため、処罰範囲が不当に広がる危険があると指摘されています。ただし、現在の日本の判例は、この新過失論を採用していると理解されています。

◆新新過失論（危惧感説）

さらに、日本では、新過失論をさらに推し進め、結果の予見可能性については、具体的なものまでが必ず要求されるわけではなく、一般人が、結果の発生について危惧感を抱く程度のもので足りるとしたうえで、一定の法益侵害を防止すべき地位にある者が、そうした危惧感を抱けば、結果回避行動をとるべきという契機にはなり得ることから、それにもかかわらず、実施できた結果回避措置を行わなかった場合には、結果回避義務違反を認めることが可能で、過失犯として処罰できるという考え方も登場しました。この考え方を、新過失論をさらに新しく発展させたという意味で、「新新過失論」と呼びます。こうした考え方が登場した背景には、公害や薬害問題が社会問題化した時代に、未知の危険に対応して、企業活動を早期に制約する必要性が高まったという事情がありました。

つまり、科学的には確認できていなくても、製薬会社の社長が、「この薬品を服用した人の中に、副作用で健康を害する危険性があるかもしれない」と知らされたのであれば、その薬品の製造・販売を中止し、これまでに出荷した薬品を回収し、さらには、すでに販売された薬品を使用しないように、消費者に告知するなどして、被害の発生を防ぐ義務を負うべきというわけです。下級審の裁判例の中には、新新過失論を支持するものも現れました（高松高判昭41・3・31高刑集19-2-136）。しかし、その後は、危惧感さえもてば、結果回避行動を義務づけられるというのでは、結果責任を問うに等しいなどといった批判が加えられ、多数の支持を集めるには至りませんでした。

4　過失犯の成立要件①――予見可能性

◆予見可能性の内容

新過失論も、旧過失論も、過失犯の成立要件として、予見可能性を要求する点では一致します。では、そこでの「予見」の内容とは、どのようなものをいうのでしょうか。この点について、今日の判例・通説は、危惧感説を採用せず、「結果発生の予見とは、内容の特定しない一般的・抽象的な危惧感ないし不安感を抱く程度では足りず、特定の構成要件的結果及びその結果の発生に至る因果関係の基本的部分の予見を意味する」（札幌高判昭51・3・18高刑集29-1-78〔北大電気メス事件〕）といった説明に代表される具体的予見可能性説を採用していると解されています。

◆予見可能性の具体性

では、そこでいう「具体的」の意味について、どの程度のものが要求されているのでしょうか。もちろん、客体の名前や年齢、結果発生の場所や時間などすべてを具体的に予見することを求めるのは、刑事責任の根拠として不要でしょう。判例・通説は、故意論の具体的事実の錯誤における法定的符合説を援用し、構成要件的事実を予見すること（実際に、事故の被害者となったVが死亡する予見可能性ではなく、およそ人を死亡させることについて予見可能性が認められること）で足りると解しています。

しかし、こうした立場に対しては、故意の具体的事実の錯誤における具体的符合説を支持する立場から、それでは、認識していない対象に発生した結果にまで、予見可能性が認められてしまうことになり、不当であるといった批判が加えられています。

◆予見可能性の程度

また、危険の程度については、どのぐらい高度な予見が要求されるでしょうか。危惧感説に立てば、危惧感や不安につながるかなり低い程度で足りることになるでしょう。これに対して、旧過失論からは、刑事責任を根拠づける唯一の要件であることから、高度な予見が必要とされます。しかし、判例は、結果発生の確率という意味ではあまり高くないものでも、予見可能性を肯定しています。基本的には、結果回避措置の契機となり得るだけの程度のものであることが必要で、その程度は、個別の事案ごとに判断されることになります。

◆予見可能性の標準

では、こうした予見可能性の有無は、誰を基準に判断されるのでしょうか。旧過失論では、責任要素としての過失の有無が問題とされるので、行為者の具体的な能力に基づき、その可能性が判断されるべきとして、行為者を基準とすべきとする主観説が支持されます。これに対して、新過失論からは、形式的・類型的判断である構成要件段階における過失については、一般通常人の能力に基づき、その可能性を判断する一方で、さらに、責任段階で、行為者の個別・具体的な能力に基づき判断する折衷説を支持する立場が多数を占めています。

5　過失犯の成立要件②──結果回避義務違反

◆結果回避義務の認定方法

行為者に、予見可能性が認められる場合に、その予見に基づき、結果を回避するための措置が、結果回避義務として求められ、それにもかかわらず、措置を講じなかった場合に、結果回避義務違反となり、注意義務違反が認められます。ただし、行為者が、結果を回避するための措置を、実際に講じることができなかったようなケースでは、「法は、不可能を義務づけない」ので、結果回避義務は課されません。

したがって、結果回避義務違反の有無を判断するにあたっては、①結果の発生を回避するために、行為者がなすべきであった措置（その措置を講じれば、結果は防止できていたもの）のうち、最も、行為者にとって負担の少ないものが結果回避義務の内容として特定され、②行為時点において、行為者が、その措置を講じることが可能であったのに、それを行わなかったために、結果が発生していた場合に、結果回避義務違反の存在が認められます。

◆信頼の原則

前に説明したように、予見可能性の内容が、結果回避措置の契機になれば、ある程度、抽象的なものでよいとすると、交通事故で、相手側に、信号無視や禁止区間での車線変更など不適切な行為があったときにも、世の中には、そうした乱暴な運転をする人がたくさんいることは、みんなも知っているので、それが、よほど特異なものでない限り、行為者は、予見することが可能といえるでしょう。

しかし、かといって、信号が青でも、信号を無視してわたる歩行者がいないか、いったん停止して、確認してから進む義務を課したのでは、交通は麻痺してしまいますし、交通ルールをつくった意味がなくなってしまいます。そこで、「信号を守る」という相手方の適切な行動を信頼することが適切な場合には、これを信頼することが許され、相手方の不適切な行動によって結果が発生したとしても、結果回避義務違反を否定する「信頼の原則」が適用されます。

この原則は、主に、交通事故の場面で用いられていますが（最判昭41・12・20刑集20-10-1212）、そのほかにも、チーム医療のような共同作業において、行為者以外の者が、適切に作業を行うことを信頼することが許される場面でも用いられます（最判昭63・10・27刑集42-8-1109〔日本アエロジル事件〕、最決平17・11・15刑集59-9-1558〔抗ガン剤過剰投与事件〕）。

6　過失の重なりや併存

◆段階的過失と過失の競合

1つの構成要件的結果が発生したときに、その原因となった過失は、必ず1つとは限りません。このように一人の行為者に、複数の過失が認められることを、段階的過失といいます。たとえば、自動車の運転中に、歩行者をはねて、死亡させてしまったというケースで、ドライバーが、前方不注意に加えて、うっかりスピードを出しすぎていたような場合です。このような場合に、どの部分を過失として評価すべきかについて、学説上、①結果の発生と因果関係の認められるすべての過失が、刑事責任を基礎づけるという過失併存説と、②結果発生に一番近い過失のみが、刑事責任を基礎づけるという直近過失一個説が対立しています。

結果発生に影響を与えた注意義務違反が複数存在する場合、もっとも結果発生に大きな影響をもたらしたものが、過失犯の実行行為として把握されるべきでしょう。それは、多くの場合、結果発生を最終的にもたらした直近の過失の場合が多いでしょう。しかし、過失の大きさは、必ずしも、時系列順に決まるものではないので、その意味では、過失併存説が妥当といえるでしょう。判例も、過失併存説に立つものと解されています。

これに対して、複数の行為者の過失が併存することを、過失の競合といいます。過失が競合する場合については、それぞれの行為者ごとに過失の成否を判断していけば足ります。

◆管理・監督過失

複数の行為者による過失の競合と関連して、問題となるのが、管理・監督過失です。過失が問題となる事案の中には、単純に、行為者自身が法益侵害結果を発生させ、これを予見できたから、回避すべきであったというものばかりではなく、結果そのものは、他人が惹起したというものも含まれています。こうした事案のうち、自らの行為以外から発生した結果についても、物的・人的設備などを整えることで結果を回避すべきという注意義務を課されるものを、管理過失といい、他人を監督することで結果を回避すべきという注意義務を課されるものを、監督過失といいます。

管理・監督過失が問題になるのは、大規模な施設の火災事故や企業活動内で生じた事故について、現場にはいなかった責任者らの過失責任を問う場合です。判例は、こうした事故に対して、管理・監督過失の成立を積極的に認めてきました（最決平2・11・16刑集44-8-744〔川治プリンスホテル事件〕、最決平2・11・29刑集44-8-871〔千日前デパート事件〕、最決平5・11・

25刑集47-9-242〔ホテルニュージャパン事件〕、東京地判平22・5・11判タ1328-241〔パロマガス湯沸かし器不完全燃焼事件〕)。

設問への答え

事例で、Vらが風邪の特効薬Aの副作用で死亡するのを防ぐためには、Aの販売を中止するだけでなく、出荷済みのAを回収し、さらには、すでにAを購入した消費者に、服用しないよう広く周知する措置を講じなければなりません。Aを製造・販売している製薬会社Bの代表取締役社長であるXであれば、そうした措置を講じることは可能でしょう。問題となるのは、そうした措置を講じなければ、Vを含むAの使用者に副作用が生じて、生命に危険が及ぶという予見可能性が、Xにあったといえるかどうかです。その点がいえれば、そうした予見可能性から、Xに、それらの措置を講じる義務があったと評価し、その義務を履行しなかった点に業務上過失致死罪の成立を認めることができます。ここで注意が必要なのは、過失犯の成立に必要とされる予見可能性は、Vが死亡する危険性についてのものである必要はなく、Vを含む誰かが死亡する危険性についてのもので足りるという点です。そうでなければ、Xは、そもそもAを誰が使用しているか具体的に知らないので、過失責任を問われる可能性がなくなってしまいますし、誰かが死亡する危険性を予見したのであれば、その防止に必要な措置を講じる義務をXに課しても決しておかしくはないからです。

ところが、今回の事例では、Xは、Aを服用した者の中に、激しい頭痛を訴えるものがいることは把握していますが、Aと頭痛の因果関係を示す科学的な証拠はなかったため、Vを含むAの服用者に死亡する危険性があるとは認識していなかったのではないかとの疑問が生じます。もし、そうだとすれば、Xに過失責任を問うことはできません。これに対して、人が服用する薬は、一歩間違えれば、人命に関わることも少なくないので、少し危惧を感じる程度でも、そこから結果回避措置を講じるべきだったと評価する考え方もあり得るでしょう。まさに、新新過失論とは、こうした事案についても、過失責任を問うために提唱されたものなのです。

そもそも、Aは、風邪の特効薬であるのに、服用しても胃が荒れず、眠気も襲ってこないので、胃腸が弱まっている高齢者や自動車の運転をする人にとっては、とても有用性が高いでしょう。このように、はじめから一定のリスクは承知のうえで（薬が副作用を伴うことは珍しいことではありません)、でも有用性も高いので、使っているというような薬の場合、はじめから、多かれ少なかれ危惧はあるわけです。リスク社会では、リスクが内在しているものを、そうと承知で利用しているわけですから、そのリスクが実際に事故につながれば、過失責任を問われるというのでは、結果責任を問うのと変わらなくなってしまいます。ここから、リスク社会での過失責任の追及は慎重になされるべきだとの考えが示されています。しかし、他方では、リスク社会だからこそ、本当に事故につながらないように、一層の慎重な注意が必要で、そうした注意を喚起するためにも、少しでも危惧していたのに、結果防止措置をとらずに、事故を招いたようなときは、過失犯の成立を認めるべきだという考え方もあるでしょう。皆さんは、どちらが、正しいと思いますか？

第9講

責任能力制度

── 責任主義とはなにか ──

設　問

「Xは、アパートの上の階に住むAを、包丁で何度も刺して殺害した。Xの語るところによれば、Aは、半年以上にわたってXに電磁波をかけてきたし、自分の部屋を盗聴していたものであり、Xはそのことについて Aに対する怒りの感情を強くもっていたが、関係証拠によれば、AによるXに対する迷惑行為（電磁波攻撃、盗聴）があったことは認められない。また、Xは、刺しているときは無我夢中で、記憶が残っていない。さらに、Xは、人殺しが悪いことだとはわかっているようであるが、『これは正当防衛だ。自分のほうがいってみれば被害者だ』と強く主張している。精神鑑定の結果によれば、Xは、妄想型の統合失調症に罹患しており、Aに対する被害妄想が、Aへの恐怖心や怒りにつながり、本件犯行に強く影響した可能性がある。」

このようなXには、責任能力が認められないのではないでしょうか。その場合、Xはそのまま無罪放免となるのでしょうか。それとも何らかの強制的な措置がとられることになるのでしょうか。

《なにが問題となるか》

精神の障害の影響により犯行に及んだ場合には、その影響の程度により、責任能力が減少し、心神喪失《しんしんそうしつ》・心神耗弱《しんしんこうじゃく》となるのではないでしょうか。心神喪失者・心神耗弱者の取扱いを定める刑法の規定は、どのように解釈され、実際の事件にどのように適用されているのでしょうか。

解　説

1　責任主義

刑罰というのは、犯罪を犯した行為者に対する「非難」の意味あいをもったサンクションであるところに、大きなポイントがあります。この「非難」がどういった内容のものなのかをめぐってもすでに議論がありますが、刑罰が「非難」であることを疑う人はいません。

伝統的な見解は、「非難」が成り立つためには、自分のやろうとしている行為が悪いことだとわかって思いとどまることができたのに、思いとどまらなかったのだといえてはじめて、その人を非難することができるのだと考えます。他行為可能性とか意思の自由とかいう言葉を聞いたことがあるかもしれませんが、それはいま説明したような内容の言葉です。要するに、行為の違法性を認識する可能性と違法性の認識に従って行為を思いとどまる可能性があってこそ、そのような犯行に出たことを「非難」できるのであり、逆からいえば、こうした可能性がなければ、その人を非難することは無理だということになります。

こうした考え方によれば、刑法39条が規定している責任能力の制度は、精神の障害によってそうした可能性がなくなったり、減少したりしている場合につき、刑を科さないこととしたり、刑を減軽することとしたりするルールを規定するもので、まさしく責任主義をストレートに表した規定だということになるわけです。

これに対しては、そうした可能性は、これまで科学的に証明されたことはなく、現実の裁判の場で立証することもできないものだとして、これと異なる説明をする見解もあります。そうした見解によりますと、犯罪行為はその人の性格・価値観等の現れ出たものとして捉えられ、そうした犯罪行為を生み出した性格や価値観等が「非難」の対象となっていきます。この場合の「非難」とは、「どうしてやめなかったのか」というものではなく、「なんでお前はそういうやつなのか」というものになるでしょう。これは何とも厳しい責め方のように思われるのですが、読者の皆さんはどう思われますか。こうした立場からは、責任無能力制度は、正常者と異常者を区別し、精神的に異常な行為者に対しては刑罰を科さないという振り分け機能が期待されることになります。精神的に異常な者の行為でも、性格・価値観等の現れ出たものであることは否定できないのですが、それが病的なものであるために、刑罰制度による対応は適切でないと考えていくのです。

2　心神喪失と心神耗弱

◆心神喪失と心神耗弱の意義

刑法39条1項は、心神喪失者の行為は罰しないと規定し、同条2項は、心神耗弱者の行為はその刑を減軽すると規定しています。これは、心神喪失であれば、責任無能力であるために責任が阻却されて（例外的になくなって）不可罰となるということであり、心神耗弱であれば、限定責任能力であるために責任が減少し、刑を必ず減らしてもらえるということです。

たとえば5名を残忍なやり方で殺害した犯人がいたとしましょう。わが国の判例の基準からすれば、この犯人はどうみても死刑相当ということになるでしょう。それが心神喪失であれば無罪判決となり、あるいは、そもそも検察官が不起訴としてしまい裁判にすらならないことになります。また、心神耗弱だと認められれば、刑が必ず減らされて、せいぜい無期懲役にしかならないことになります（刑68条1号）。

心神喪失と心神耗弱については、古い（昭和6年の）大審院の判例が解釈を示していて、それが現在でも使われています。それによりますと、心神喪失とは、精神の障害により、是非善悪の弁識能力が失われ、あるいは、この弁識に従って行動する能力が失われた状態をいいます（大判昭6・12・3刑集10-682）。現代風に言い換えれば、精神の障害のために、自らの行為の違法性を認識する能力（認識能力）が失われ、あるいは、この違法性の認識に従って犯行を思いとどまる能力（制御能力）が失われた状態をいうことになります。また、心神耗弱とは、こうした能力が著しく減少している状態をいうことになります。

統合失調症の幻覚妄想に支配されて犯行を行ったのかが問題となるようなケースでみてみますと、犯行が幻覚妄想に直接あるいは完全に支配されて行われたのであれば、問題なく心神喪失という結論になるでしょう。これに対し、そこまで支配されていない場合には、その影響の程度に応じて、心神耗弱もしくは完全責任能力が認められるでしょう。

◆心神喪失と心神耗弱の判断

心神喪失、心神耗弱というのは、医学的な概念ではありません。精神科のお医者さんの中には、精神病者には精神科の治療が必要だから、刑務所に行かせるなんてとんでもない、だから心神喪失を認めて病院で治療するのがよいのだ、と主張される方もいます。これによれば、心神喪失とは、刑務所に入れるのではなく病院で治療すべき場合だということになるでしょう。

でも、たとえば精神遅滞というのは治療しても治るわけではありませんが、それが重くて認識能力や制御能力が失われていたり、減少したりしていれば、やはり心神喪失や心神耗弱が認められるべきでしょう。責任能力の制度は、刑罰から精神科医療へという振り分け機能を担っている面もあるのですが、それだけが責任能力を判断するときの決め手ではありません。

責任能力の判断は、前記「心神喪失と心神耗弱の意義」でみたように、どれだけ重大な犯罪を犯したとしても、心神喪失なら処罰できなくなるという結論、また、心神耗弱なら刑を必ず減らさなければならないという結論をもたらします。刑を科すか科さないか、科すとしてその刑を減軽するかどうかは、法的なサンクションにかかわることで、法律家が責任をもって判断すべきことです。そこで、わが国の最高裁判所は、繰り返し、責任能力の判断は法律判断であり、もっぱら裁判所の判断に委ねられるべき問題であることを強調しているのです。

では、実際問題として、責任能力はどうやって判断するのでしょうか。自分は裁判官になんかならないから関係ないやなどと思わないでください。裁判員制度が始まっている現在では、皆さん1人1人が裁判員として刑事裁判に関与する可能性がありますし、責任能力が争われる事案も決して少なくないのです。

これについては、最高裁判所の昭和59年の決定が、いろいろなファクターを総合的に考慮して判断すればよいのでは、という判断枠組みを示しています。「被告人の犯行当時の病状、犯行前の生活状態、犯行の動機・態様等を総合して」判断すればよいというのです（最決昭59・7・3刑集38-8-2783）。病気が重かったのかどうか、犯行前に普段通り仕事をできていて、同僚からみてもおかしなところがなかったのか、犯行が妄想等により影響されたものなのかその前のもめ事に起因しているものなのか、といったことを総合的にみていくと、病的な症状に犯行が直接支配されていたか、といったことが判断できるということなのでしょう。

しかし、裁判員制度が始まるにあたり、もっとわかりやすい判断枠組みが必要ではないかということで研究が行われました。その結果出てきたのが、統合失調症で幻覚・妄想に支配されたかが問題となる場合を念頭においた、「精神障害のためにその犯罪を犯したのか、もともとの人格に基づく判断によって犯したのか」という判断枠組みです。これは、最高裁の平成21年の決定により、判例法にも組み入れられています（最決平21・12・8刑集63-11-2829）。

この判断枠組みは、正常と異常の力比べのイメージで捉えるとわかりやすいでしょう。冒頭の【設問】に掲げた事例について、「精神障害のためにその犯罪を犯したのか」という流れでみてみますと、Xは、妄想型統合失調症のために電磁波攻撃を受けている等の被害妄想を抱き、そのことから上の階の住人に対する怒りを募らせ、殺人に及んだのだというストーリーが出てきます。そうした被害妄想があるものですから、自分の行為は「正当防衛だ」などとも言っており、自分のやっていることの意味が十分にわかっていないようですし、そのことによって、行為にストップがかからない状態になっているようです。こうした事情は、本件犯行が「異常さ」に支配されたものだとの評価を基礎づけていくでしょう。

では、「もともとの人格に基づく判断によって犯したのか」という流れでみてみると、どうでしょうか。「もともとの人格」というのはわかりにくい概念ですが、ここでは「残された正常な精神機能」というくらいの意味あいで理解しておくことにしましょう。誰にでも起きるようなトラブルを原因とする怒りの感情とか攻撃意思のようなものは、ここでいう正常な精神機能に由来するものと評価されていくことになります。この【設問】の事例でいえば、これはよくある近所とのトラブルが発端じゃないの、人殺しが悪いことだとはわかっていたんでしょ、という突っ込みを入れたくなるかもしれません。しかしながら、この【設問】の事例では、それは被害妄想にさらに原因があるものと説明されることになるでしょう。「もともとの人格」→「犯行」というストーリーを描くことは非常に難しいケースだということになります。

そうしますと、正常と異常の力比べという枠組みでみてみますと、異常さが圧倒的だということになり、心神喪失という結論が導かれることになるのです。正常と異常の力比べというとアバウトな印象を受けるかもしれません。しかし、犯罪衝動に正常な精神機能でもってブレーキをかけることができたかが、責任能力にとってはいちばん重要なポイントなのです。正常と異常の力比べによる判断枠組みは、実質的にはこの点を判断しているものですから、妥当なものと考えてよいでしょう。

◆責任無能力で無罪となったような場合の扱い

ざっと刑事手続の流れをみておきましょう。精神の障害の影響がみられる犯罪の場合には、検察は、だいたい2〜3時間で終わるとされる簡易鑑定を実施し、精神科のお医者さんに精神の障害の有無・程度や責任能力の有無・程度を尋ねます。そして、その鑑定の結果を受けて、起訴するかしないかを判断することになります。この段階で、責任能力なしとして起訴しない（不起訴とする）場合もあります。この人数は、平成28年（2016年）のデータですが、1年間で507人でした（平成30年版犯罪白書）。また、責任能力が著しく減少している場合には、そのことをも考慮して、情状により起訴猶予とする場合もあります。【設問】のケースなら、検察段階で不起訴となるかもしれませんね。

また、重大事件や判断の難しい事件では、検察の段階で本格的な精神鑑定がなされることもあります。嘱託鑑定といわれるものです。

こうして責任能力が失われていないという判断を固めた場合には、検察は事件を起訴することになりますが、刑事裁判の結果、心神喪失による無罪判決が出ることもありますし、心神耗弱となる場合もあります。平成28年のデータですが、心神喪失で無罪となったのは、1年間で5人でした（平成30年版犯罪白書）。

ですので、検察が起訴しながら裁判で心神喪失で無罪となるのは、本当に稀なケースではあるのですが、皆さんにとってイメージしやすいこのケースで考えてみましょう。この無罪判決を受けた被告人は、このまま放免されてしまうのでしょうか（もちろん、検察が控訴して裁判が続く場合もありますが、控訴を諦め、判決が確定した場合で考えていきましょう）。

まずは罪名が大事です。殺人・放火・強盗・強制性交・強制わいせつ・傷害に当たる行為を行った場合については、心神喪失者等医療観察法があるからです。心神喪失者等医療観察法は、正式には、心神喪失等の状態で重大な他害行為を行った者の医療及び観察等に関する法律といいます。

これは、平成13年（2001年）に起きた大阪教育大学附属池田小学校での殺人事件の被告人が、これまでに何度も事件を起こしながら、精神の障害を理由に不起訴となったりして、刑事司法の枠組みで対応できていなかったことから、触法精神障害者への処遇のあり方につき批判が強まったのを受けてできた法律で、重大な他害行為を行った行為者に対し、刑事司法の関与のもとで強制入院治療等を行うことができる制度が導入されたのです。

要件としては次のようになっています。

a　そうした重大な刑罰法規にふれる行為を行った者が

b　心神喪失・心神耗弱による不起訴・起訴猶予の場合、無罪の場合、あるいは、刑が減軽され、執行すべき刑期がない場合に

c　検察官の申立てを受けて

d　裁判官および精神保健審判員の合議により

e1「対象行為を行った際の精神障害を改善し、これに伴って同様の行為を行うことなく、社会に復帰することを促進するため、入院をさせてこの法律による医療を受けさせる必要があると認める場合」には

f1「医療を受けさせるために入院をさせる旨の決定」(42条1号)

e2　それ以外の場合で「この法律による医療を受けさせる必要があると認める場合」には

f2「入院によらない医療を受けさせる旨の決定」(同条2号)

要するに、先に挙げた殺人や放火のような重大な行為に及んだ者が、心神喪失で不起訴となったり無罪判決を受けたりした場合、あるいは、心神耗弱で起訴猶予となったり有罪判決を受けたものの執行猶予がついたりした場合が、心神喪失者等医療観察法の対象です。この場合には、検察官が申立てを行い、これを受けて、裁判官1名と精神科医である精神保健審判員1名が一緒になって審判を行います。その結果、たとえば、病気を治して再犯を防止し社会復帰させるために、強制入院が必要だということになれば、厚生労働大臣が指定した病院に強制的に入院させられ、そこで手厚い医療を受けることになります。このような病院は、北は岩手県から南は

沖縄県まで、833床が用意されています。

これが、諸外国にみられるような、保安処分制度を導入したものといえるのかについては、様々な意見がありますが、この法律は、1条が規定しているように、究極的には対象者の社会復帰を目的としたものであることは間違いありません。しかし他方で、この法律は、「病状の改善及びこれに伴う同様の行為の再発の防止を図り、もってその社会復帰を促進することを目的とする」としており、再犯の防止をも目的としていることを忘れてはなりません。こうした問題になると、「精神障害者の人権」だけを強調した議論が目立ってきますが、その再犯のリスクに晒されている社会の側の利益も同時に考えないのでは、バランスのよい議論はできないのではないでしょうか。

以上のほかにも、精神保健福祉法（精神保健及び精神障害者福祉に関する法律）による措置入院制度もありますが、心神喪失者等医療観察法による強制入院制度ができてからは、心神喪失等の状態で重大な他害行為を行った者の対応は、同法の枠内で行われるのがメインルートになっているようです。

設問への答え

Xの殺害行為は、統合失調症の妄想等の圧倒的影響のもとで行われたものですので、心神喪失と認められる可能性があるでしょう。たとえば、心神喪失を理由として検察官が不起訴とした場合には、そのまま野放しになるわけではなく、心神喪失者等医療観察法の枠組みのもと、検察官の申立てを受けた審判を経て、強制入院をさせての手厚い医療処遇が行われることとなるでしょう。

＜参考文献＞

責任能力については、ほんとうに多くの文献があります。

精神鑑定のことについて知りたいときは、安藤久美子『精神鑑定への誘い 精神鑑定を行う人のために、精神鑑定を学びたい人のために』（星和書店・2016年）をお薦めしておきます。安藤先生は精神鑑定を多くてがけておられる司法精神医学の専門家で、この本は、精神鑑定がどのようなものであるかについて小説を読むかのように楽しく理解することができる仕上がりとなっています。

精神鑑定について理解したあとは、責任能力とはどういうものなのか、もう少し詳しく学んでみましょう。自分の宣伝になってしまって申し訳ありませんが、まずは安田拓人「責任能力の意義」法学教室430号（2016年）14頁以下を読んでみてください。もっと違う見解も知りたい等ということになれば、そこで挙げてある文献等にもあたっていくとよいでしょう。

原因において自由な行為については、まずは、判例や学説の状況を一通り把握しておくとよいでしょう。新しいもので、わかりやすくレベルも高いものとして、橋爪隆「『原因において自由な行為』について」法学教室425号（2016年）108頁以下を挙げておきます。

心神喪失者等医療観察法については、詳しく知りたい方は、立案担当者による解説である『「心神喪失等の状態で重大な他害行為を行った者の医療及び観察等に関する法律」及び「心神喪失等の状態で重大な他害行為を行った者の医療及び観察等に関する法律による審判の手続等に関する規則」の解説』（法曹会・2013年）を図書館で借りてチャレンジしてみるのがよいでしょう。新しい法律については、まずは立案担当者による解説を読んで、オーソドックスな理解を頭に入れるのが大事です。問題点を把握し、批判的な分析を行うのは、それからでも遅くはありません。

トピックス6　原因において自由な行為

刑法39条の規定は、たとえば覚せい剤を自分で注射したために責任能力がなくなった状態で近くにいた人を殴りつけたような場合でも、適用されるのが原則です。つまり、39条は、一時的に能力が失われても適用されますし、「自ら招いた場合には本条は適用されない」といった例外ルールも置かれていません。でも、これって変じゃないでしょうか。

そこで、判例・学説では、原因において自由な行為の理論を適用することにより、例外的に39条の適用をせずに、完全な処罰をしようとしています。いろいろな考え方があるのですが、重要なのは、判例の立場の基礎にもあり、学説上も支配的となっている、次のような考え方でしょう。

つまり、後で暴行に及ぶかもしれないなと思いながら、あえて覚せい剤を注射した場合には、その時点で暴行に及ぶかどうかを自由な状態（完全な責任能力ある状態）で決意しています。そして、覚せい剤の影響で責任能力が低下した後で、実際に暴行に及んだ場合には、そうした自由な意思決定（完全な責任能力ある状態での意思決定）が実現したのだから、完全な責任非難を加えることができると考えていくのです。

代表的な最高裁判例のケースでは、被告人は、飲んだ後また乗って帰るつもりで、車で飲み屋さんに出かけ、そこでたくさんお酒を飲んで、責任能力が著しく低下した状態で、酒酔い運転をして帰っていきました。この被告人は、お酒を飲み始めた時点で、酒酔い運転をして帰るつもりなのは明らかでした。ですので、酒酔い運転をするかどうかは、この被告人の自由な意思決定によるものだといえます。逆にいえば、お酒を飲んでしまえば抑制がきかなくなるのですから、思いとどまるなら飲む前の時点しかなかったわけです。そして、飲んだ後、この被告人は車を運転してしまいました。この酒酔い運転は、この被告人が後で酒酔い運転することを予想しながら自由に決意したものですよね。こうして最高裁は、刑法39条2項の適用を認めなかったのです（最決昭43・2・27刑集22-2-67）。

ただ、判例・学説は、覚せい剤を注射したりお酒を飲み始めたりする時点で、後で行うこととなる犯行を予想していたのでなければならないと考えています。そうであってこそ、後の犯行との関係での自由な意思決定を考えることができ、それが実現したことをもって完全な責任非難ができると考えているわけです。では、同じく最高裁で問題となった、こんな場合はどうでしょうか（最大判昭26・1・17刑集5-1-20）。被告人は、飲んでは暴れる性癖がある困った人で、裁判所からもお酒をもう飲んではだめと言い渡されていましたが、また飲んでしまい、病的な酩酊《めいてい》状態に陥って責任能力が失われた状態で、とっさに殺意を抱いて、けんかの仲裁に入った人を殺してしまいました。この事案で、殺人罪で処罰することはできないのでしょうか。最高裁の結論はどうだったでしょうか。考えてみるとおもしろいですね。

第10講

未遂の処罰根拠
── 実行の着手 ──

設　問

未遂犯について、次の問いに答えなさい。

①未遂犯では「犯人が、結局、なにもできなかった」にもかかわらず、なぜ処罰されるのでしょうか。

②未遂犯では、かつては「行為の危険性」と「行為者の危険性」、現在では「行為それ自体の危険」と「結果惹起の危険」をめぐって争われていますが、どのように違うのでしょうか。

③一般人が認識できた事情を基礎とする見解が主張されているようですが、「一般人」とはなにをいうのでしょうか。

④危険性を事後的に判断する見解も主張されていますが、事後的にみて法益侵害の危険性がないにもかかわらず、どのような理由で処罰するのでしょうか。

《なにが問題となるか》

普通、犯罪は、①犯行を決意する→②その実現に向けて準備をする→③決意を実行に移す→④結果を実現するという経過をたどります。このうち、①は絶対に犯罪になりません。「思想ゆえに罰せられない」というのは、刑法の大原則だからです。犯罪になる可能性があるのは、なんらかの行為を行った②以降です。②は予備・陰謀罪、③は未遂犯、④は既遂犯と呼ばれます。

ただ、予備・陰謀罪が処罰されるのは例外的で、殺人罪、内乱罪など重大な犯罪に限られています（ただし、共謀罪が新設されました）。これに対して、未遂犯は、多くの犯罪に規定されていて、原則として処罰されることになっています。そこで、どのような場合に未遂犯が成立するのかが重要な課題になります。この講では、未遂犯について考えてみましょう。

解　説

1　未遂犯が処罰される理由

刑法43条によると、未遂犯は、「犯罪の実行に着手し、これを遂げなかった」ときに成立します。「これを遂げなかった」というのは、構成要件に規定されている結果（構成要件的結果）を発生させることができなかったという意味です。それでは、結果を発生させられなかったにもかかわらず、なぜ未遂犯は処罰されるのでしょうか。

たとえば、Xが殺意をもってAに向けてピストルを発砲したが、弾はAのすぐ横を通り、命中しなかったとします。これは殺人未遂罪の典型例です。この場合、Aはたまたま無傷でしたが、ピストルの向きが少し違っていれば弾はAに命中してAは死亡していたかもしれません。さらに、殺人未遂罪の事例のなかには、被害者が重傷を負い、なんとか一命を取り留めるというケースもあります。このように一歩間違えば結果が発生していたかもしれない場合を、結果が発生しなかったからといって処罰せずに放置しておくわけにはいきません。法益を侵害しかねない危険な行為を放置したのでは、法益の保護や社会秩序の維持という刑法の機能を十分に果たせないからです。この「一歩間違えば結果が発生していたかもしれない」という状況を「結果発生の現実的・具体的危険性」といいます。つまり、未遂犯が処罰される根拠は、結果発生の現実的・具体的危険性を生じさせたことにあるのです。

2　実行の着手──危険性の意義

◆行為としての危険と結果としての危険

ただ、問題は、この「危険性」の意味です。これについては、「行為の危険性」と捉える立場と、「行為者の危険性」と理解する立場との対立が以前にはありましたが、後者の立場は、行為者の意思や性格そのものを処罰することになりかねないことから、現在ではほとんど支持されていません。

現在、重要なのは、危険性を「行為としての危険」と捉える見解（行為犯説）と、「結果としての危険」と捉える見解（結果犯説）との対立です。行為犯説は、ピストルを発砲する行為のように、結果を惹き起こす危険な行為が行われたことに着目します。それに対して、結果犯説は、弾が身体の近くを通って被害者がもう少しで殺されていたという状況が生じたという危険な結果の発生が危険性の本質であると考えます。

刑法43条によると、未遂犯が成立するためには、「犯罪の実行に着手」すること、すなわち実行の着手が必要になりますが、行為犯説からは、実行の着手とは、結果発生に至る現実的危険性を含む行為を開始したときとされるのに対して、結果犯説からは、具体的危険という結果が発生したときが実行の着手になります。

◆離隔犯

両説の対立は単なる説明の仕方の違いにすぎないと思われるかもしれません。しかし、次のような事例はどうでしょう。遠隔地にいるAを殺害しようと決意したXが、毒物を混入した食べ物をA宅に郵送したところ、その荷物は翌日にA宅に到着するはずだったのに配達業者の手違いでA宅に届かなかったという事例です。

この場合、Xの行為は、到着予定の前日に行われた荷物の郵送だけで、その後Xはなにもしていません。そして、荷物を郵送すればほぼ確実に自動的に相手に到達することから、行為犯説は、食べ物を郵送した時点で実行の着手が認められ、Xには殺人未遂罪が成立すると考えます（発送時説）。他方、Aがもう少しで殺されるところだったという切迫した状況が発生するのは、早くても毒物入りの食べ物がA宅に届いた時点でしょうから、結果犯説は、食べ物がA宅に届かなかった以上、実行の着手には至っておらず、Xに殺人未遂罪は成立しないとします（到達時説）。

この事例のように、行為と結果発生とが場所的・時間的に離れている事例を離隔犯と呼んでいますが、離隔犯の事例では、行為犯説と結果犯説の違いが明確に表れます。そして、実行の着手の判断にあたって、行為犯説は、その行為を行えば確実に自動的に結果発生に至るかという「確実性・自動性」の観点を重視する傾向にあるのに対して、結果犯説は、時間的・場所的に結果発生が切迫した状況かどうかという「切迫性」を考慮しています。

◆行為犯説と結果犯説の対立状況

行為犯説に対しては、未遂犯の成立が早くなりすぎるなどの批判があります。一方、結果犯説に対しては、刑法43条の「実行に着手した」という文言は「行為を開始した時点」としか読めないので、結果犯説の主張は刑法43条の文言に反するという批判があります。

また、行為犯説と結果犯説の対立の背景には、違法性の本質に対する考え方の違いがあります。行為犯説の基礎にあるのは、行為無価値論（違法二元論）、すなわち、違法性の本質は法益侵害およびその危険だけでなく行為の規範違反性にもあるという考え方です。それに対して、結果犯説は、違法性の本質をもっぱら法益侵害およびその危険に求める結果無価値論を基礎としています。こうした違法性の本質をめぐる考え方の違いの影響もあって、行為犯説と結果犯説の対立は現在でも続いています。

3　不能犯①── 具体的危険説

◆不能犯の意義

さらに、危険性の有無をどのように判断するかが問題となる場面として、不能犯があります。不能犯とは、行為者は、犯罪を実現する意思で行為をしたが、およそ結果発生の可能性がないため不可罰となる場合をいいます。たとえば、なぜか砂糖で人を殺せると思い込んでいるXが、Aを殺害する意思でコーヒーにこっそりと砂糖を入れ、Aに飲ませたとします（砂糖事例)。砂糖入りのコーヒーを飲ませてもAが死亡する危険性はまったくないので、未遂犯は成立しません。これが不能犯です。

ただ、不能犯か未遂犯かの区別は、それほど簡単ではありません。裁判例（広島高判昭36・7・10高刑集14-5-310）の事案を考えてみましょう。X（被告人）は、少し離れた場所で仲間のYがAを銃撃した銃声を聞きました。そこで、Xは、Yに加勢するため、現場に急行し、倒れているAがまだ生きていると思い、殺意をもってAに日本刀を突き刺しました。しかし、実際には、その直前にAは死亡していたのです。

この場合、すでに死亡している人を殺すことはおよそ不可能なので、不能犯でしょうか。それとも、たまたまAは直前に死亡していただけで、もしかしたら生きていた可能性もあったので、殺人未遂罪になるのでしょうか。

◆具体的危険説の判断方法

不能犯についてはこれまで様々な学説が主張されてきましたが、現在、重要なのは、具体的危険説と客観的危険説の対立です。

具体的危険説とは、行為の当時において一般人が認識しえた事情および行為者がとくに認識していた事情を基礎とし、行為の時点に立って一般人の立場から危険性の有無を判断する見解です。具体的危険説は、①判断の材料を取捨選択し、②そこで選ばれた判断材料をもとに危険性の有無を判断するという2つのステップを踏みます。

まず、判断の材料について、具体的危険説が判断の材料にするのは、客観的事実ではなく、一般人が認識し得た事情です。一般人とは、とくに詳しい科学的知識をもっているわけでなく、通常の判断能力や知識をもった人のことです。また、一般人が認識し得た事情というのは、「行為の時点で普通の人からは外観上そのように見えた」ということです。先ほどの広島高裁昭和36年判決の事案では、客観的事実としては、Xは死亡しているAに日本刀を刺したにすぎません。しかし、それは後になってわかったことです。Aが死亡したのはXがAを刺す直前でしたから、もし普通の人がその場面に遭遇していれば、そのときにはAはまだ生きているように見えたはずです。そうすると、具体的危険説からは、「Xが生きているAに日本刀を突き刺したこと」が判断の材料になります。

次に、その判断の材料をもとに一般人の立場から危険性を判断すると、一般人は、Xが生きているAに日本刀を突き刺せばAが殺害される危険を感じます。したがって、Xには殺人未遂罪が成立します。

なお、具体的危険説は、一般人が認識し得た事情と並んで、行為者がとくに認識していた事情も判断の材料に含めることに注意が必要です。たとえば、Aの主治医であるXが、重度の糖尿病であるAを殺害しようと企て、大量のブドウ糖を投与したが、Aは死亡しなかったとします。この場合、Aが糖尿病であることは外見からはわかりませんし、一般人からは、Xが治療の一環としてAにブドウ糖を投与しているようにしかみえません。そうすると、一般人が認識し得た事情だけを判断の材料とすると、殺人の危険を感じないことになってしまいます。そこで、具体的危険説は、行為者がとくに認識していた事情を判断の材料に取り込みます。ブドウ糖事例では、Aが重度の糖尿病であるという事実をXは知っていましたから、その事実は判断の材料に含まれます。そうすると、「重度の糖尿病であるＡに大量のブドウ糖を投与したこと」が判断の材料となり、一般人は危険性を感じ、Ｘには殺人未遂罪が成立するという結論になります。

◆具体的危険説の根拠

前述したように、具体的危険説の特徴は、一般人を基準にして危険性を判断するところにあります。具体的危険説は、なぜ一般人を基準にするのでしょうか。それは、具体的危険説が刑法の行為規範としての側面を重視しているからです。行為規範とは、刑法が国民一般に対し、一定の行為を禁止したり命令したりすることによって、国民一般の行動を規律することをいいます。行為規範の側面を強調すると、犯罪行為に当たるかどうかの判断の際にも、命令や禁止の受取り手である国民一般の感覚を基準にすることになるのです。また、具体的危険説は、行為の時点を基準に判断する点や行為者の認識を考慮する点で行為無価値論（違法二元論）と親和性があるともいえます。

具体的危険説は、学説上、多くの支持を得ています。また、下級審の裁判例にも、具体的危険説に立つものが多くみられます。広島高裁昭和36年判決は、先ほど述べたような事案において、「一般人も亦当時その（注：Ａの）死亡を知り得なかつたであろうこと、従つて又被告人Ｘの前記のような加害行為によりＡが死亡するであろうとの危険を感ずるであろうことはいづれも極めて当然というべく、かかる場合において被告人Ｘの加害行為の寸前にＡが死亡していたとしても、……行為の性質上結果発生の危険がないとは云えないから、同被告人の所為は殺人の不能犯と解すべきでなく、その未遂罪を以て論ずるのが相当である」と判示し、殺人未遂罪の成立を認めた。「一般人」を基準に危険性を判断していることから、具体的危険説に立つ裁判例であると評価されています。

◆具体的危険説に対する批判

しかし、具体的危険説に対しては、強い批判も寄せられています。第1は、具体的危険説が一般人を基準にしている点に向けられた批判です。一般人が認識し得た事情がなにを指すのかが不明確であるというのです。古い裁判例（大判大6・9・10刑録23-999）に、硫黄をご飯に混入して殺害しようとした事案がありました（硫黄事件）。科学的には、硫黄に人を死亡させるような毒性はないようですが、国民一般の理解としては、硫黄で人を殺せるかというと、人によって判断が分かれるところでしょう。そうすると、一般人を基準としたのでは明確な結論が出せないことになってしまいます。また、一般人を基準にすると、科学的にまったく危険性がない場合でも、国民の多くが誤って危険であると思い込んでいれば未遂犯が成立することになるが、それは妥当でないという批判もあります。

第2は、第1の批判とも関連しますが、危険性の有無を判断するにあたっては科学的見地が不可欠であるという批判です。たとえば、化学物質が使用された場合のように、危険性を判断するために科学的知識や専門的知識が必要な場合もあり、そのような場合には一般人の認識では危険性を判断することができないはずだというのです。

第3は、具体的危険説が行為者の認識を考慮することに対する批判です。具体的危険説のように行為者の認識していた事情を基礎にすると、客観的には同じ行為であっても、行為者が知っていたか知らないかで危険の有無が変わることになり、不合理であるという批判です。

4　不能犯②――客観的危険説

◆客観的危険説の判断方法

具体的危険説に対抗するのが、客観的危険説です。客観的危険説とは、行為時に存在したすべての事情を基礎に科学的見地から危険性の有無を判断する見解です。なお、結果発生が絶対に不能である場合を不能犯、事情によっては結果発生が可能である相対的不能を未遂犯とする絶対的不能・相対的不能説も、客観的危険説に位置づけられています。

客観的危険説も、具体的危険説と同じように2つのステップを踏みますが、まず1つめのステップである判断の材料の集め方が具体的危険説とは大きく違います。客観的危険説は、後で判明した事情も含め、客観的事実をすべて判断の材料にするのです。行為の当時に一般人からどのようにみえたか、行為者がなにを認識していたかは考慮しません。そして、2つめのステップとして、客観的事実をもとに科学的見地から危険性を判断します。

広島高裁昭和36年判決の事案では、XがAを日本刀で刺したときAはすでに死亡していたというのが客観的事実ですから、客観的危険説によれば、「Xがすでに死亡しているAに日本刀を突き刺したこと」が判断の材料になります。これをもとに科学的見地から危険性を判断すると、死亡している人を殺害することは不可能ですから、危険性はなく、不能犯となります。

判例は、以前は、客観的危険説に立っているといわれてきました。硫黄事件で、大審院は、「殺害の結果を惹起することは絶対に不能」と述べ、殺人未遂罪の成立を否定しました。また、被告人が殺意をもって被害者の静脈内に空気を30～40cc注射した事案（空気注射事件）で、最高裁判所は、「静脈内に注射された空気の量が致死量以下であっても被注射者の身体的条件その他の事情の如何によっては死の結果発生の危険が絶対にないとはいえない」ことを理由に、殺人未遂罪の成立を認めています。これらの裁判例は、客観的危険説（絶対的不能・相対的不能説）に立っていると評価されています。ただ、最高裁判所の判決にも、一般人に言及したもの（最判昭51・3・16刑集30-2-146）がありますし、先ほど述べたように、下級審裁判例の多くは具体的危険説に依拠していますので、不能犯について判例がどのような見解に立っているかは、必ずしも明確ではありません。

◆客観的危険説の根拠と問題点

結果無価値論からは、客観的危険説が支持されることになります。客観的危険説の特徴は、行為者の主観的事情を考慮せず、もっぱら客観的事実から危険性を判断するところにありますが、そのような主張は、違法性を客観的に判断する結果無価値論を理論的基礎としているのです。

しかし、客観的危険説に対しては、結果が発生しなかった場合はすべて不能犯になってしまうという問題点が以前から指摘されています。この講の最初に挙げた殺人未遂罪の典型例を思い出してみましょう。Xが殺意をもってAに向けてピストルを発砲したが、弾はAのすぐ横を通り、命中しなかったという事例です。この場合、銃口の角度、ピストルの性能、XとAの距離、Aの体格、風向きなど、行為当時の客観的状況をもとにすれば、何度同じことをしても、弾はAに当たらず、Aは死亡しないはずです。つまり、事後的に判明した事実も含め、すべての客観的事実をもとに科学的に判断すれば、Xの行為は危険性がなかったということになるのです。そもそも実際に結果が発生しなかったということは、科学的に分析すれば、結果が発生しなかったなんらかの理由があったわけですから、結果が発生しなかったことは必然だったということになります。そうすると、結果が発生しなかった場合には、科学的にみれば、つねに危険性はなかったということになり、すべて不能犯になるおそれがあります。

◆修正された客観的危険説

こうした客観的危険説の問題点を克服するために登場したのが、修正された客観的危険説と呼ばれる見解です。この見解は、客観的危険説を基本としながらも、それを少し修正するものです。具体的には、①まず、結果が発生しなかった原因を解明し、どのような事実があれば結果が発生していたのか（仮定的事実と呼ばれます）を科学的に明らかにします。②次に、その仮定的事実が存在し得たかを判断し、存在し得たといえるときには未遂犯の成立を認め、存在し得たといえないときには不能犯とします。①の判断は、科学的な判断ですので、その点では従来の客観的危険説と同じなのですが、②の判断は、一般人が後になって「そのような事実はあり得た」と感じるかどうかが基準になります。

先ほどの殺人未遂罪の典型例でいうと、①Aが死亡しなかった原因は、銃口の向きが右に10度ずれていたことにあるので、銃口が左に10度傾いていたという事実（これが仮定的事実です）があればAは死亡していた、②一般人からは、そのような仮定的事実はあり得たと感じられるので、危険性が認められ、殺人未遂罪が成立すると考えます。また、広島高裁昭和36年判決の事案では、①XがAを殺害できなかった原因は、Aがすでに死亡していたことにあるので、Xの行為の時点でAが生存していればXはAを殺害することができた、②Aの死亡がXの行為の直前だったとすれば、一般人からは、Xの行為の時点でAが生存していたことはあり得たと感じられるので、危険性が認められ、殺人未遂罪が成立すると考えます。

現在では、客観的危険説の論者の多くは、修正された客観的危険説を支持していて、修正された客観的危険説は、学説上、有力に主張されています。ただ、この見解に対しては、一般人を基準とするのであれば具体的危険説と変わらないではないかと疑問も示されています。

このように、不能犯について学説の対立は続いていて、決着をみていません。

設問への答え

設問①について、未遂犯が処罰されるのは、結果発生の現実的・具体的危険性を生じさせるからであるといえます。

設問②について、危険の意味を「行為としての危険」と理解する行為犯説と、結果としての危険と捉える結果犯説の対立は、実行の着手の判断に影響を及ぼします。とくに離隔犯における実行の着手に関して結論に違いが生じます。行為犯説は、結果発生の確実性・自動性を有する行為が行われた時点で実行の着手を認めるのに対して、結果犯説は、結果発生の切迫性が認められてはじめて実行の着手を認めます。

設問③について、不能犯に関する具体的危険説は、行為の当時において一般人が認識し得た事情および行為者がとくに認識していた事情を基礎とし、行為の時点に立って一般人の立場から危険性の有無を判断する見解です。ここでいう「一般人」とは、通常の判断能力や知識をもった人のことです。

設問④について、客観的危険説は、行為時に存在したすべての事情を基礎に科学的見地から危険性の有無を判断します。ただし、現在は、修正された客観的危険説が有力です。これは、事後に判明したすべての客観的事実を判断の基礎としながらも、一般人の立場から仮定的事実の存在可能性を判断し、それが肯定されるときは未遂犯の成立を認めています。

第11講

境界線上の共犯
── 共謀共同正犯と従属的共犯 ──

設　問

共犯が成立する限界について、次の問いに答えなさい。

①刑法60条は、共同正犯について、「二人以上共同して犯罪を実行した者」と規定しています。「実行した者」となっているのに、実行行為を分担しない者が共謀共同正犯として刑法60条の共同正犯になるのはおかしくないですか。いくら主観面では犯行全体を主導したとしても、客観的に実行行為を分担していないとすれば、その分はなにをもって補うのでしょうか。

②正犯者が実行しなければ、およそ教唆・幇助は罪にならないのでしょうか。幇助について規定する刑法62条には、実行という言葉は入っていませんが、「正犯」を助けたと書かれているので、やはり正犯者の実行という縛りがかかるのでしょうか。

《なにが問題となるか》

設問①は、共謀共同正犯について問うています。判例・多数説によれば、共謀共同正犯は共犯、そのなかでも共同正犯の一種とされていますが、それはいったいどのようなものでしょうか。そもそも刑法で認められるものなのでしょうか。理論的にどのように根拠づけることができるのでしょうか。

設問②は、教唆犯、幇助犯について問うています。教唆犯、幇助犯も共犯の一種ですが、それはどのようなものなのでしょうか。教唆・幇助に当たることさえすれば、それによって実際に犯罪が実行されることはなかったとしても、教唆犯や幇助犯が成立するのでしょうか。

解　説

1　共犯の種類と処罰根拠

刑法は、共犯を3種類に分けています。共同正犯（60条）、教唆《きょうさ》犯（61条）、幇助《ほうじょ》犯（62条）の3つです（幇助犯は、従犯ともいいます）。共同正犯は主役級の登場人物、教唆犯と幇助犯は脇役というイメージです。

◆一緒に犯罪を実現する「共同正犯」

共同正犯とは、「二人以上共同して犯罪を実行した者」をいい、「すべて正犯」として扱われます。たとえば、XとYがAから財布を強奪することを計画し、この計画に基づき、XがAをナイフで脅して反抗できなくし、その間にYがAの財布を奪い取った場合、XとYには強盗罪の共同正犯（60条・236条1項）が成立します。この場合のXとYは、一緒に強盗を行う旨の意思を通じ（これを強盗の「共謀」といいます）、強盗罪の実行行為である「脅迫」と「強取」を分担することにより、「共同して」強盗罪という「犯罪を実行した」といえるからです。この場合、XとYは、それぞれ強盗罪の実行行為の一部しか行っていませんが、強盗罪の全体について責任を負います（このような共同正犯の効果を「一部実行全部責任」といいます）。

共同正犯は、「正犯」の一種でもあります。では、「正犯」とはなんでしょう。イメージでいえば「主役」ですが、厳密な定義については争いがあります。ここでは、さしあたり、刑法60条の文言（二人以上共同して「犯罪を実行した者」は、すべて「正犯」とする）から出発して、「犯罪を実行した者」と考えておきましょう。これによれば、複数人が一緒になって犯罪を実行した場合が共同正犯だということになります。

◆そそのかして犯罪を実行させる「教唆犯」

教唆犯は、「人を教唆して犯罪を実行させた」場合に成立します。「教唆」とは、他人に犯罪を実行するようにそそのかし、その決意を生じさせることをいいます。たとえば、XがYにAから財布を強奪するようにそそのかし、その気になったYがAに対して強盗を実行し、財布を奪った場合、Yには強盗罪（236条1項）、Xには強盗罪の教唆犯（61条1項・236条1項）

が成立します。Xは、自ら強盗罪を実行したわけではありませんが、Yを「教唆して」強盗罪を「実行させた」ことから、教唆犯として処罰されます。

◆正犯を幇助する「幇助犯」

幇助犯（従犯）は、「正犯を幇助した」場合に成立します。「幇助」とは、他人の犯罪実行を容易にすることをいいます。たとえば、Xが、すでに強盗罪の実行を決意しているYに頼まれて、凶器のナイフを貸し与え、このナイフを使ってYが強盗罪を実現した場合、Yには強盗罪（236条1項）、Xには強盗罪の幇助犯（62条1項・236条1項）が成立します。この場合のXは、自ら強盗罪を実行しているわけではありませんが、幇助犯として処罰されます。幇助犯の刑は、減軽することになっています（63条）。

◆他人の行為について責任を問われる根拠

共同正犯の場合、自分が分担していない他人の行為を含めて責任を問われ、教唆犯や幇助犯の場合には、他人が実行した犯罪について責任を問われます。それはなぜでしょうか。

現在の通説によれば、その理由は、他人の行為を通じて犯罪の結果に対して因果性を及ぼしたことに求められています。このような考え方を因果的共犯論といいます。たとえば、強盗罪の共同正犯の場合、脅迫を分担する者と強取を分担する者が強盗罪の実現に向けて互いに心理的・物理的に影響を及ぼしあって強盗罪を実現します。教唆犯、幇助犯の場合も、他人に対し、犯罪の実行をそそのかして決意させたり、凶器を与えたりして、心理的・物理的に影響を及ぼしています。この心理的・物理的な影響力が因果性であり、それが他人の行為を通じて犯罪の結果にまで及んでいるがゆえに、実現された犯罪についての責任を問われると考えるのです。

2　共謀共同正犯

◆実行共同正犯と共謀共同正犯

先に挙げた強盗罪の共同正犯の事例では、強盗を行う旨の意思連絡、すなわち強盗の「共謀」に基づき、XとYがそれぞれ脅迫と強取という強盗罪の実行行為を分担しています。このように実行行為を分担する共同正犯のことを実行共同正犯といいます。

これに対し、実行行為を分担しない共同正犯のことを共謀共同正犯といいます。判例では古くから認められており（大判明29・3・3刑録2-3-10など。戦後のリーディングケースとして、最大判昭33・5・28刑集12-8-1718)、現在では、学説の多くもこれを認めています。たとえば、敵対する暴力団の幹部を殺害するため、組長が配下の組員にその殺害を命じ、命じられた組員が殺害に及んだ場合、この組長と組員は殺人罪の共同正犯（60条・199条）になるとされ、このうち組長は、組員と殺人を共謀したが、殺人罪の実行行為を分担していないので、とくに共謀共同正犯と呼ばれます（これに対し、実行行為を行った組員は、実行共同正犯ということになります)。組長は、背後の黒幕であり、このような黒幕は教唆犯としてではなく共同正犯として重く評価され、処罰されるべきだ（共同正犯は「正犯」であり、教唆犯や幇助犯より重い犯罪とされています）というのが、共謀共同正犯を認める実際上の根拠のひとつになっています。

◆共謀共同正犯と刑法60条

しかし、そうはいっても、共同正犯の規定である刑法60条は、「(二人以上共同して）犯罪を実行した者」を共同正犯としています。これによれば、犯罪を実行していない者、たとえば、先に挙げた例の組長を（共謀）共同正犯として処罰することは、条文の文言に反し、許されないようにもみえます。現に、戦後しばらくまでは、学説上、共謀共同正犯を認めない立場が通説でした。

これに対し、共謀共同正犯を認める立場からは、たとえば、次のような反論がなされています。すなわち、刑法60条の「二人以上」という文言は「共同」にかかるのであり、「犯罪を実行した」にはかからない、つまり、2人以上の者が共同し、そのうちの誰かが犯罪を実行した場合には、自ら実行したか否かを問わず、すべて正犯になると読むことは十分に可能である、との反論です。

◆共謀共同正犯の理論的な根拠――重要な役割

もっとも、条文の文言をクリアーできたとしても、まだ問題は残っています。自ら犯罪を実行しているわけではないのに、なぜ教唆犯や幇助犯ではなく、共同正犯として重く評価、処罰されるのかという問題です。

これについては、先に述べた因果的共犯論の立場から、実行した者を通じて犯罪の結果に対して因果性を及ぼしたからだと答えるのでは足りません。この答えは、教唆犯や幇助犯にも同じように当てはまるものだからです。ここでは、それとは別の「正犯」性を根拠づける説明が必要です。

これについては、これまで様々な見解が主張され、現在でも見解は一致しておらず、判例の立場も明らかではないのですが、有力な見解は、次のように説明します。すなわち、共謀者が実行者に強い心理的影響力を及ぼして、実行行為に匹敵する、または、これに準ずるような「重要な役割」を果たしたこと（犯罪実現に「重大な寄与」をしたこと）が、共同「正犯」とされる根拠である、と。

◆共謀共同正犯の類型――支配型と対等型

この見解によれば、自ら犯罪を実行していなくても、その実現過程で重要な役割を果たしたといえる場合には、共謀共同正犯となります。先に挙げた暴力団の組長がその例であり、これは、背後の黒幕である組長が実行行為者である組員を支配するタイプですので、支配型と呼ばれます。

しかし、共謀共同正犯は、共謀に加わり、重要な役割を果たしたといえればよいので（後で確認するように、共謀に加わった他の者が実行に出ることも必要です）、組長のような黒幕である必要はありません。たとえば、X、Y、Zの3人がAの殺害を決意し、対等な立場で殺害方法を相談した結果、射撃の得意なZが単独でAを射殺することになり、この計画に基づいてZがAを射殺した場合、XとYは、黒幕ではありませんが、Zと対等な立場で殺害計画を具体的に立案し、重要な役割を果たしたといえるので、殺人罪の共謀共同正犯となります。共謀共同正犯には、このような対等型もあるのです。

◆対等型の共謀共同正犯と「重要な役割」

対等型の共謀共同正犯の裁判例としては、次のものが有名です。事案は、被告人Xが、大麻の密輸入を計画したYから、実行担当者になるように頼まれたところ、執行猶予中の身であったため、実行を担当することは断ったが、大麻を入手したい欲求に駆られ、知人のZに事情を明かしてZを身代わりとしてYに引き合わせるとともに、密輸入した大麻の一部をもらい受ける約束で、その資金の一部をYに提供したというものです。これについて、最高裁は、Xに大麻密輸入の共謀共同正犯が成立するとしました（最決昭57・7・16刑集36-6-695）。

Xは、大麻の密輸入の実行担当者を紹介しましたが、それは単なる紹介ではなく、「自己の身代わり」の紹介でした。また、Xによる資金提供は、大麻の密輸入に必要な、しかも「大麻をもらい受けるため」のものでした。そして、Xがこれらの行為に出たのは、「自ら大麻を入手したい」という動機からでした。これらの事実からすると、Xは、大麻の密輸入において重要な役割を果たしたといえるでしょう。

重要な役割を果たしたかどうかの判断は、このように事案ごとに個別具体的になされますが、一般的にいえば、次の諸事情、すなわち、①関与者間の人的関係（主従関係か、対等な関係か）、②話し合いへの関与の程度（積極的に発言したか否か）、③犯罪の遂行に対する寄与度（必要不可欠な準備行為をしたか、単純な機械的作業をしたにすぎないか）、④犯行の動機・意欲（自ら進んで話し合いに加わったか、しぶしぶ参加しただけか）などの事情を総合的に考慮して行われます。さらに、財産犯罪や薬物犯罪については、⑤犯罪から得られた利益の分配が重視される傾向にあります。先の大麻の密輸入の事案でも、密輸入した大麻をもらい受ける約束をしていたことが、共謀共同正犯とされる重要な根拠になっていると考えられます。

◆共謀共同正犯の成立要件

共謀共同正犯が成立するためには、このように共謀に加わり、重要な役割を果たしたことが必要となりますが、もちろん、それだけでは足りません。刑法60条に「犯罪を実行した」と書かれている以上、共謀に加わった者のうちの誰かが実行行為を行わなければなりません。共謀が成立したが、誰も実行に出なかった場合には、共謀共同正犯は成立しません。共謀しただけで処罰されるタイプの共謀罪（コンスピラシーなど）とは、この点が異なります（日本のテロ等準備罪について、トピックス7参照）。

3　教唆犯と幇助犯

◆共犯の従属性

これまでみてきた共同正犯は、先に述べたように主役級の登場人物です。

これに対し、教唆犯と幇助犯は、脇役です。脇役は、主役である正犯（単独正犯、共同正犯）があってはじめて存在できます。つまり、教唆犯と幇助犯は、正犯に従属する存在です。このことを共犯の従属性といい、教唆犯と幇助犯を従属的共犯と呼ぶことがあります。

教唆犯、幇助犯が正犯に従属するということは、教唆・幇助行為は、それだけでは犯罪ではないということです。刑法が犯罪として定めるのは、刑法各則（刑法第2編「罪」）が規定する各種の法益侵害行為ないし法益侵害の危険のある行為（構成要件に該当する違法な行為）です。そして、それを実行する者が正犯です（もっとも、すでに述べたように、正犯には、自ら実行しない共謀共同正犯も含まれます）。つまり、正犯が実行して実現したものが本来の犯罪であり、教唆・幇助行為は、正犯による犯罪行為をそそのかして誘発したり、手助けして促進したりしたことによってはじめて犯罪性を帯びるのです。

◆実行従属性

そうだとすると、教唆・幇助行為がなされただけでは犯罪にはなりません。これが犯罪となるためには、教唆・幇助行為により正犯の犯罪行為が誘発・促進されたこと、つまり、正犯が実際に犯罪の実行に出たことが必要です。これを実行従属性といいます。

刑法61条1項が教唆犯について、人を教唆して「犯罪を実行させた」者と定めているのは、このことを明らかにしたものと考えられます。幇助犯について定める刑法62条1項には、犯罪の「実行」という文言は出てきませんが、そこには「正犯を幇助した」とあり、先に述べたように、「正犯」とは（共謀共同正犯を別として）「犯罪を実行した者」を意味するので、刑法は、幇助犯についても、実行従属性を定めていると考えられます。

実行従属性を前提にすると、たとえば、XがYに強盗を実行するようそそのかし、Yが強盗の実行を決意した（教唆行為はあった）が、Yは強盗を実行しなかったという「教唆の未遂」の場合、Yが強盗を実行しなかった以上、Xに強盗の教唆犯（厳密にいうと、強盗教唆の未遂犯）は成立しません。

◆教唆・幇助行為それ自体を犯罪とみる考え方

もっとも、かつては、「教唆の未遂」のような場合であっても、教唆犯の未遂犯（正犯が実行に着手していないので、教唆犯は未遂にとどまります）として処罰されるべきだとする立場もありました。それは、犯罪の本質は行為者の性格の危険性にあるとする主観主義の考え方を前提に、教唆・幇助行為があれば、それだけで教唆・幇助を行った者の性格の危険性は示されているので、教唆・幇助はそれ自体犯罪であり、したがって、正犯が犯罪の実行に出なくても、教唆・幇助の未遂として可罰的だと主張するものです。

しかし、このような主張は、その前提となる主観主義の立場が戦後衰退していったことにともない、みられなくなりました。今日では、犯罪の本質を、行為者の性格の危険性にではなく、客観的な法益侵害行為ないしその危険のある行為に求める客観主義が支配的であり、この立場からは、実行従属性が要求されることになります。

◆独立教唆

ただし、実行従属性は、刑法61条・62条の教唆犯と幇助犯についてのルールであり、独立教唆の規定については、正犯の実行が必要とされていないことに注意が必要です。独立教唆とは、教唆行為があれば、つまり、教唆された行為が実行されなくても、それだけで処罰される特別の犯罪のことで、破壊活動防止法（同法38条以下）などの特別法に定められています。

設問への答え

設問①については、共謀共同正犯が認められるかどうかについて、刑法60条の文言に反しないか、共謀共同正犯を理論的にどのように根拠づけるかという観点から検討することが求められます。後者の観点から検討することは、実行行為を分担しない分はなにをもって補うのかという問いに答えることにつながるでしょう。

設問②については、教唆犯、幇助犯の成立に正犯が実行に出ることが必要か否かを検討することが求められます。条文の文言を示すだけでなく、教唆・幇助行為がそれ自体として犯罪性を帯びているか、犯罪の本質はどこに求められるべきかという点まで掘り下げて検討するとよいでしょう。

＜参考文献＞
①島田聡一郎「共謀共同正犯論の現状と課題」川端博ほか編『理論刑法学の探究3』（成文堂・2010年）31頁
②曽根威彦「刑事司法における負の遺産――共謀共同正犯判例から共謀罪立法へ――」佐伯仁志ほか編『刑事法の理論と実務1』（成文堂・2019年）3頁

トピックス7　テロ等準備罪（共謀罪）

2017年に組織的犯罪処罰法（組織的な犯罪の処罰及び犯罪収益の規制等に関する法律）が改正され、テロ等準備罪（「共謀罪」とも呼ばれます）が新設されました（同法6条の2）。それは、同法が掲げる277の犯罪について、「テロリズム集団その他の組織的犯罪集団……の団体の活動として、当該行為を実行するための組織により行われるものの遂行を二人以上で計画した者は、その計画をした者のいずれかによりその計画に基づき資金又は物品の手配、関係場所の下見その他の計画をした犯罪を実行するための準備行為が行われたとき」に、計画された犯罪の刑の重さに応じて、5年以下の懲役・禁錮または2年以下の懲役・禁錮に処せられるというものです。

これにより、たとえば、テロ集団が複数の飛行機を乗っ取って高層ビルに突撃させるテロを計画した上、搭乗予定の航空機の航空券を予約したような場合には、この計画が実行される前の段階で、計画した者を検挙・処罰することが可能になったと説明されています。

テロ等準備罪は、犯罪を「計画」したことを処罰する点に注目すれば、共謀罪の一種といえますが、計画した犯罪を実行するための「準備行為」を必要とする点では、共謀のみで処罰されるタイプの共謀罪とは異なります。また、共謀共同正犯と比較すれば、共謀があっただけでは足りないところは同じですが、準備行為で足りる（実行行為がなされることは必要ではない）ところが異なります。

テロ等準備罪については、これにより、テロを含む組織犯罪を未然に防止し、テロ防止のための国際協力をより一層進めることができると説明されています。しかし、他方で、これまで例外的にしか処罰されてこなかった予備段階の行為が広く処罰の対象となっていることなどから、運用によっては一般市民の内心の自由が脅かされる危険があるとの懸念も示されています（松宮孝明『「共謀罪」を問う』〔法律文化社・2017年〕参照）。

第12講

共犯の連帯性と個別性

設　問

次の事例で、XとYの罪責はどうなるでしょうか。

①Xは、AがBを殺害するためピストルを発砲しようとしているのを目撃し、Bを助けようと思い、横にいたYに対して、「一緒にAを殴ろう」と叫びました。Yは、「わかった」と返事し、XとYは、2人でAを殴打し、傷害を負わせました。その結果、Aの発砲は阻止されたのですが、じつは、YはAがBを殺害しようとしていることに気づいておらず、単にAにけがをさせようと思ったにすぎませんでした。

②Xは、Yから、「Aを殴るのに使うから金属バットを貸してくれ」と頼まれ、金属バットをYに貸しました。YがAを探していたところ、突然Aが刃物を持ってYに襲いかかってきたので、Yは、自分の身を守るため、Xから借りた金属バットでAを殴り、傷害を負わせました。

《なにが問題となるか》

共犯の場合も、単独犯の場合と同じように、違法性阻却や責任阻却を判断しなければなりません。それでは、違法性を阻却するかどうか、責任を阻却するかどうかの判断は、共犯関係にある者の全員について同じでなければならないのでしょうか、それとも、行為者ごとに違ってもよいのでしょうか。また、その解決方法は、共同正犯の場合と教唆犯・幇助犯の場合とで同じなのでしょうか。この講では、こうした問題を考えます。

解　説

■1 「違法は連帯的に、責任は個別的に」

◆共犯と違法性阻却、責任阻却

単独犯の場合、犯罪が成立するかどうかは、構成要件該当性、違法性阻却、責任阻却という順序で判断します。このことは、共犯の場合でも同じです。共犯の場合も、最初に、「殺人罪の共同正犯」、「窃盗罪の教唆犯」、「現住建造物放火罪の幇助犯」など、それぞれの行為者の行為がどの構成要件に該当するかを判断します（第11講で扱った「共同正犯か教唆犯・幇助犯か」は、構成要件該当性の問題です）。そして、構成要件該当性が確定したら、次に、それぞれの行為者の行為について違法性を阻却しないか、責任を阻却しないかを判断します。

◆「違法は連帯的に、責任は個別的に」の原則の内容

それでは、共犯の場合に、違法性や責任はどのように判断されるのでしょうか。共犯の場合の違法性や責任の判断については、以前から、「違法は連帯的に、責任は個別的に」が原則であるといわれてきました。これは、共犯関係にある各行為者の違法性の有無や程度は同じであるが、責任の有無や程度は行為者によって異なるという意味です。

たとえば、15歳のXと13歳のYが、突然Aから素手で殴りかかられたため、協力して自分たちの身を守ろうとして2人で路上に落ちていた鉄パイプでAを何度も殴り、Aを死亡させたとします。

この事例で、XとYの行為は、傷害罪の共同正犯の構成要件に該当します。次に、XとYはAの侵害に対する防衛行為としてAを殴打しているため正当防衛として違法性が阻却されるかが問題になりますが、武器を持っていないAに対して2人がかりで、しかも死亡するほど鉄パイプで何度も殴打する行為は、防衛行為としては必要最小限度のものとはいいがたいので、正当防衛は成立せず（過剰防衛です）、違法性阻却は認められません。最後に、責任阻却について考えると、Yは、13歳で刑事未成年者のため、刑法41条により責任が阻却されますが、Xは、15歳で責任能力があり、責任は阻却しません。その結果、Xだけに傷害罪の共同正犯が成立することになります。

この場合、行為が違法であるという評価はＸとＹに共通していますが、責任の評価はＸとＹとで違っています。これが、「違法は連帯的に、責任は個別的に」です。

◆「違法は連帯的に、責任は個別的に」の原則の根拠

それでは、なぜ違法性の評価は共犯者全員に共通し、責任の評価は人によって違うのでしょうか。違法性の有無や程度は、主として客観的な事実をもとに判断されます。先ほどの事例では、Ａが突然ＸとＹに素手で殴りかかってきたこと、ＸとＹが協力して鉄パイプでＡを何度も殴ったこと、その結果、Ａが死亡したことなどの客観的事実をもとに、ＸとＹの行為は違法であると判断されます。こうした客観的な事実は、Ｘだけの事実とかＹだけの事実というわけでなく、共犯者全員に共通する事実です。そのため、そのような客観的事実をもとに判断される違法性の有無や程度も、共犯者全員に共通するのです。

これに対して、責任の有無や程度は、行為者の内心や精神状態のような主観的な事情を中心に個々の行為者に固有の事実をもとに判断されます。精神の障害があるかどうか、刑事未成年者かどうかといった事情は、行為者ごとに違います。そのため、そのような個々の行為者に固有の事情によって判断される責任の有無や程度も、行為者ごとに違うということになるのです。

◆各行為者の行為と「違法の連帯性」の原則

ただ、客観的な事実は共犯者全員に共通するといっても、殴るとか発砲するといった行為そのものは個々の行為者の動作なのだから行為者に固有の事情ではないのかと疑問に思う人もいるかもしれません。この点について、実際の事件（東京地判平14・11・21判時1823-156）を素材に考えてみましょう。

酩酊《めいてい》して帰宅した長男Ａが暴言を吐いたり、家族に暴力を振るったりしたので、Ａが体勢を崩して布団に倒れ込んだ際に、母親ＸがＡの腰付近を、長女ＹがＡの足首あたりを、次男ＺがＡの首のあたりを数分にわたり押さえつけたところ、Ｚが首のあたりを押さえつけたことによりＡの顔面が布団等に押しつけられ、Ａが窒息死したという事案です。

X、Y、Zの行為は、Aの侵害に対する防衛行為として行われましたが、Aが死亡するほどの危険な行為だったため必要最小限度の防衛行為とはいえず、正当防衛の成立は否定され、過剰防衛となります。この場合、X、Y、Zはそれぞれ違う行為をしており、Aが窒息死した直接の原因を形成したのはZの行為です。XとYの行為を単独でみれば、それほど危険な行為ではありません。そこでZだけが過剰防衛となり、XとYには正当防衛が成立するのかというと、そうではありません。3人全員が過剰防衛になります。

それはなぜかというと、共同正犯には「一部行為全部責任」という原則が働き、共同正犯の一部の者の行った行為でも全員が責任を負うからです。X、Y、Zの行為は傷害致死罪の共同正犯の構成要件に該当します。X、Y、Zは共同正犯の関係にある以上、それぞれ自分の行った行為から直接発生した結果だけでなく、他の者の行為から発生した結果についても責任を負います。つまり、3人全員でAを押さえつけ、3人全員でAを窒息死させたと評価され、全員の行為が過剰防衛として違法となるのです（ただし、Yは、Zがそのような行為をしていることを知らなかったので、故意が否定されました）。

この場合も、「違法は連帯的に、責任は個別的に」の原則どおりに解決されていることになります。

◆「違法は連帯的に、責任は個別的に」の例外

このようにして、従来、「違法は連帯的に、責任は個別的に」が原則であるとされてきたのですが、じつは、この原則に例外はないのかが議論されています。もっとも、各行為者の責任が個別的に判断されることについては争いがありません（母親と12歳の長男による強盗罪の共同正犯の事案として、最決平13・10・25刑集55-6-519参照）。問題は、違法の連帯性の原則にも例外はあるのではないか、つまり、違法性の判断が行為者によって異なることもあるのではないかということです。違法性の判断が行為者によって異なることは、違法の個別性あるいは違法の相対性と呼ばれていて、現在、違法の相対性は認められるのか、認められるとしてそれはどのような場合かをめぐって、学説が対立しています。

次に、この点を、共同正犯の場合と、教唆犯・幇助犯（狭義の共犯）の

場合について順に検討しましょう。

2 共同正犯の場合

◆違法の相対性

「違法は連帯的に、責任は個別的に」の原則どおりに解決される事例として先ほど挙げたのは、どれも共同正犯の事例でした。それでは、共同正犯の場合に「違法は連帯的に」の例外、つまり違法の相対性は認められるのでしょうか。この点が問題となるのが、設問①です。

設問①のＸとＹの行為は、傷害罪の共同正犯の構成要件に該当します。それでは、2人に正当防衛は成立するでしょうか。

客観的にみれば、ＸとＹは、Ａを殴打することによってＢの生命を救っています。したがって、客観的要素だけで正当防衛の成否を判断する見解（そのような見解も学説上有力です）からすれば、ＸとＹには正当防衛が成立することになり、やはり違法の連帯性の原則が維持されていることになります。

しかし、判例は、正当防衛が成立するためには、客観的に正当防衛の要件を満たすだけでは足りず、主観的に防衛の意思が必要であるとしています。設問①では、Ｘには防衛の意思がありますが、ＹはＡがＢを殺害しようとしていたことを知らなかったので、Ｙには防衛の意思が認められません。したがって、判例の立場からすると、Ｘには正当防衛が成立し、Ｙには成立しないということになりそうです。そうなると、この場合は違法の連帯性の例外ということになります。このことを正面から認めた判例はないのですが、多くの学説がこの結論を認めています。

◆違法の相対性の根拠

それでは、なぜこの場合に違法の連帯性は否定されるのでしょうか。

前述したように、そもそも違法の連帯性が認められる根拠は、違法性の有無や程度が主として客観的な事実をもとに判断されるというところにあります。客観的な事実は共犯者全員に共通するので、そのような客観的な事実から判断される違法性の評価も、共犯者全員に共通することになるのです。

そうだとすると、逆に、主観的要素は、行為者によってあったりなかったりしますから、もし主観的要素が違法性の有無や程度に影響するのであれば、主観的要素の有無に応じて違法性の判断が違ってよいということになります。設問①は、まさにそのような場合です。防衛の意思という主観的な要素が正当防衛の成否に影響するという前提に立てば、共同正犯の関係にあるＸとＹのうち、防衛の意思をもっているＸは、正当防衛により違法性が阻却されるが、防衛の意思のないＹには、正当防衛は成立せず、傷害罪の共同正犯が成立することになります。

◆フィリピンパブ事件

違法の相対性が問題となった裁判例として、最決平4・6・5刑集46-4-245があります。事案は、Ａと電話で口論となったＸがＹに包丁を渡し、Ａを殺害するよう指示して現場に赴かせたところ、ＹがＡからいきなり暴行を加えられたため、Ｘの指示に従い包丁でＡを刺殺したというものです（現場がフィリピンパブで、Ａはその店長だったことから、「フィリピンパブ事件」と呼ばれています）。

最高裁判所は、ＸとＹを殺人罪の共謀共同正犯としたうえで、Ｘには積極的加害意思があり、Ｙにはなかったとしました。積極的加害意思とは、相手からの侵害を予想して周到な準備をして待ち構え、相手が攻撃してきたところを返り討ちにするというように、侵害の機会を利用し積極的に相手に対して加害行為をする意思のことです。判例は、このような積極的加害意思があったときは、急迫性の要件が欠けるため正当防衛も過剰防衛も成立しないという理解に立っています（最決昭52・7・21刑集31-4-747）。そのような理解を前提として、最高裁判所は、積極的加害意思を持たずに過剰な防衛行為を行ったＹにのみ過剰防衛の成立を認め、積極的加害意思を有していたＸについては急迫性の要件を欠くとして過剰防衛を否定しました。これは、積極的加害意思という主観的要素に着目して、過剰防衛の成否は積極的加害意思の有無に応じて行為者ごとに個別的に判断されるとしたものといえます。

なお、本決定は、過剰防衛の成否が行為者によって異なり得ることを認めたものであって、正当防衛の成否が行為者によって異なることを認めたわけではありません。しかし、本決定が問題とした急迫性の要件は、正当防衛とも共通する要件であるため、本決定の結論は正当防衛にも当てはまると一般に考えられています。

3　教唆犯・幇助犯（狭義の共犯）の場合

◆共犯成立の必要条件と十分条件

次に、「違法は連帯的に、責任は個別的に」の原則が、教唆犯と幇助犯（狭義の共犯）の場合にどのように扱われているかをみることにしましょう。

これは、2つの問題に分けて検討する必要があります。1つは、共犯成立の必要条件の問題、もう1つは、共犯成立の十分条件の問題です。

共犯成立の必要条件というのは、教唆犯や幇助犯の成立を認めるために、正犯は少なくとも違法である必要があるのか、さらに、正犯には違法性だけでなく責任までなければならないのかという問題です。それに対して、共犯成立の十分条件というのは、正犯が違法であれば必ず教唆犯や幇助犯も違法になるのか、また、正犯に責任があれば必ず教唆犯や幇助犯の責任も肯定されるのかという問題です。

◆共犯成立の必要条件――責任の個別性

第1に、共犯成立の必要条件の問題から検討しましょう。

まず、教唆犯や幇助犯が成立するためには正犯に責任がなければならないかという問題です。たとえば、15歳のXが13歳のYに対して、Aを殴ってけがをさせるよう唆し、Yがこれを実行したとします。Yの行為は、傷害罪の構成要件に該当して違法ですが、Yは刑事未成年者ですので、責任が阻却され、Yには傷害罪は成立しません。それでは、Yに傷害の実行を唆したXに傷害罪の教唆犯は成立するでしょうか。

この点については、責任の個別性の原則から、正犯者であるYについて責任阻却が認められるからといって、共犯者であるXの責任まで否定されるわけではないというのが、一般的な理解です。つまり、教唆犯や幇助犯が成立するためには、正犯は責任を有する必要はないということになります。Xの行為は、傷害罪の教唆犯の構成要件に該当して違法であるうえ、Xは刑事未成年者ではないので、責任も阻却されず、Xには傷害罪の教唆犯が成立することになります。

◆共犯成立の必要条件 ── 違法の従属性

それでは、教唆犯や幇助犯が成立するために、正犯は違法でなければならないのでしょうか。この点が問題になるのが、設問②です。

設問②のＹの行為は、傷害罪の構成要件に該当しますが、正当防衛として違法性が阻却されます。それでは、Ｙに武器を貸したＸに傷害罪の幇助犯は成立するでしょうか。

この場合、Ｙは防衛の意思をもって防衛行為を行ったのに対して、Ｘには防衛の意思はありません。そこで、先ほど述べた共同正犯の設問①と同様に、教唆犯や幇助犯の場合も、主観的要素の有無に応じて違法性は個別的に判断すべきであると考え、Ｘの行為は違法であり、Ｘには傷害罪の幇助犯が成立するとする見解も、学説上有力です。

しかし、通説は、教唆犯や幇助犯が成立するためには、正犯が構成要件に該当して違法である必要があると考えています。つまり、正犯が違法でなければ、共犯も成立しないということになります。違法性を阻却する行為は刑法上禁止の対象とされていない行為であるから、そのような行為に関与しても共犯として処罰すべきではないというのが、その理由です。このような見解を制限従属性説といいます。これによると、設問②では、正犯者であるＹの行為が違法でない以上、たとえ共犯者であるＸに防衛の意思がなくても、Ｘには傷害罪の幇助犯は成立しません。

◆共犯従属性

そうだとすると、教唆犯・幇助犯の場合には、共同正犯の場合と違って、違法の相対性・個別性が認められないということになります。それでは、なぜ共同正犯の場合と教唆犯・幇助犯の場合とで解決方法が違うのでしょうか。

その理由は、共犯従属性という共犯の特性にあります。犯罪に関与した複数の者のうち、正犯は、第１次的な責任を負う主役であるのに対して、教唆犯と幇助犯は、正犯の背後において第２次的な責任を問われる脇役にすぎません。そのため、教唆犯と幇助犯は、正犯が存在してはじめて成立するとされています。これが、共犯従属性です。こうした共犯従属性という性質を前提として、少なくとも構成要件に該当して違法な正犯行為が存在しなければ、教唆犯や幇助犯の成立を認めることはできないとされているのです。

これに対して、共同正犯の各行為者は、一方が他方に従属するといった主従の関係にあるわけではなく、対等な立場にあります。したがって、共同正犯には共犯従属性という性質はありません。そのため、主観的要素の有無に応じて違法性の有無を個別的に判断してよいとされているのです。

◆共犯成立の十分条件――責任の個別性

第2は、共犯成立の十分条件の問題です。

まず、正犯に責任があれば教唆犯や幇助犯の責任も必ず肯定されるのかという問題ですが、答えは「いいえ」です。責任の個別性の原則に基づき、正犯に責任があるからといって教唆犯や幇助犯まで責任が認められるわけではないという点に争いはありません。たとえば、13歳のXが15歳のYに対して、Aを殴ってけがをさせるよう唆し、Yがこれを実行した場合、正犯であるYの行為は、傷害罪の構成要件に該当して違法であり、さらに責任もありますので、Yには傷害罪が成立します。しかし。Xは13歳ですから、責任が阻却され、Xに傷害罪の教唆犯は成立しません。

◆共犯成立の十分条件――違法の連帯性

それでは、正犯が違法であれば教唆犯や幇助犯も必ず違法になるのでしょうか。この点についても、「いいえ」というのが、一般的な答えです。

こんな事例を考えてみましょう。Xは、AがBを殺害するためピストルを発砲しようとしているのを目撃し、Bを助けようと思い、横にいたYに棒を渡して、「これでAを殴ってくれ」と言いました。Yは、「わかった」と返事して、その棒でAを殴打し、傷害を負わせました。その結果、Aの発砲は阻止されたのですが、じつは、YはAがBを殺害しようとしていることに気づいておらず、単にAにけがをさせようと思ったにすぎなかったという設問②と少し違う事例です。

この場合、Yの行為は傷害罪の構成要件に該当し、また、Yには防衛の意思がありませんから、正当防衛も成立せず、傷害罪が成立することになります。一方、Xの行為は、傷害罪の教唆犯または幇助犯の構成要件に該当するものの、Xには防衛の意思があり、他の正当防衛の要件も満たすため、違法性が阻却されるというのが、多数説の理解です。この場合に、正犯者であるＹの行為は違法であるが、共犯者であるＸの行為は違法でないということになり、違法の相対性・個別性が肯定されているのです。

設問への答え

共犯者の違法性や責任の判断については、「違法は連帯的に、責任は個別的に」が原則とされてきました。ただし、共同正犯の場合は、とくに主観的要素の有無に応じて違法性の判断が行為者によって異なることがあると一般的に理解されています。一方、教唆犯や幇助犯の場合は、正犯が違法でない限り教唆犯や幇助犯も成立しないが、逆に、正犯が違法であるからといって教唆犯や幇助犯まで違法になるとは限らないというのが、多数説です。なお、責任の個別性の原則は、共同正犯、教唆犯、幇助犯のいずれでも維持されています。

このような考え方を前提に設問を考えると、設問①では、共同正犯の関係にあるＸとＹのうち、防衛の意思をもっているＸは、正当防衛により違法性が阻却されますが、防衛の意思のないＹには、正当防衛は成立せず、傷害罪の共同正犯が成立することになります。他方、設問②では、正犯であるＹの行為が正当防衛として違法性が阻却される以上、Ｘに傷害罪の幇助犯も成立しないというのが、多数説の結論です。

第13講

生命の自己決定権

設　問

①医療の現場では、患者の意思が尊重されるそうですが、安楽死や尊厳死は認められていません。患者本人が死を望んでいるにもかかわらず、なぜ（同意）殺人罪に問われるのでしょうか。

②刑法においては、自殺や自死はどうなるのでしょうか。みずから生命を放棄する自由（自己決定権）がないとすれば、違法行為になるのでしょうか。その場合、自殺しようとして死にきれず、瀕死の状態にある家族を「見殺し」にした人間は、やはり犯罪となるのでしょうか。

《なにが問題となるか》

安楽死や尊厳死は、通常、違法性阻却事由とされています。しかし、実際には、厳しい条件が設けられており、これを満たさない場合は、普通殺人罪（199条）や同意殺人罪（202条後段）で処罰されてきました。現在、終末期医療の現場では、患者の要望も考慮するようになりましたが、医師の治療義務（作為義務）と患者の自己決定権が衝突するとき、刑法では、どのように考えるのでしょうか。

また、自殺願望の人間に道具や助言を与えて死なせる場合は、自殺関与罪（202条前段）となりますが、「見殺し」に当たる場合には、殺人罪が成立する可能性もあります（第2講の解説を参照してください）。かりに自殺しようとする人に気づいたならば、その人の意思に反しても、これを妨害して助けるべきでしょうか。

解説

1 殺人罪のいろいろ

◆普通殺人罪と同意殺人罪

殺人罪の保護法益は、被害者となる人の生命です。外国の立法例では、第1級殺人（謀殺）や第2級殺人（故殺）という区別があったり、毒殺や銃殺、尊属殺や嬰児殺（生まれてすぐの赤ちゃんを殺すことです）、さらには、安楽死や尊厳死に関する特別規定を設けた国もあります。しかし、日本の刑法典は、憲法違反とされた尊属殺人罪（旧200条）を除けば（最大判昭48・4・4刑集27-3-265参照）、普通殺人罪（199条）と同意殺人罪（202条）があるだけです。なお、強盗致死傷罪（240条）のように、条文の解釈により殺意のある場合（強盗殺人罪）を含める場合もあります。

普通殺人罪は、同意殺人罪や強盗殺人罪などを除いて、すべての殺人事件をまとめて規定しています。そこでは、他人の生命を積極的に奪う行為だけでなく、被害者の死期を早めたり、残余生命を短縮するような行為も、その実行行為とされます。こうした包括的規定になったのは、現実の社会では、多種多様な殺人事件が起きるからです。

◆殺し方は千差万別

殺人罪で問題となる行為は、「人を殺（す）」ことであって、犯人が故意に（未必的故意を含む）人の生命を奪う行為でなければなりません。しかし、殺害の手段・方法は限定されておらず、刺殺、斬殺、射殺、毒殺、絞殺、撲殺のほか、およそ他人の生命を危険にさらすすべての行為が含まれます。たとえば、心臓に持病がある人を脅して心臓発作で死亡させるなど、心理的・精神的方法による殺人も考えられます。また、不作為による殺人として、重篤な患者を見殺しにする場合も認められました（最決平17・7・4刑集59-6-403。第2講参照）。

次に、殺人罪の開始時期は、被害者の生命にとって危険な行為を始めたときです。たとえば、毒薬入りのお酒を相手方に手渡したならば、これを飲んで中毒死する危険が発生するでしょう（大判昭7・12・12刑集11-1881）。また、毒入りの菓子を郵送する場合には、被害者が菓子を受け取った時点で、初めて生命を侵害する危険が発生します（大判大7・11・16刑録24-

1352)。これらの危険がない場合は、後述する未遂犯にもなりません。詳細については、第10講の未遂犯の解説を参照してください。

◆殺人罪の被害者（行為の客体）

殺人罪の客体は、現に生存する自然人であれば十分です。瀕死の重病人やけが人のほか、およそ生育可能性のない未熟児であっても（大判明43・5・12刑録16-857）、行為時に生存（出生）していれば、殺人罪の客体となります。判例によれば、分娩直後の赤ん坊を殺害したり（大判大11・11・28刑集1-705）、仮死状態で生まれた新生児を放置して死亡させる場合のほか（東京高判昭35・2・17下刑集2-2-133）、こん睡状態にある重病患者に延命措置を施さず、筋し緩剤を投与して死亡させた場合にも（最決平21・12・7刑集63-11-1899）、普通殺人罪とされました。

◆自殺関与罪と同意殺人罪

次に202条は、自殺関与罪と同意殺人罪を規定しています。これを細分すれば、4つの類型になります。まず、202条前段には、①被害者に自殺をそそのかす自殺教唆罪と、②他人の自殺を促進する自殺幇助罪があります。他方、202条後段には、③被害者から頼まれて殺害する嘱託殺人罪と、④犯人が被害者の承諾を得て殺す承諾殺人罪があります。嘱託殺人と承諾殺人を合わせて同意殺人罪と呼びます。これらのなかでも、自殺関与罪は、最終的に被害者が自殺しているため、自損（自傷）行為という側面もありますが、同意殺人罪では、犯人（被害者以外の人）によって殺害されており、もはや自損行為とはいえません。ただ、被害者自らが死ぬことを願った点を考慮して、自殺関与罪と同じ法定刑になっています。

202条	前段（自殺関与罪）	自殺を教唆する	→自殺教唆罪
		自殺を幇助する	→自殺幇助罪
	後段（同意殺人罪）	嘱託による他殺（殺人）	→嘱託殺人罪
		承諾による他殺（殺人）	→承諾殺人罪

2　自殺・自死と自殺関与罪

◆自殺は「殺人」に当たるのか？

殺人罪の主体は、刑法上、行為能力がある自然人に限られます。反対に、殺人罪の客体は、犯人以外の「(他) 人」というべきでしょうか。いい換えれば、自殺（または自死）は、そもそも（他人を殺すという）殺人罪の構成要件に当たらないのでしょうか。法文上は、「人を殺した者」というだけであり、たとえ自分（という人）を殺しても、形式的には「人を殺した」ことになります。しかし、ほとんどの学説は、犯人以外の（他）人が客体になると説明しています。なるほど、自殺に成功した場合、すでに死んだ者に対して殺人罪を認めても無意味でしょうし、かりに生き残ったとしても、他人に危害を加えていない以上、およそ処罰の対象にならないでしょう。

◆自殺・自死の取扱い

もし自殺や自死が、最初から殺人罪の構成要件に当たらないとすれば、自損行為による違法性の阻却を論じる必要もありません。ただし、刑法典には、自殺関与罪の規定があるため、その前提となる自殺の位置づけが問題となります。大多数の学説は、自殺を不可罰としますが、その理由・根拠は多岐に分かれています。たとえ自殺であっても、形式的には「人を殺した」場合に当たる以上、違法性阻却事由がなければ違法行為になるものの、自殺者を非難しても仕方ないので、責任が阻却されるという見解があります（責任阻却事由説）。この見解によれば、他人の自殺に協力した場合、違法な自殺行為の共犯となりますし、患者本人の真意に添った安楽死も、殺人罪になることが多いでしょう。

◆自殺と自傷行為の違い

しかし、およそ自殺者には、適法行為（自殺を思いとどまること）の期待可能性がなく、つねに責任非難ができないのでしょうか。上述した責任阻却事由説では、自殺者も殺人罪の客体になるため、これを傷害罪に置き換えれば、自傷行為をした者も傷害罪の客体として、傷害罪の構成要件に該当してしまいます。そこから、被害者自身の過失による自傷行為も、過失傷害罪になってしまうという批判があります。しかし、刑法典には、同意殺人罪の規定はありますが、同意傷害罪の規定が存在しません（「自傷」関与罪という規定もありません）。その意味では、殺人の場合と傷害の場合では、まったく異なる取扱いをしています。こうした法文の違いを無視して、自殺に関する議論をそのまま自傷行為の解釈に持ち込むべきではありません。また、故意犯と過失犯の違いを無視している点でも、疑問があります。

◆過失による自傷行為と過失による自殺

そもそも「過失による自傷」という言葉は、それ自体形容矛盾でしょう。過失による傷害であれば、行為者には「自分を傷つける」意思がないので、本来の「自傷行為」とはいえないからです。同様にして、過失による自殺もナンセンスであって、本人に「死ぬこと」の認識が欠ける以上、それを「自殺」と呼ぶことはできません。さすがに反対説の論者も、過失自殺はあり得ないので、過失自傷だけを問題にしたのでしょう。

かりに百歩譲って、こうした過失自傷を論じるとしても、本人があえて危険な行為を選択した以上、「危険の引き受け」として正当化されます。その意味で、こうした批判は、自説に都合のよい部分だけを切り取った「批判のための批判」にすぎません。もっとも、刑法典が同意殺人の規定を設ける一方、同意傷害の条文を置かなかった事実をどう評価するかによっては、自傷行為においても、自殺・自死や同意殺人と同じ問題が生じるでしょう。

3　保護法益と自己決定権

◆個人の自律的処分と法益欠如の原則

学説のなかには、殺人罪の保護法益を、被害者の自由な処分（自己決定権）に求める見解があります。そこでは、自らの生命を放棄するとき（まさに自殺がそれです）、およそ保護法益の侵害がなかったことになります。こうした考え方は、法益欠如の原則と呼ばれますが（違法性の本質については、第4講と第5講を参照してください）、自殺それ自体が適法であるならば、第三者が「適法な」自殺行為を妨害するとき、他人の自己決定権を侵害する違法行為になるのでしょうか。また、適法な自殺行為には従属的共犯があり得ない以上（第12講の「違法の連帯性」や「責任の個別性」を参照してください）、自殺関与罪は自殺の共犯ではなく、特別な独立教唆・独立幇助とみることになります。その結果として、すでに教唆・幇助の行為が始まったならば、まだ自殺行為がなくても、その未遂犯を認めるべきことになってしまいます。

◆自殺の適法性と他者の生命軽視

これに対して、自殺それ自体は適法であるとしても、「他人の死に干渉したり、その原因を与えることは違法」とみる考え方があります。すなわち、自殺関与罪の処罰根拠を、他者の自殺を促進した点で「人の生命を軽んじる態度の反社会性」に求めるのです。なるほど、刑法典が「人の生命・身体を尊重せよ」という原則を採用している以上、こうした説明も可能でしょう。この見解では、同意殺人はもちろん、同意に基づく傷害であっても、特別な違法性阻却事由がない限り、これに加担した犯人を処罰することになります。

◆他者の生命尊重と自殺関与罪の開始

しかし、他人の死に干渉する態度を違法とみることは、侵害の客体である生命（の安全）とは異なる保護法益を前提としています。一部の学説は、自殺容認の風潮を抑止する必要性を掲げていますが、自殺関与罪の保護法益は、社会的法益の一種なのでしょうか。むしろ、自殺関与罪は、自殺の勧誘や手助けを禁止することにより、間接的に自殺者の生命を守っていると考えられます。したがって、自殺関与罪の着手時期は、「自殺に駆り立てる行為」の始まりではなく、被殺者の生命に対する危険犯として、その生命に対する危険が本格化する時点まで待つべきでしょう。

◆可罰的違法性阻却事由説と自殺制止の合法性

なお、自殺を違法な行為としたうえで、可罰的違法性が欠けるという考え方もあります（可罰的違法性阻却事由説）。そこでは、自殺の教唆・幇助は、他者の生命を否定する行為であって、刑法上も放置できないからと説明されます。その裏返しとして、他者の自殺を阻止する行為は、暴行罪（208条）や強要罪（223条）に当たる場合にも、むしろ他者の生命を守ろうとする行為として、刑法上は犯罪になりません。第4講（自招侵害と正当防衛）で登場する優越的利益の原則によれば、まず生命の保護が優先されるため、暴行罪や強要罪の違法性はなくなるからです。同様にして、適法な自殺阻止行為に対抗するための（自殺者による）正当防衛も認められません。

4 同意殺人罪の成立範囲

◆同意殺人罪の成立要件

上述したように、同意殺人罪は、嘱託殺人罪と承諾殺人罪を併せた概念です。被害者は、死ぬことの意味を理解したうえで、自由な意思決定ができる者でなければなりません（最判昭33・11・21刑集12-15-3519）。また、「被害者の嘱託を受け……て殺した」とは、すでに自殺を決意した被害者本人から殺害を依頼されて、これに呼応して殺す場合です。他方、「その承諾を得て殺した」とは、殺意のある犯人が働きかけることで、被害者から了解を得て殺す場合です。もちろん、有効な嘱託・承諾があったというためには、殺害を開始する前に嘱託・承諾が存在しなければなりません。事後的に被害者の嘱託・承諾があっただけでは、普通殺人罪が成立することになります。

そもそも、同意殺人罪の法定刑が普通殺人罪より軽いのは（6月以上7年以下の懲役または禁錮）、被殺者の嘱託・承諾に応じて殺人の実行に及んだ点で、当該行為の違法性や犯人の責任が低下するからです。実際、普通殺人罪の教唆犯であれば、正犯の刑に準じることになりますし（61条）、その幇助も、必要的減軽にとどまるのと比較して（63条）、自殺関与（教唆・幇助）罪では、格段に法定刑が軽減されています。同様にして、202条後段の同意殺人罪も、普通殺人罪を違法・責任面で減軽した特別構成要件と考えられます。

◆同意殺人罪からみた自殺行為の社会的意味

嘱託・承諾殺人は、被害者の同意を契機としてその生命を奪ったにもかかわらず、犯罪として処罰されます。刑法は、生命について個人が自由に処分できるものとみていませんし、生命の放棄という自己決定権の行使は、大幅に制限されるからです。また、自殺関与罪と同意殺人罪は、同じ法定刑になっており、間接的に自殺を促進したのか（教唆・幇助）、直接に手を下して殺害したか（同意殺）の違いは重視されていません。そうである以上、たとえ自分の生命を縮める自殺であっても、純然たる個人の問題にとどまらず、社会全体の問題になるのでしょうか。

◆自殺は放任行為なのか？

自殺は、通常の殺人罪とは異なり、みずから命を絶つ行為です。そこで、積極的に刑法が介入するのを避けるため（放任行為と呼ぶ人もいます）、可罰的違法性がないと説明する見解もありました。つまり、違法行為と決めつけてはいませんが、自殺を正面から容認するわけでもありません。これに対して、自殺関与罪を「違法な自殺」に対する共犯と位置づける見解は、ごく少数説です。そうした事情もあって、自殺をめぐっては、独立した処罰規定を置かざるを得なかったわけです。一般に自殺関与罪は、独立教唆・幇助と捉えられており、大審院時代の判例も、「自殺は法律上これを罪とせざるをもって、教唆者以外に実行正犯あることなく、（独立した教唆犯であるとしたうえで）自殺の実行にはいささかも関係を有せざるもの」と明言しています（大判明37・2・15刑録10-269）。

5　生命は放棄できないのか？

◆自己決定権とパターナリズム

しかし、刑法学のなかにも、極端な自由主義の思想がみられます。それによれば、「死にたい奴は勝手に死ねばよい」ということになりますが、正面から自殺を肯定するのは、少なくとも現在の社会常識に反するでしょう。そこで、自殺者本人の自己決定権（自律的処分）に配慮しつつも、人間の生物学的な基盤（生命）を守らねばならないとして、生命の放棄については、自己決定権を制限する見解があります。同様にして、自殺は違法でないとしつつも、いわゆる「パターナリズム（国親思想とも訳されます）」を持ち出して、刑法202条の自殺関与罪を説明する見解もあります。こうした自由（放任）主義と（国家による）保護主義は両立し得るでしょうか。

◆自由意思のない自殺とはなにか？

さらに、一部の学説は、条文にはない条件を付け加えて、自殺関与罪の適用対象を「自由意思のない自殺」に限定するものがあります。しかし、脅迫などの強制があれば、そもそも「自由な意思決定」による「自殺」といえないでしょう。かりに「不自由な自殺」というものを認めるとして（それ自体、形容矛盾だと思いますが)、そこでは、被害者の自殺行為を利用した間接正犯のような場合を想定するのでしょうか。かりに、追い込み型の自殺であれば、無理心中や偽装心中と同じく、普通殺人罪として取り扱うのが、通説・判例です。

◆自殺関与罪と自殺の共同正犯

他方、自殺それ自体を違法とみるならば、これに関与した第三者には、共犯が成立します。しかし、自殺関与罪には教唆・幇助の類型しかありません。そこで、被害者の自殺行為を一部で分担するなど、(自殺の)共同正犯に当たる場合はどうなるでしょうか。被害者自身について、「自らを殺す」ことの共同実行は考えにくいので、殺人罪でいう「人を殺す」とは、やはり他者の殺害に限定されるべきでしょうか。これに対して、生命それ自体を保護法益とみる限り、たとえ自殺であっても現に人の生命を侵害している以上、第三者と被害者が共同して侵害することも可能です。

その際、自殺関与罪の延長線上に同意殺人罪があるとしたら、自殺志願者が自分の力では自殺できないため、第三者に協力してもらって自殺したとき、つまり自殺の共同実行に当たる場合、自殺協力者には、202条後段の同意殺人罪が成立することになります。かつて自衛隊駐屯地で起きた三島由紀夫割腹自殺事件では、切腹を介錯した(首を切り落とした)犯人は、他人の自殺(腹切り)に手を貸していますが、被害者の嘱託があった点を捉えて、嘱託殺人罪に当たるとされました(東京地判昭47・4・27判時668-32)。

◆終末期の治療停止と違法性阻却事由

安楽死の場合、被害者本人の嘱託・承諾があっても、形式上は、同意殺人罪が成立することになります。また、同意に基づく傷害も、傷害罪とされました(最決昭55・11・13刑集34-6-396)。それでは、刑法上、個人の自己決定権は無視されるのでしょうか。民法上は「契約の自由」があるとしても、人の生死にかかわる行為については、当然に個人の自由が優先されるわけではありません。終末期医療においても、自分の生命を自由に処分できない以上、安楽死や尊厳死は、将来にわたって絶対に許されないのでしょうか。

他方、尊厳死を含めた(広義の)安楽死のなかでも、患者の苦痛を緩和するための措置は、(たとえ死期を早めたとしても) 治療行為として許容されています。また、患者の生命を積極的に短縮する安楽死 (狭義) については、違法性阻却事由とみる見解と、終末期の苦痛に耐えるのは期待不可能だから、責任阻却事由になるという見解があります。現在、多数説は違法性阻却事由と位置づけており、判例のなかにも、①不治の病に冒されて死が目前に迫った患者が、②肉体的に激しい苦痛がある状況下で、それ以外に患者の苦痛を除去・緩和する手段がないとき、③本人の真摯な嘱託や承諾に基づいて、④医師の手により倫理的にも妥当な方法で行われた安楽死であれば、違法性を阻却すると明言したものがあります (名古屋高判昭37・12・22高刑集15-9-674、横浜地判平7・3・28判時1530-28)。

設問への答え

設問①については、安楽死や尊厳死を認める理由が問題となります。まず、患者本人の自己決定権を強調する立場では、同意殺人罪に当たる場合はもちろん、自殺関与罪となる行為もすべて無罪になってしまうでしょう。しかし、現在の刑法学では、末期のがん患者が「安らかな死」を願ったり、延命治療を拒んで「人間らしい死」を求めた場合にも、同意殺人罪が成立する可能性があります。多数説は、患者本人の自己決定権と生命保護義務が対立する場面において、どちらが優先するとは明言していないからです。いずれも重要な保護法益であって、一方のために他方を捨てることはできません。過去の裁判例が、安楽死について厳しい条件を設けて、例外的な場合に限って許容すると述べたのは、そうした背景があるからです。

設問②では、かりに自殺しようとした妻を、不仲の夫が見殺しにした場合、消極的な (不作為による) 自殺関与罪となる可能性もあります。しかし、刑法上の保護責任がなければ、たとえ家族であっても、ただちに不作為の殺人罪はもちろん、保護責任者遺棄致死罪や不作為の自殺関与罪にもならないでしょう。また、友人が首を吊ろうとした際、自殺を阻止する目的で必死に押さえつけた結果、かえって友人を窒息死させてしまった場合も、せいぜい過失致死罪が問題となるだけです。

＜参考文献＞

神馬幸一「安楽死・尊厳死」法教418号 (2015年) 9頁以下

第14講

暴行・傷害の多様性と処罰の限界

設　問

暴行罪と傷害罪について、次の問いに答えなさい。

①刑法上の暴行・脅迫の概念については、何通りもあるといわれていますが、文言上は同じ暴行・脅迫であるにもかかわらず、どのような根拠で使い分けるのでしょうか。また、なぜ強盗罪や強制性交等罪（旧強姦罪）では、最狭義の暴行・脅迫になるのでしょうか。

②傷害の未遂は処罰されないといわれることがありますが、本当でしょうか。

③刑法207条は、「2人以上で暴行を加えて人を傷害した場合」となっているのに、なぜ傷害致死罪にも適用されるのでしょうか。条文の文言に忠実に解釈するべき罪刑法定主義に違反しないのでしょうか。

《なにが問題となるか》

「暴行」や「脅迫」という文言は、刑法典のいろいろな条文に登場します。ただ、それらは、すべて同じ意味というわけではありません。同じ「暴行」、「脅迫」という文言なのに、なぜ違う意味に理解されているのでしょうか。

また、暴行によって怪我をさせたときに成立するのが、傷害罪（刑204条）ですが、暴行罪と傷害罪の関係は、単純そうにみえて、少し複雑です。この2つの罪は、どういう関係にあるのでしょうか。

傷害罪に関しては、刑法207条に同時傷害の特例が規定されています。「特例」というぐらいなので、例外的な取扱いを定めているのですが、どういう点で例外なのでしょうか。また、なぜそのような例外が許されるのでしょうか。

この講では、こうした問題について考えてみましょう。

解　説

1　暴行概念と脅迫概念

◆暴行の意義

「暴行」とは、不法な有形力の行使をいうと定義されています。「有形力の行使」というのは、物理的な作用を加えることです。押す、突く、蹴るというように、物理的な意味での力を加えることを意味します。

ただ、先ほど述べたように、「暴行」という文言は、刑法典のいろいろな条文で使われていて、条文によって違う意味に理解されています。もちろん、「暴行」という以上は、どれも有形力の行使であることに変わりはないのですが、少しずつ違う意味に使われることがあります。

暴行概念は、普通、①最広義の暴行、②広義の暴行、③狭義の暴行、④最狭義の暴行の4つに分類されます。ただ、①から③は、暴行が向けられる対象がどの程度広いか狭いかという観点からの分類であるのに対して、④は、暴行の強さの問題ですので、①から③の分類とは少し次元が違います。

◆有形力の行使の対象

まず、①から③の暴行がどのように違うのかをみていきましょう。

①最広義の暴行とは、人・物に対するすべての有形力の行使をいいます。つまり、有形力を行使する対象は、人と物のどちらでもよいということです。人を殴る行為のほか、建物を破壊する行為も暴行に当たることになります。内乱罪、騒乱罪、多衆不解散罪における暴行が、この最広義の暴行に当たるとされています。

②広義の暴行は、人に対する直接・間接の有形力の行使をいいます。有形力が直接向けられる対象は人の身体でも物でもよいが、少なくとも間接的には人に影響が及ぶ者でなければならないという意味です。公務執行妨害罪（刑95条）、職務強要罪、特別公務員暴行陵虐罪、強要罪、加重逃走・逃走援助罪における暴行は、この広義の暴行とされています。したがって、公務員を殴る行為だけでなく、公務員が差し押さえた覚せい剤入りのアンプルを損壊する行為（最決昭34・8・27刑集13-10-2769）も、公務執行妨害罪における暴行に当たります。

③狭義の暴行とは、人の身体に対する有形力の行使をいいます。有形力の行使が人の身体に向けられている必要があります。暴行罪における暴行は、狭義の暴行です。

◆有形力の行使の対象が違う理由

それでは、同じ「暴行」という文言が使われているのに、なぜこのように違う意味に理解されているのでしょうか。その理由は、その罪の罪質や保護法益にあります。

暴行罪の保護法益は、身体の安全です。そのため、暴行罪における暴行は、人の身体に直接向けられる必要があります。それに対して、公務執行妨害罪の保護法益は、公務員の身体の安全ではなく、公務の円滑な運用です。したがって、公務執行妨害罪における暴行は、公務員の身体に直接向けられる必要はなく、公務員が職務を遂行するうえで障害となるものであれば足りるので、間接的に公務員に影響が及ぶような有形力の行使も公務執行妨害罪における暴行に含まれるのです。

また、内乱罪は、憲法の定める国家の政治的基本組織を侵害しようとする罪です。人に危害を加える行為だけでなく、建造物を破壊する行為も、国の基本組織に動揺を与えるので、人に対する有形力の行使のほか、物に対する有形力の行使も暴行に含まれるのです。

◆有形力の行使の程度

一方、④最狭義の暴行とは、相手方の反抗を抑圧するに足りる程度の有形力の行為をいいます。強盗罪における暴行が、この最狭義の暴行です。また、強制性交等罪（刑177条）や強制わいせつ罪（刑176条）における暴行も、これに準じて、相手方の反抗を著しく困難にする有形力の行使をいうとされています。被害者が抵抗できなくなるぐらい何度も殴打する行為や、被害者が動けないようにその身体をロープで縛る行為などが、これに当たります。

なぜ強盗罪や強制性交等罪、強制わいせつ罪における暴行の内容がそのように理解されているかというと、その理由は、やはりその罪質にあります。強盗罪は、相手方の反抗を抑圧し、その意思に反して財物や財産上の利益を奪取するところに特徴があります。強制性交等罪や強制わいせつ罪も、相手方の意思に反して性交等の行為を行う罪です。そのため、これらの罪の暴行は、最狭義の暴行とされているのです。

◆脅迫の概念

同じことは、脅迫についてもいえます。脅迫とは、害悪の告知をいいます。なんらかの利益を侵害する可能性があることを相手方に伝え、畏怖させるような性質の行為という意味です。この脅迫の概念も、①広義の脅迫、②狭義の脅迫、③最狭義の脅迫に分けられます。

①広義の脅迫とは、すべての害悪の告知をいいます。公務執行妨害罪、内乱罪、騒乱罪、多衆不解散罪における脅迫がこれに当たります。

②狭義の脅迫とは、相手方・その親族の利益に対する害悪の告知をいいます。脅迫罪、強要罪における脅迫がその例です。

③最狭義の脅迫とは、相手方の反抗を抑圧する程度の害悪の告知をいいます。強盗罪における脅迫です。また、強制性交等罪や強制わいせつ罪における脅迫は、相手方の反抗を著しく困難にする害悪の告知をいうとされています。

2　傷害罪と暴行罪の関係

◆傷害の意義

次に、傷害罪と暴行罪の関係について考えてみましょう。

刑法204条は、「人の身体を傷害した」場合を傷害罪として処罰しています。「傷害」とは、人の生理的機能の障害と定義されています。健康状態を不良に変更するという意味です。

打撲傷や裂傷はもちろん、睡眠障害（最決平17・3・29刑集59-2-54）や意識障害（最決平24・1・30刑集66-1-36）なども、傷害に当たります。さらに、PTSD（心的外傷後ストレス障害）を傷害とした裁判例（最決平24・7・24刑集66-8-709）も存在します。

したがって、人を殴って怪我をさせた場合には、傷害罪が成立します。なお、人を殴った点は、形式的には暴行罪に当たりますが、傷害罪が成立する以上、それに加えて暴行罪は成立しないとされています。

◆傷害罪の未遂としての暴行罪

傷害罪には、未遂を処罰する規定が置かれていません。しかし、傷害罪の未遂に当たる場合はまったく処罰されないかというと、そうではありません。暴行罪として処罰される場合があるからです。

刑法208条は、暴行罪について、「暴行を加えた者が人を傷害するに至らなかったとき」と規定しています。本来、暴行罪を処罰するのであれば、「暴行を加えた者は」とだけ規定すればいいはずです。それにもかかわらず、刑法208条があえて「人を傷害するに至らなかったとき」と規定しているのは、傷害罪の未遂に当たる場合を暴行罪として処罰する趣旨であると理解されています。

たとえば、人を殴ったけれども、殴られた人は怪我をしなかったという場合は、傷害罪の未遂に当たりますが、人を殴る行為は暴行に当たりますから、暴行罪が成立します。

さらに、暴行罪が傷害罪の未遂を処罰する趣旨であることを理由に、判例・通説は、暴行というためには、傷害の危険さえ発生すればよく、有形力の行使が人に接触しなくてよいと解しています。四畳半の部屋で日本刀を振り回す行為（最決昭39・1・28刑集18-1-31）や、人の近くに石を投げる行為（東京高判昭25・6・10高刑集3-2-222）も、暴行に当たるとされています。エネルギーの行使も、傷害の危険が認められる限りで、暴行に当たるとされています。

なお、暴行罪は、傷害罪の未遂に当たるときだけに成立するというわけではありません。たとえば、人に食塩をふりかける行為は、傷害の危険はありませんが、有形力の行使である以上、暴行罪に当たります（福岡高判昭46・10・11判時655-98)。

◆暴行以外の方法による傷害罪の未遂

他方、傷害罪の未遂に当たる事例がすべて暴行罪となるわけではありません。暴行罪が成立するためには、有形力の行使が必要だからです。有形力の行使以外の方法を用いて傷害の危険を生じさせた場合は、暴行罪は成立せず、不可罰となります。たとえば、無言電話を繰り返したが、睡眠障害など傷害の結果が生じなかったときは、不可罰です。

3 同時傷害の特例

◆同時傷害の特例の意義

同時傷害の特例について考えてみましょう。刑法207条が、同時傷害の特例の規定です。刑法207条は、「2人以上で暴行を加えて人を傷害した場合において、それぞれの暴行による傷害の軽重を知ることができず、又はその傷害を生じさせた者を知ることができないときは、共同して実行した者でなくても、共犯の例による」と規定しています。

たとえば、Xが傷害の意思でAを殴打して立ち去った後、たまたま通りかかったYが傷害の意思でAを殴打し、その結果、Aは重傷を負ったが、XとYのどの暴行からどの傷害が発生したのかは判明しなかったとします。この場合、XとYの個々の行為と傷害の結果との因果関係は立証されていませんから、もし刑法207条がなければ、XとYは傷害について責任を負わず、暴行罪しか成立しないということになります。しかし、XとYのどちらかの暴行（または両者の暴行）から傷害の結果が発生したことはわかっているのに誰も傷害について責任を負わないのは不合理であるという理由で、立証の困難を救うための政策的規定として置かれたのが、刑法207条です。

◆同時傷害の特例の効果

刑法207条は、「共犯の例による」と規定しています。これは、「本当は共同正犯でなくても共同正犯として扱う」という意味です。上記の例でいうと、Aに暴行を加えることについてXとYの間に意思の連絡はありませんから、XとYは、本当は共同正犯の関係にありません。しかし、刑法207条が適用されると、XとYは共同正犯として扱われるのです。

共同正犯として扱われるとどうなるかというと、共同正犯の関係にある者が生じさせた結果全部について全員が責任を問われます（これを「一部行為全部責任の原則」と呼んでいます）。XとYが共同正犯の関係にあるとすると、誰がどの傷害の結果を生じさせたかはわからなくても、XとYは、傷害の結果全部について責任を問われることになるのです。したがって、XとYには傷害罪の共同正犯が成立します。

◆同時傷害の特例の要件

一般に、同時傷害の特例が適用されるためには、以下の要件が必要であるとされています。すなわち、①各人の暴行が傷害を生じさせる危険性を有するものであること、②2人以上の者が意思の連絡なく同一人に故意で暴行を加えたこと、③各暴行が外形的に共同実行に等しいと評価し得る（同一機会に行われる）こと、④傷害の原因となる暴行が特定できないことです（最決平28・3・24刑集70-3-1）。上記の事例では、これらの要件をすべて満たしますから、XとYには同時傷害の特例が適用され、傷害罪の共同正犯に問われます。

◆挙証責任の転換

この場合、XやYが自分の行為とAの傷害結果との間に因果関係がないということを自ら立証すれば、責任を免れることができます。ただ、逆にいうと、そのような立証ができない限り、XとYは傷害の責任を負うのです。

本来、犯罪に該当する事実が存在することを立証する責任は、検察官にあります。犯罪事実がないことを被告人が自ら立証する必要はないというのが、原則です（「疑わしきは被告人の利益に」の原則）。これに対し、同時傷害の特例では、傷害について責任を免れるためには、自分の行為が傷害の原因ではないということを被告人が立証しなければなりません。その意味で、同時傷害の特例は、挙証責任を被告人に転換するものであり、例外的な取扱いを定めた規定であるといえます。

◆同時傷害の特例と傷害致死罪

同時傷害の特例は、傷害致死罪にも適用されるのでしょうか。

学説上は、これを否定する見解が有力です。①刑法207条は例外的な取扱いを定めた規定なので、なるべく適用範囲を限定すべきであること、②刑法207条は、「2人以上で暴行を加えて傷害した場合」と規定しているにすぎず、「2人以上で暴行を加えて死亡させた場合」と規定しているわけではないことが、その根拠です。

これに対して、判例（最判昭26・9・20刑集5-10-1937）は、同時傷害の特例を傷害致死罪にも適用しています。立証が困難であるという点では傷害致死の事例でも同じであるという理由です。この場合、死因となった傷害を誰が生じさせたかが判明していないわけですから、刑法207条にいう「2人以上で暴行を加えて人を傷害した場合」に当たるというのです。

たとえば、Xが傷害の意思でAを殴打して立ち去った後、たまたま通りかかったYが傷害の意思でAを殴打し、その結果、Aは死亡したが、XとYのどの暴行から死因となった傷害が発生したのかは判明しなかったという場合、判例によると、この場合にも同時傷害の特例が適用され、XとYは傷害致死罪の共同正犯となります。

設問への答え

設問①について、同じ「暴行」、「脅迫」という文言が用いられていても条文によってその内容が違う理由は、罪質や保護法益の違いにあります。「暴行」や「脅迫」の内容は、その罪の保護法益を侵害するおそれのある有形力の行使あるいは害悪の告知といえるかという観点から判断されますが、犯罪によって保護法益は違いますから、それに応じて、「暴行」や「脅迫」の内容も変わるのです。さらに、強盗罪は相手方の反抗を抑圧してその意思に反して財物や財産上の利益を奪取する罪であり、また、強制性交等罪も相手方の意思に反して性交等の行為を行う罪であるため、これらの罪の暴行・脅迫は最狭義の暴行・脅迫とされています。

設問②について、傷害罪には未遂の処罰規定はありませんが、傷害罪の未遂に当たる行為は、有形力の行使といえる限りで、暴行罪として処罰されます。

設問③について、判例は、傷害致死罪にも同時傷害の特例を適用しています。この場合、死因となった傷害を誰が発生させたかが不明であるという点では、刑法207条にいう「2人以上で暴行を加えて人を傷害した場合において、それぞれの暴行による傷害の軽重を知ることができず、又はその傷害を生じさせた者を知ることができないとき」に当たるので、罪刑法定主義には違反しないと説明することになります。

第15講

自由に対する罪

設　問

脅迫罪では意思決定の自由、逮捕・監禁罪や略取・誘拐罪では動作・移動の自由、強制わいせつ罪や強制性交等罪では性的自由が保護法益となりますが、これらは同じ「自由」を意味するのでしょうか。いずれの犯罪も、なんらかの意味で自由の侵害があるのはわかりますが、学説のなかには、住居侵入罪も自由に対する罪とみる見解があります。つきつめれば、財産犯も、個人の財産的処分権を侵すものでしょうし、殺人罪も、生命の自律的処分を侵すことになるため、すべてが自由に対する罪になってしまいます。それでは、法益ごとに分類した意味がなくなりますが、それは、「自由」という言葉のあいまいさによるのでしょうか。

《なにが問題となるか》

刑法では「自由に対する罪」としてまとめられている犯罪のグループがあります。自由という保護法益は、生命・身体に次いで重要な個人的法益であるとして、財産や名誉よりも上位であると説明されることが一般的です。もっとも、その内容は必ずしも明確ではありません。「〇〇する自由に対する罪」と考えていけば、設問にあるとおり、個人的法益に対する罪のほとんどがそれに含まれる可能性すらあります。刑法における「自由に対する罪」とは、どのような犯罪のグループでしょうか、そして、それらの犯罪グループは、どのようにして他の犯罪グループと区別されるのでしょうか。

解　説

1　自由に対する罪の概観

◆刑法典における自由に対する罪

刑法典が「自由に対する罪」を分類してくれているわけではないので、その範囲について一致があるわけではありませんが、①意思決定・意思活動の自由を保護する脅迫罪（222条）、強要罪（223条）、②動作・場所的移動の自由を保護する逮捕・監禁罪（220条）、略取・誘拐罪と人身売買罪（224条以下）、③性的自由を保護する強制わいせつ罪や強制性交等罪（176条以下）がそれに含まれると考えられています。また、④住居侵入等罪（130条）も「自由に対する罪」の一種であるという見解も有力です。そのほかに、⑤人の社会的活動の妨害という意味で、業務妨害罪も含まれるとする立場もあります（同罪については第16講参照）。

◆自由に対する罪の特徴

「自由に対する罪」の「自由」とは、「人身の自由」を意味するともいわれています。人身の自由とは、憲法でも使われている言葉で、意思に反した負担を受けない権利です（憲法19条参照）。もっとも、人の意思や行動の妨害がすべて罰されるわけではありません。人が社会のなかで生活していく場合、他者とのつながりやぶつかりあいが生じることは避けられず、そこではつねに「一方が意思・行動をがまんし、他方ががまんさせている」という関係があるといえます。そのすべてを刑罰によってコントロールすることは、社会生活への過剰な介入になってしまいます。そのため、生命や身体のようなあらゆる行為から保護される法益と異なり、「自由に対する罪」は、一定の限られた行動の自由の侵害のみが犯罪とされているのです。

また、「自由に対する罪」は、厳密にいえば、「○○する自由」という積極的に行動する自由を保護するものではありません（例外的に、強要罪のみがこれに該当するとはいえます）。「自由に対する罪」が保護するのは、「他者から○○することを強制されない自由」という消極的な自由のみです。この意味で、自由に対する罪は、「人の社会生活における特定の場面（意思活動、場所的移動、性的行為、住居など）において、他者からの強制を受けない自由」を保護する犯罪であるとまとめることができます。

◆自由に対する罪の再構成

それでもなお、「自由に対する罪」というグループは明確ではないという意見も有力です。そのため、近時、「自由に対する罪」を「尊厳」や「人格」という言葉によって再定義しようとする動きがあります。「個人の尊厳」も「人格」も定義のむずかしい言葉ですが、とりあえず、前者は「人が人であるために侵されてはならない気高いもの」、後者は「人が人としてあるために本質的なもの」と考えてください。

この動きは、「自由に対する罪」グループの犯罪の内容を明確にすることを目的としていますが、その試みは成功しているとはいえません。「尊厳」も「人格」も決して明確な概念とはいえないからです。たとえば、憲法では「人格権」という名称で、生命、身体、自由（！）、名誉、プライバシーなどの権利がまとめられています。「尊厳」についても、重要そうですが、具体的にどのような意味で重要なのかはっきりとしません。

◆自由に対する罪と自己決定権

「自由に対する罪」のグループを認める立場からは、被害者の意思に反することがその本質的要素であるという主張がなされています。被害者の意思に反していなければ、「〇〇されない自由」が侵害されていないと考えるためです。これに関連して、自己決定権の観点から「自由に対する罪」が説明されることもあります。たとえば、性犯罪については誰と性的行為をするか決定する自由（性的自己決定権）、住居侵入罪について、誰の立入りを許すか決定する自由（住居権）が保護法益であると説明されます。しかし、自己決定権による説明をつきつめれば、「財産を処分することについての自己決定」や「生命を処分することについての自己決定」なども、「自由に対する罪」に含まれることにもなりかねません。また、その場合、財産や生命（だけ）ではなく、それについての自己決定権が重要であるという理解になり、当該法益のもつ意義が軽視される可能性もあります。

たしかに「自由に対する罪」については、被害者の意思決定が一面では広く保護されるということができます。しかし、それはあくまで中核部分に限った話です。周辺部分（この部分こそが問題になる領域といえます）を正しく理解するためには、それぞれの意思決定の対象の内容に注目しなければならず、「自由に対する罪」の個別の類型ごとに考察することが重要です。「自由に対する罪」のなかには、（自由だけではなく）他の法益を保護している犯罪類型もありますし、被害者の有効な同意があれば「自由に対する罪」はつねに成立しないというわけでもありません。以下では、自由に対する罪に属する各犯罪類型について、その内容や具体的な保護法益、そして同意の位置づけなどを中心に説明していきます。

2　意思決定・意思活動の自由に対する罪

◆脅迫罪と強要罪

脅迫罪と強要罪は、意思決定・意思活動の自由に対する罪として理解されています。脅迫という言葉は日常的に用いられているイメージと同じで、脅すことです（恐怖心を与える目的で害悪を告知すること）。強要罪は、脅迫や暴行によって、被害者になんらかの行動（行動しないことも含まれます）を強制させる犯罪です。なお、脅迫罪と強要罪においては、脅す内容が生命、身体、自由、名誉または財産に対することに限られています。

脅迫罪は意思活動の自由に対する罪の一種であると述べましたが、これに対して、脅迫罪は私生活の平穏や安全感を害する罪であるという見解も有力に主張されています。強要罪の未遂が別途処罰されている以上、脅迫に独自の意義を認めるべきであるとの考えに基づきます。このような理解からは、脅迫罪は被害者に恐怖を与えることを処罰する犯罪、言い換えれば、被害者の感情を保護するものと考えられることになります。もっとも、感情を刑法で保護するという発想については、慎重な態度がとられています。被害者の感情が害されること（すなわち、被害者になんらかの不安が生じること）は、自由に対する侵害以上に頻繁に生じるもので、しかも目に見えないものだからです。有力説の立場に立てば、感情をもたない法人に対する脅迫罪の成立の余地はありません。

3　場所的移動の自由に対する罪

◆逮捕・監禁罪

逮捕・監禁罪は、不法に人を逮捕や監禁した場合に成立します（220条）。逮捕とは、ロープで人の足を縛る場合など、人の体に直接はたらきかける手段によって、場所的移動の自由を奪うことです。一方、監禁は、部屋に鍵をかけて閉じ込めるなどといった、場所からの脱出をむずかしくする方法によって、移動の自由を奪うことをいいます。

逮捕・監禁罪の保護法益が場所的移動の自由（移動を妨げられない自由）であることに異論はありません。もっとも、その具体的内容については争いがあります。たとえば、眠っている人の部屋に鍵をかける場合、監禁罪は成立するでしょうか。一つの見解は、眠っている間は自らの意思で移動しないのだから、移動の自由が侵害されていないとします（現実的な移動の自由を必要とする見解）。この場合、被害者が起きてからはじめて監禁罪の成立が問題になります（被害者が自身の移動が制限されていることを認識する必要があるという立場もあります）。他方、監禁されている時点では現実に移動できなくても、移動の可能性・選択肢を奪われたことが重要と考える場合（可能的な移動の自由で足りるとする見解）、この事例でも監禁罪が成立します。

◆同意と錯誤

移動の自由を失うことに被害者が同意しているときには、「逮捕」「監禁」行為は認められません。新幹線に乗っている人に対して、監禁罪は成立しませんし、監禁罪が成立するが同意により違法性が阻却されるというものでもありません。意思に基づく移動の自由が侵害されていないからです。

ただし、同意が被害者の本意といえないような場合には、その同意は無効であり逮捕・監禁罪が成立します。ホテルに連れ込むつもりにもかかわらず、被害者を家に送ると騙して車に乗せる場合、上記の可能的な移動の自由という考えからは、被害者の移動の自由は当初から奪われていたということができます。そして、被害者は本当の行先を知っていれば車に乗ることを同意していなかったでしょうから、その同意には錯誤があり無効となり、監禁罪が成立することになります。類似の事例で判例（最決昭33・3・19刑集12-4-636）は監禁罪を認めています。

◆略取・誘拐の罪の概要

場所的移動の罪として、ほかに略取・誘拐の罪（拐取罪）が挙げられます。この犯罪は、被害者を現在生活している場所から移動させて、犯人などの支配下に置くことを内容とします。この犯罪類型には、人を物のように売買する人身売買の罪も含まれています。略取とは暴行・脅迫を手段とするもので、誘拐とは騙したり誘惑したりすることを手段とするものです。略取と誘拐を併せて拐取と呼びます。

拐取によって、被害者の移動の自由は失われますが、逮捕・監禁のようにその場から移動ができないというほどのものではありません。そのため、逮捕・監禁罪に比べて、成立要件が限定されています。具体的には、被害者が未成年でなければ、行為者にわいせつ目的のようななんらかの特別の目的がある場合に限られます。未成年がとくに保護されているのは、未成年が現在の生活場所（通常親などの保護者のもとでしょう）から移動させられることは侵害の度合いが大きいと考えられることによります。

◆未成年者拐取罪の保護法益

以上のように考えると、未成年者拐取罪が保護しているのは、場所的移動の自由と違うのではという疑問が出てきます。実際、同罪の被害者には、監禁罪と異なり、意思能力をまだ有していない生まれたばかりの赤ちゃんも含まれるとされています。判例（大判大13・6・19刑集3-502）と伝統的見解は、未成年者拐取罪が未成年者の意思の自由に加えて、未成年者の保護者がもつ未成年者を保護し監督する権利（監護権）を独立の保護法益としていると認めています。一方、最近の有力説からは、監護権は未成年者の利益のために必要な限りで考慮されるとして、未成年者の自由と生活の安全こそが保護法益であると主張されています（「生活環境を変えられない自由」といわれることもあります）。

この対立は、未成年者の生活環境を変える場合に、誰の同意が拐取罪の成立にとって意味をもつのかという点にかかわります。判例の立場によれば、未成年者が生活環境変更に同意していても監護権者が同意していなければ拐取罪が成立するのに対し、有力説によれば、監護権者の同意が未成年者の利益に資するのか、また、未成年者の年齢が成人に近いかどうかなどといった要素が考慮され、場合によっては、監護権者が同意していなくても拐取罪が成立しない場合があります。

4 性的自己決定の自由に対する罪

◆性犯罪の概要と保護法益

性犯罪は、強制わいせつ罪（176条）と強制性交等罪（177条）およびそれに類する犯罪です。暴行・脅迫などによって「わいせつ行為」や「性交等」をすることを内容とします。「性交等」とは、177条の条文に明記されていて、性交、肛門性交または口腔性交を意味します。「わいせつ行為」とは、それ以外の、性的な意味をもつ一定の行為です（トピックス8参照）。

強制わいせつ、強制性交等罪は、社会的法益に対する罪である公然わいせつ罪（174条）や重婚罪（184条）と同じ章に規定されていますが、「個人的法益に対する罪」であるとされています。もっとも、かつては、とくに177条が、男性が女性に無理やり性交することのみを処罰していたことから（「強姦罪」という名前でした）、女性が純潔であること（女性の貞操）が保護法益の実体であるなどともいわれてきました。しかしながら、現在では、女性の貞操に限られず、性的自由（望まない相手と性的行為をしない自由）が保護法益であるとの理解が一般的です。現在の規定（平成29年に改正）が、性交以外の性的に重要な行為を同じ法定刑で処罰しており、また、男性も被害者に含めたということは、その理解に合うものです。

冒頭で述べた「性的自由に対する罪」という言葉を「尊厳」や「人格」などという表現に言い換えようとする見解は、保護法益を明確化すること以外に、性犯罪が軽く考えられてはならないということも主張しています。性犯罪が「自由に対する罪」であるとしても、この発想は基本的に賛成されています。実際に、性犯罪に対して下される刑はかつてに比べて格段に重くなっており、その法定刑も引き上げられています。

◆性犯罪の手段

性的自由に対する罪は、一定の手段・状況のもとでわいせつ行為や性交等を行うことで成立します。強制わいせつ罪、強制性交等罪では、暴行・脅迫が必要であり（176条前段、177条前段）、とりわけ強制性交等罪については、「反抗を著しく困難にする程度の暴行・脅迫」が必要であるとされています（最判昭24・5・10刑集3-6-711）。ただし、13歳未満の者に対しては、暴行・脅迫がなくても強制わいせつ・強制性交等罪は成立します

(176条後段、177条後段)。この場合、被害者が同意していたとしても犯罪の成立は否定されません。

暴行・脅迫以外では、意識を失っていたり（心神喪失)、抵抗できない状態（抗拒不能）にある被害者にわいせつ行為、性交等を行う場合が処罰の対象となっています（準強制わいせつ及び準強制性交等罪。178条)。心神喪失の例としては、眠っている場合やお酒を飲みすぎて意識を失っている場合、抗拒不能の例としては、縛られたりして物理的に身動きできない場合が挙げられますが、それ以外に（脅迫以外で）被害者が心理的に抵抗できない類型が考えられます。具体的には、医療行為などを装う場合や、被害者の結婚相手などのパートナーを装う場合、行為者が自身の地位などを利用して抵抗させない場合などがこれまで問題となってきました。もっとも、強度の暴行・脅迫が認められない類型では性犯罪の成立を認めることは困難であったのが実情です。

◆監護者性交等罪の新設

そのような流れを受けて、加害者と被害者との間の一定の地位・関係性を利用して性的行為が行われる場合について、新たな犯罪類型が創設されました。それが、監護者わいせつ・性交等罪（179条）です。

同罪は、18歳未満の者に対して、その者の監護者がその有する影響力に乗じて性的行為を行う場合に成立します。典型例としては、親が同居している子に対して性的虐待を行う場合が想定されます。本罪は、13歳未満に対する性犯罪と同様、被害者である18歳未満の者が性的行為に同意しているかを問題にせず、条文の要件が満たされれば、直ちに犯罪が成立します。もっとも、その反面としてか、本罪の要件は限定されています。たとえば、教師と生徒の関係やスポーツのコーチと選手の関係の場合は、本罪の対象に当たらず、178条の成立のみが問題になります。

5　住居等への意に反した立入りからの自由に対する罪

◆住居侵入等罪の概要と保護法益

住居侵入等罪は、住居に侵入した場合（130条前段)、あるいは、立ち去ることを要求されたのに立ち去らなかった場合（130条後段。不退去罪と呼ばれます）に成立します。住居侵入罪も、個人的法益に対する罪と理解されていますが、具体的にどのような法益を保護している犯罪なのかについては、議論があります。有力な見解は、本罪の保護法益を住居が平穏であることと捉え、居住者の意思ではなく、平穏を害するような立入りがあったかどうかを犯罪の基準とします。もっとも、そこにいう「平穏」の意味は必ずしも明確ではありません。他方、通説は、住居に住む人が他人の立入りを認めるか否かの自由（住居権）が保護の対象であると考えます。その住居権の内実については、「自由に対する罪」と解するのか、プライバシーなどの人格に対する罪と解するのかについて議論がありますが、いずれにせよ、住居権をもつ者の意思が犯罪の成立にとって重要な意味をもつ点では変わりありません。

◆同意に関する問題

住居権者の意思が本罪の成立にとって決定的であるため、同意の効力が問題になります。強盗するなどの違法な目的を隠して立ち入った場合、判例は、そのような同意は無効であるとして住居侵入罪の成立を認めています（最大判昭24・7・22刑集3-8-1363など）。また、デパート、駅、銀行など一般に広く立入りが許可されている建造物については、客の立入りを広く認めていると理解されていますが、違法な目的をもった者の立入りについては、やはり同罪（建造物侵入罪）の成立が認められます。たとえば、ATMに隠しカメラを取り付ける目的で銀行に立ち入った場合に本罪の成立を認めた判例があります（最決平19・7・2刑集61-5-379）。

そのほかに、住居に複数人が住んでいる場合に、他人の立入りについての態度が複数人で異なる場合が考えられます。たとえば、夫婦の一方が留守の間にもう一方が浮気相手を家に連れ込む場合や、子どもが親に内緒で恋人を家に連れ込む場合などが考えられます（どちらも、一方の住人は通常立入りを許さないことでしょう）。この場合、①全員の賛成がなければ犯罪成立、②一人でも賛成していれば犯罪不成立、のどちらかをまず思いつきますが、③現在家にいる者の意思が優先という解決方法もありえるでしょう。皆さんはどのように考えるでしょうか。

設問への答え

「自由に対する罪」は、「自由」すべてを保護しているわけではなく、社会生活における一定の行動の自由の妨害に対する犯罪ということができます。それでもなおこのグループがあいまいに思えるのは、社会生活において生じることが避けられない行動の自由の制約のうち、重要な一部だけを犯罪として取り上げていることによります。「自由に対する罪」を別の法益によって捉え直そうとする見解も主張されていますが、必ずしも成功しているわけではありません。

行動の自由の妨害という観点から、被害者の同意が犯罪の成立に重要な意味をもつという共通点が導き出されます。ただし、そのことから自由に対する罪は被害者の自己決定権を保護する犯罪であると解することはできません。自己決定は生命や財産のような保護法益においても観念できるからです。着目すべきは自己決定の対象となっているものそれ自体です。社会生活上の行動の自由が犯罪とされるにあたっては様々な経緯があり、行動の自由以外の保護法益をもつ犯罪もあるほか、被害者の同意の有無を重視しない犯罪類型もあり、個別の考察が必要不可欠です。

トピックス8　わいせつの意義

「わいせつ」について、最高裁（最判昭26・5・10刑集5-6-1026など）は、「いたずらに性欲を興奮・刺激せしめ，普通人の正常な性的羞恥（しゅうち）心を害し，善良な性的道義観念に反するもの」と述べていますが、その意味は必ずしも明確ではありません。また、この定義は、わいせつな本などを販売することを禁止する「わいせつ物頒布罪」（175条）についてのものであり、「強制わいせつ罪」の場合に、同じ意味と考えてよいとは限りません。たとえば、キスする姿を写した写真は175条の「わいせつ物」に当たりませんが、嫌がる相手に無理やりキスすることに「強制わいせつ罪」が成立することに異論はないでしょう。

最高裁も、強制わいせつ罪の「わいせつ」の定義を明らかにしていません（最大判平29・11・29刑集71-9-467）。性交等の類似行為など、その性的性質が明確であればわいせつ行為といえますが、たとえば被害者を裸にするだけなど性的性質が明確ではない場合には、行為者の意図（性的意図なのか、それとも医療目的など他の意図があるのか）も含めて判断するものとされています。

第16講

個人のプライバシーと業務活動の自由

設　問

個人の秘密保護と業務活動の自由について、次の問に答えなさい。

①女性Xは婚約相手の男性Aが浮気をしていると疑い、Aが寝ている隙にそのスマートフォンを無断で操作し、いくつものメール内容を盗み見た。Xの行為はなにかの犯罪に当たるでしょうか。

②開業医Xは、家族ぐるみの付き合いのAを診察した際、Aが梅毒に罹っていることを知った。そこで、Aの奥さんBに、Aと一緒に治療を受けるように勧めたため、Aの性病感染が浮気によるものと判明し、AとBは離婚した。Aは許可なくBに性病感染を知らせたXを刑事告訴したいと考えている。Xの行為はなにか犯罪になるでしょうか。

③マスクで顔を覆ったXらは、棍棒を手に取りつつ、私立大学法学部教授が教室で憲法9条の講義を開始した直後から、「質問がある」などと激しい口調で詰め寄り、「自衛隊は合憲か違憲か」などと同教授の制止を無視して声を荒げ続けました。こうしたXらの行為はなにか犯罪に当たるのでしょうか。

《なにが問題となるか》

①刑法典には信書開封罪（133条）があります。Xの行為はこの罪に該当しそうですが、条文には「封をしてある」とあります。電子メールに糊付けはありません。他人の電子メールの無段開封は刑法上不可罰でしょうか。

②秘密漏示罪（134条1項）は、医師が「正当な理由がないのに、その業務上取り扱ったことについて知り得た人の秘密を漏ら」すことを罰します。設例のように親切心からAの病状をBに無断で伝えたXにも秘密漏示罪が成立するでしょうか。

③Xらは、講義中の教授に質問攻勢をかけています。教授の制止を振り切って声を荒げる行為は、威力業務妨害罪（234条）に問えるでしょうか。

解　説

1　個人のプライバシーを保護する犯罪類型

◆刑法典

刑法典は1世紀以上も前に制定された法律ですが、どの時代でも犯罪として疑いが生じない人身犯や財産犯などの自然犯を中心に規定し、その文言自体も汎用的な表現が使用されています。そのため、現代社会においても保護法益を加味した文言解釈で十分に通用します。個人の私生活上の秘密（プライバシー）を保護する信書開封罪（133条）や秘密漏示罪（134条）も時代を超えて通用する犯罪類型です。

ところが、刑法典制定時には、「封緘」という観念を入れない電子デバイスによる私信の登場は予見不可能でしょうし、職業がまだ細分化されていない当時にあっては他人の秘密を職務上知り得る職種のすべてについて想定して条文を規定することもまた不可能です。いくら刑法典の文言が汎用性に富むものであったとしても、文言の拡張解釈を超えた被告人に不利な準用（類推解釈）は罪刑法定主義上認められません。

◆特別刑法

他方で、時代の進展ごとに刑法典の不備を補う条文の追加をしたのでは、条文が膨大かつ複雑化し、刑法典が国民に規範を示して自然犯の一般予防を図る効果が損なわれかねません。そこで、刑法典の間隙を埋め合わせるために登場したのが特別刑法です。特別刑法は自然犯としては無色であっても行政取締の必要性から生じた法定犯や、刑法典の文言解釈ではもはやカバーできない自然犯を個別法のなかで罰則化したものの総称です。たとえば、刑法典上の秘密漏示罪の主体として規定されていない看護師や税理士による秘密漏示行為は、それぞれ保健師助産師看護師法および税理士法上の罰則で犯罪行為として規定され、特別刑法の一つとして機能しています。

(1)　他人の電子メールの無断開封　　先に説明したように、他人の電子メールを無段開封する行為を処罰する犯罪は明治40年に制定された刑法典上に存在しません。もっとも他人の電子メールを無断で開封する行為は細かく観察すると二つの類型に分かれます。一つは、Google、iCloudおよびOffice365などのメール機能のようにクラウド上のサーバーに存在するメールを他人のIDおよびパスワードを不正取得してログインすることで無断開封する行為です。もう一つは、他人の電子デバイスを無断で操作して当該デバイス上のフラッシュメモリに蓄えられたメールを無段開封する行為です。

前者は、「不正アクセス禁止法」(平成11年法律第128号) に罰則があります (特別刑法)。すなわち、電気通信回線を通じて接続された電子デバイス (同1条) を用いて、不正にアクセスしないし他人の識別符号を不正に取得する行為の禁止 (同3条および4条) に違反することを罰する (同11条および12条1号) のです。

後者の場合、たとえば、寝ている他人の指を用いて電子デバイスの指紋認証を突破し、これを無断操作することで当該デバイス上のフラッシュメモリに蓄えられたメールを無段開封する行為です。「不正アクセス禁止法」で定義される不正アクセスとは、「電気通信回線を通じて行われる」(同1条) ことを要件としているため、こうした行為は「不正アクセス禁止法」の罰則に抵触しません。ただし、就寝中の他人の指を用いて電子デバイスの指紋認証を突破する行為は、他人の財物を無断で一時使用していますから、窃盗 (いわゆる使用窃盗) に問うことはできないかを検討する余地はあります (窃盗罪については第17講を参照してください)。

(2) 親切心からによる医師の秘密漏示行為　医師がその業務上取り扱ったことについて知り得た人の秘密を漏らした場合、秘密漏示罪の構成要件に該当するおそれがあります (刑134条1項)。ただし、条文をよく読むと、「正当な理由がないのに」という要件が付加されています。これは「正当な理由」があれば、秘密漏示行為の違法性が阻却されるという趣旨です (違法性阻却については、第4講を参照してください)。医師が親切心から患者の配偶者や親族に患者として秘密にしたい病状 (伝染性疾患や精神疾患など) を告知する行為は「正当な理由」があるとして違法性阻却されるかが問題となります。

たしかに、患者側においては不名誉ともいえる性病や、社会からの偏見を招きかねない結核などの伝染性疾患および精神疾患などの症状は隠しておきたい事項かもしれません。しかし、公衆衛生上の観点から伝染性疾病の場合は、医師において厚生労働省や保健所をはじめとする地方公共団体といった第三者に通報する必要性があります。また、判例においても、「医師が、必要な治療又は検査の過程で採取した患者の尿から違法な薬物の成分を検出した場合に、これを捜査機関に通報することは、正当行為として許容されるものであって、医師の守秘義務に違反しない」としています（最決平17・7・19刑集59-6-600）。

以上から、公衆衛生ないし警察実務上、公的機関に医師が患者の承諾を得ずに通報する行為は、個人のプライバシーよりも社会公共の安全のほうが優位するため、正当な行為として許容されます。

それでは、こうした患者と共同生活を送ることで、伝染性疾患や精神疾患による危険と隣り合わせの配偶者や家族などの第三者に医師が病状を知らせる行為はどうでしょうか。こうした秘密漏示を行うことで患者が失う利益と秘密漏示を行うことで得られる第三者の利益が対立します。

この場合は患者の症状により分けて考える必要があります。伝染性疾患の場合、第三者に隠すことで第三者が罹患し、ひいてはその第三者を通じてさらに病気が社会に蔓延する危険性があります。したがって、患者が失う利益よりも配偶者や親族を超えた第三者の得る利益を保護することが公衆衛生上も妥当でしょう。他方で、伝染力のない精神疾患の場合、患者の同意なしにその症状を医師が配偶者や家族等に一方的に通告することは、公衆衛生上の必要性を伴うとはいえませんので、たとえ親切心からであったとしても許されないと考えるべきでしょう。

2 「業務活動の自由」の守備範囲

偽計または威力による業務妨害罪にいう「業務」とはいかなる意味なのでしょうか。いたずらを含めて他人の活動を妨害した場合、ただちに偽計または威力による業務妨害罪が成立するのでしょうか。

◆「業務」の意義

「業務」とは人が社会生活上の地位に基づき反復継続して行う事務をいうと考えられています。そのため、娯楽、知人や家族との団らん、食事および睡眠といった日常の私生活領域に含まれる活動は除外されます。したがって、一般家庭の呼び鈴を鳴らして逃げるピンポンダッシュや一般世帯へ適当に番号をプッシュしてかけたいたずら電話などは「業務」に対する妨害行為になりません。

もっとも、業務妨害罪の規定は、信用毀損罪と財産犯に挟まれています。そのため、「業務」を社会生活上の地位に基づき反復継続して行う「社会経済的活動」の自由を保護する規定と解釈するか、あるいは、業務を修飾する文言がない以上なんら限定せずに、社会生活上の地位に基づき反復継続して行う「一般的事務」の自由を保護する規定と解するかで争いがあります。前者によれば「社会経済的活動」とはいえない宗教、ボランティア、社会福祉、公教育および政治などの活動は除外されることになりそうです。

しかし、実務上は「社会経済的活動」に限定せず、後者の一般事務活動の自由な遂行を保護しているものとして運用されています。たとえば、「時限爆弾を公共空間に仕掛けた」をはじめとする警察への通報も実務上警察行政に対する偽計業務妨害として処理されています（ただし、このケースでは公務執行妨害罪（第24講を参照してください）と業務妨害罪の関係性をいかに捉えるかという別の問題も含まれています）。

◆「偽計」と「威力」の意義

次に問題となるのは、「偽計」と「威力」の意義です。すなわち、業務妨害罪は、妨害の態様が「偽計」と「威力」によって偽計業務妨害罪（刑233条）と威力業務妨害罪（刑234条）に分かれています。前者の「偽計」は「他人の不知、錯誤および誘惑の利用」と解される一方、で、後者の「威力」は「人の意思を制圧する犯人側の勢力」と解釈されています。もっとも、判例では、被害者に関知されない手段で業務を妨害したケースを偽計業務妨害とし、被害者に関知される態様で業務を妨害したケースで威力業務妨害を適用する傾向があります。たとえば、銀行で現金自動預払機（ATM）を利用する顧客の暗証番号を盗撮するため、すぐ隣のATMに小型カメラを取り付けようと客を装い100分ほど占有を続け、一般客の使用を妨げたケースを「偽計」による業務妨害としています（最決平19・7・2刑集61-5-379）。他方で、他人の使用するロッカー内の衣服に動物の糞を入れ、机の引き出しに猫の死骸を隠して被害者に発見させることで、事務を遅滞させたケースを「威力」としています（最決平4・11・27刑集46-8-623）。

◆危険犯か侵害犯か

業務妨害罪の条文は業務を「妨害した」という完了形で文言を規定して

いますが、妨害のおそれという危険発生だけで直ちに成立する危険犯であると解するのが支配的見解です（抽象的危険犯か具体的危険犯であるかは議論があるところです）。これは業務妨害には未遂処罰規定がないため、業務者が妨害排除に成功して結果的に業務が妨害されなかった場合には、その適用範囲が狭きに失するため実害犯ではなく危険犯と解されています（なお、危険犯については、第2講を参照してください）。

業務妨害の故意も、偽計または威力により妨害したところまで認識するよりも、そうした手段を通じて業務活動の遂行を邪魔しようとする意思と捉えるのが素直でしょう。

設問への答え

設問①は、XがAのIDとパスワードを用いたうえでクラウド上のサーバーに存在するメールを開いた場合は、行為態様に応じて「不正アクセス禁止法」罰則に規定される犯罪構成要件が適用されます。他方、寝ているAの指を手に取り電子デバイスの指紋認証を突破し、無断操作することで当該デバイス上のメモリに保管されたメールを無段開封したとしても、「不正アクセス禁止法」の罰則には抵触しませんが、Aの財物に対する占有を一時的にではあれ侵害していますので、使用窃盗（刑235条）が成立するかを慎重に検討する必要があります。

設問②ですが、患者Aの罹患している病気は梅毒という感染力が強い性病で、放置すると脳梅毒などの致死性の高い症状が発生するほか、女性が感染すると流産のおそれが生じる公衆衛生上脅威となる病気です。そうである以上、Aの妻Bを通じてさらに病気が社会に流布する危険があります。こうした危険を未然に防ぐ意味において、患者が失う利益よりもBのみならず公衆の健康を保護する利益が上回ると考えられます。したがって、医師XのBへの通告は正当な理由があるものとして違法性が阻却され不可罰であると解されます。

設問③ですが、Xらの行為は発言内容だけを切り取れば質疑応答を求めているようにみえます。しかし、異様な風貌で激しい口調で教授に詰め寄り声を荒げ、教授の制止に抵抗している以上、教授が講義を続行するという意思を制圧するXらの勢力が存在し、憲法学の講義が妨害されるおそれが認められるため、威力業務妨害罪（刑234条）が適用できると思われます。

＜参考文献＞
①大塚仁『特別刑法（法律学全集）』（有斐閣・1990年）
②不正アクセス対策法制研究会編『逐条 不正アクセス行為の禁止等に関する法律〔第2版〕』（立花書房、2017年）
③佐久間修『最先端法領域の刑事規制 医療・経済・IT社会と刑法』（立花書房・2003年）
④橋田久「業務妨害罪」法学教室288号（2004年）63頁以下

第17講

窃盗罪の保護法益と不法領得の意思

設問

①Xは、VがWの壺を盗んだことを知って、「それなら、自分のものにしても、Vは何も言えまい」と思い、V宅を訪ねた際に、Vに気づかれないうちに、こっそりその壺を自宅に持ち帰りました。Xの罪責は？
②Xは、Vが公園のベンチに置き忘れたポーチを自分のリュックにしまいました。Vは、2分後、約200メートルほど離れたところでポーチをベンチに忘れたことに気づき戻りましたが、すでにXに奪われていました。Xの罪責は？
③Xは、A市の市役所において、所内での閲覧しか認められていない住民基本台帳の電子マイクロフィルムを所外に持ち出し、コピーして返却しました。Xの罪責は？

《なにが問題となるか》

窃盗とは、「泥棒」のことです。そこには、美術館で何億円もする名画を盗むことから、コンビニで50円の消しゴムを「万引き」することまで、さまざまなものが含まれます。私たちが、社会的な活動を行うにあたって大切な役割を果たす財産の保護は、今の時代の刑法にとって、とても大切な役割ですが、かといって、あらゆる財産上のトラブルに刑法が出しゃばれば、かえって経済活動を萎縮させたり、当事者の自由な意思を軽視したりすることになりかねません。現行刑法は、「財産の保護は、一次的には、民事法上の手段によって実現されるべき」で、悪質な財産侵害だけが、犯罪として刑法による規制の対象になると考えているのです。ただ、民事上のトラブルと窃盗に当たる行為との境界線は、それほど明確ではありません。そこで、窃盗罪の成立要件を詳しく検討して、処罰範囲を明らかにする必要があるのです。

解 説

1 財産犯罪の中の窃盗罪

◆現行法上の財産犯罪

現行刑法は、刑罰を使ってでも個人の財産を保護しなければならない行為、つまり、財産犯罪として、①窃盗、②強盗、③詐欺、④恐喝、⑤横領、⑥背任、⑦盗品等関与、⑧器物損壊の8種類を定めています。さらに、特別法では、「特定商品等の預託等取引契約に関する法律」が「現物まがい商法」に対する処罰規定を定めたり、「無限連鎖講の防止に関する法律」がネズミ講に対する処罰規定を定めたりするなど、多種多様な財産犯罪が規定されています。今日のように経済活動の複雑化・多様化がすすむにつれて、これに対応して財産犯罪の種類も増加しています。

窃盗罪について見る前に、これらの財産犯罪の中で、窃盗罪には、どのような特徴があるのか、簡単に説明しておきましょう。

◆客体の性質で分類した財産犯罪の中の窃盗罪

現行刑法が定める財産犯罪は、客体の性質で、財物罪と利得罪に分類することができます。前者は、財産上の価値をもつ有体物（形のあるもの）が客体であるのに対して、後者は、債権の取得や債務の免除など形のない財産上の利益が客体になります。財産犯罪は、基本的に、財物を客体としていますが、強盗（236条2項）、詐欺（246条2項）、恐喝（249条2項）は、財産上の利益も客体にしています。このように、財産上の利益を客体とする犯罪は、各条の2項に定められていることから、「2項犯罪」と呼ばれることもあります。

では、どうして窃盗罪には、2項犯罪が規定されていないのでしょう。この点については、あとで説明します。

◆行為態様で分類した財産犯罪の中の窃盗罪

現行刑法の定める財産犯罪は、行為態様によって、領得罪と毀棄罪に分けることができます（図参照）。このうち、領得罪とは、他人のものを自分のものにする（＝領得する）犯罪を指し、さらに、直接領得罪と間接領得罪に分けることができます。前者は、犯人自身が、領得する犯罪で、被害者の意思に反する占有の移転（「占有」については、182頁参照）をともなう窃盗罪や強盗罪、瑕疵ある意思（本心とは違う同意）に基づく占有の移転をともなう詐欺罪や恐喝罪、占有移転をともなわない横領罪や背任罪があるのに対して、後者は、盗品等を犯人からさらに領得する犯罪で、盗品等関与罪がこれにあたります。被害者から見て「間接的」という意味で、間接領得罪と呼ばれているわけです。

図　財産犯罪の分類

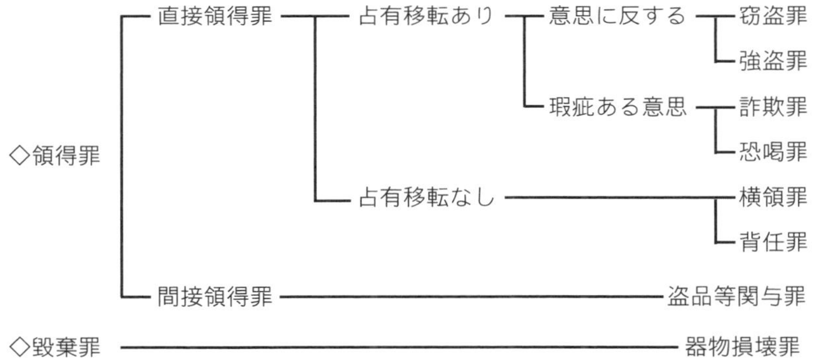

◆保護法益による分類

さらに、財産犯罪は、保護される財産の性質によって、個別財産に対する罪と全体財産に対する罪に分類することもできます。個別財産に対する罪とは、個々の具体的な財物や財産権が侵害されれば、犯罪が成立するのに対して、全体財産の罪は、被害者の資産全体の減少がなければ成立しない犯罪を指します。

現行刑法では、背任罪だけが、全体財産に対する罪で、他の財産犯罪は、すべて個別財産に対する罪とされています。したがって、どうしても手に入れたい絵画を盗む際に、妥当な金額の現金を代価として置いておいたという場合、一見したところ、被害者には、経済的な損害はないようにもみえますが、ここで大切なのは、「絵画」を失ったことで、その代わりに、相当対価の現金が置かれていたことは、窃盗罪の成否には影響しません。

2　窃盗罪の特徴

◆窃盗罪の法定刑

他人の物を「盗む」ことは、洋の東西を問わず、またいつの時代かにもかかわらず、犯罪として罰せられてきました。そうした中で、現行刑法が定める窃盗罪の特徴の1つが、最高で10年もの懲役刑を科すことを定めている法定刑の重さです。窃盗罪は、同じように、人の財産を奪う行為のうち、詐欺罪のように、人をだましてはいませんし、恐喝罪のように、人に暴力をふるってもいません。それでも、詐欺罪や恐喝罪と同じく、最高で10年もの懲役刑という重い法定刑が用意されているのは、どうしてなのでしょう。

また、窃盗罪の法定刑について考えるときには、器物損壊罪（261条）という犯罪との比較も見逃すことができません。他人の物を壊したときに成立する器物損壊罪の法定刑は、3年以下の懲役です。どうして、他人の物を盗んだほうが、壊したときよりも、重く罰せられるのでしょうか。盗まれただけなら、取り返すこともできますが、壊されたら、もう、もとどおりにはできません。普通に考えれば、器物損壊罪のほうを重く処罰すべきと思いませんか。

◆どうして窃盗罪の法定刑は重いのか？

このように窃盗罪の法定刑が重く定められている理由としては、次の2つの側面が大切です。1つは、日本の刑事政策の歴史的な側面です。つまり、昔から日本で最も多く起こる犯罪は窃盗であったことから、これを厳しく取り締まる必要性が強く認識され、そのために、このように比較的高い法定刑が置かれることになったのです。こうした傾向は、江戸時代にもみられ、「十両盗めば首が飛ぶ」といわれていたそうです（実際に、江戸時代に制定された公事方御定書には、その趣旨の規定がありました）。

もう1つは、壊すより、盗むほうが悪質である（違法性が大きい）、非難の度合いも大きい（責任が重い）という側面です。どうしてそういえるのか、その説明は、窃盗罪の主観的な成立要件である「不法領得の意思」と関連するので、あとで取り上げます。

◆窃盗罪の客体

前にも触れましたが、窃盗罪は、他人の「財物」を盗んだときにだけ成立するのに対して（178頁参照）、強盗罪、詐欺罪、恐喝罪は、被害者から財物を奪ったときだけでなく、「財産上の利益」を不法に得たときにも成立します（第18講・第19講参照）。

◆窃盗利得罪がない理由

ところが、だましたり、おどしたりといった手段は用いず、ただ、被害者の意思に反して、財産上の利益を不法に得ても（つまり、「財産上の利益」を盗んでも）、犯罪にはなりません。たとえば、返済期日に、借りていたお金を無断で返済しなかったときには、財産上の利益（支払義務を免れるという利益）を不法に得たことになりますが、窃盗罪にはならないのです。どうして、窃盗罪に、被害者の意思に反して、財産上の利益を不法に得ることが含まれなかったのかといえば、そこまで含めると、財産上のトラブルの解決を、刑事法が担う範囲が広くなりすぎるからだといえるでしょう。また、そうした財産上の利益を得たというだけでは、処罰に値する行為としての明確さを欠くという点も理由としてあげられるでしょう。あくまで、財産上のトラブルは、民事上の問題として解決されるべきで、刑法が乗り出すのは、必要最小限というわけです。

3　窃盗罪の保護法益

◆本権説と占有説

窃盗罪の保護法益について、所有権を中心とする民法上の権利（本権）であるとする本権説と、所持・占有といった事実状態であるとする占有説が対立しています。もちろん、本権が刑法上保護されるべきである点について両説に争いはありません。両説は、自動車の賃貸契約の期間が終了後も、それを借り続けている者から、正当な自動車の持ち主である貸し主が無断で取り返す行為のように、民法上保護されない不法な占有の侵害についての対応で異なるのです。

本権説は、民法上保護されない権利を刑法上保護する必要はないと考えるのに対して、占有説は、本権を保護するだけでは、経済取引や財産管理の形態が複雑化している今日の社会において、十分な財産秩序の維持を図れないと考えます。

◆平穏な占有説

判例は、占有説を支持しています（最判昭35・4・26刑集14-6-748）。ただし、占有説を突き詰めると、窃盗犯人が一度奪った財物を被害者が取り戻す行為も、占有侵害ということになり、あまりに妥当性を欠いてしまいます。そこで、占有状態であれば、無条件に保護されるわけではなく、「平穏な占有」のみが保護されるとする平穏な占有説が、学説上は通説化しています。

たとえば、XがV宅からVの壺を盗んだ場合、Vに追いかけられて、逃げている間は、まだ、Xの壺に対する占有は、「平穏」ではないので、VがXから取り返しても、窃盗罪は成立しませんが、Xが逃げ切って、数日後に、今度は、X宅から、Vがその壺を奪い返せば、すでにXが、（少なくとも、何も知らない人がみれば、適法に占有しているとみえるので）壺に対する平穏な占有が侵害されたことになり、Vに窃盗罪が成立するのです。

4　占有と財物

◆窃盗罪の客体

他人の物を盗むという犯罪が成立したかどうかは、一目瞭然のように思えますが、窃盗罪という犯罪の成立要件を詳しく分解してみると、そうとは限らないことがわかります。たとえば、窃盗罪の客体、つまり盗む「物」とは、どのような性質をもっているべきでしょうか。この点について、一般的には、「他人の占有する他人の財物」と説明されます。ここで大切なのは、①他人が「占有」している点と、②財物である点です。

◆占有

このうち、①他人の「占有」については、他人を排除して自らの支配下におくという意思（排他的支配の意思）と、現に物理的な支配力が及んでいるという事実（排他的支配の事実）の両方がなければ認められません。占有を離れた他人の物を奪っても、窃盗罪は成立せず、法定刑が、最高で懲役1年の遺失物横領罪（254条）の成否が問題になるにとどまります。

占有の有無の判断は、事案ごとに個別具体的に行うほかありませんが、過去の裁判例をみると、①ゴルフ場のロスト・ボール（最決昭62・4・10刑集41-3-221）、②旅館の忘れ物（大判大8・4・4刑録25-382）、③自宅の前に駐輪しておいた自転車（福岡高判昭30・4・25高刑集8-3-418）、④バスの行列中に足下に置かれ、20メートル先に進むまで失念されていたカメラ（最判昭32・11・8刑集11-12-3061）、⑤駅の券売窓口に忘れた財布（東京高判昭54・4・12判時938-133）などについて、占有が認められています。

◆財物

刑法235条には、窃盗罪の客体は、「他人の財物」であると明確に規定されています。では、ここでいう「財物」とは、どのようなものを指すのでしょうか。この点について、旧刑法の時代の電気窃盗の事案を扱った大審院の判例は、「管理可能なもの」と判断しました（大判明36・5・21刑録9-874）。これに対して、学説上の通説は、①「財物」という言葉の意味、②「財物」とは別に、「財産上の利益」を保護している刑法の趣旨、③民法における「財物」の意義との統一性などを根拠に、刑法上の「財物」は、物理的に空間の一部を占める「有体物」に限定されるべきと主張しています（有体性説）。

両説の結論に違いが生じるのが、エネルギーを無断で使った場合の評価です。もっとも、現行刑法には、「電気は、財物とみなす」（245条）という規定がありますから、両者の見解で差が生じるのは、電気以外のエネルギーの場合ということになります。熱や原子力などのエネルギーは管理可能ですが、有体物ではありません。したがって、これらを盗んで利用することについて、有体性説は窃盗罪の成立を否定し、管理可能性説は肯定することになります。

他方、今日の情報化社会では、「企業秘密」や「個人情報」といった情報そのものが大きな価値をもつことがありますが、刑法上、情報は、有体物でもなければ、管理することもできないと考えられているので（「情報管理」という言葉はありますが、つねに誰かによって「占有」されているわけではないので）、いずれの説に立つにせよ、財物とはみなされません。したがって、いくら価値のある情報を盗んでも、犯罪にはなりません。もっとも、そうした情報が書かれた書類や保存されたUSBメモリなどを盗めば、そうした書類やUSBメモリが「財物」となるため、窃盗罪が成立します。

5 窃取

窃盗罪は、他人の財物を「窃取」したときに成立します。「ひそかにとる」という文言から明らかなように、相手に気づかれないうちに奪うことが典型例ですが、法的には、占有者の意思に反して財物に対する占有者の占有を排除し、目的物を自己または第三者の占有に移すこと（最決昭31・7・3刑集10-7-955）を意味します。これに当てはまれば、方法や手段に制限はありません。

6 不法領得の意思

◆不法領得の意思の意義

判例は、窃盗罪の主観的構成要件として、故意とは別に、不法領得の意思を要求しています（大判大4・5・21刑録21-663）。これは、現行刑法が、効果的な財産保護を図るため、他人の財物の占有を侵害する行為のうち、軽微なものを窃盗罪という評価を受ける範囲から除外しているとの認識から導き出される結論です。また、前述した器物損壊罪よりも、窃盗罪の法定刑が重い理由も、この不法領得の意思から説明されます。つまり、客観的には、他人の財物の占有を侵害する行為であっても、隠したり、壊したりする目的よりも、強い悪質性を特徴づけるものとして、特殊な意思の存在が必要というわけです（180頁参照）。

では、その内容は、具体的にどのようなものなのでしょう。窃盗罪の不法領得の意思について、判例は、「権利者を排除して、他人の物を自己の所有物として、その経済的用法に従い、利用処分する意思」と解しています（前掲大判大4・5・21）。これを整理すると、①権利者を排除して本権者（正当な持ち主）として振る舞う意思と、②物の経済的用法に従い利用処分する（本来の用途のとおり使う）意思に分けることができます。学説上は、判例を支持する見解のほか、不法領得の意思を主観的成立要件と解するが、その内容は①だけで足りると解する説や、同じく②だけで足りると解する説が唱えられていて、さらに、不法領得の意思を不要とする見解も主張されています。

◆一時使用や毀棄・隠匿目的での窃盗

判例の立場に立ち、窃盗罪の成立に、不法領得の意思を要求すると、一時使用のため他人の財物を勝手に奪う行為には、権利者を排除する意思がないため、窃盗罪は成立しないことになります（大判大9・2・4刑録26-26）。また、壊したり、隠したりする目的で、他人の財物を勝手に奪う行為についても、経済的用法に従い、利用・処分する意思がないため、窃盗罪は成立しないことになります（前掲大判大4・5・21）。

前者の例としては、図書館で本を借りようとしたが、貸出手続のカウンターに長い列ができていて、時間がかかりそうだったので、読み終わったらすぐに返すつもりで、手続を経ずに、館外へ持ち出したといったケースを挙げることができます。また、後者の例としては、被害者を困らせる目的で、その財布を隠したり、燃やしてしまったりしたというケースを挙げることができます。

しかし、現実には、一時借用についても、たとえば、無断での自動車の借用では、ガソリンが減り、タイヤが摩耗するなどの財産減少が認められるため、その限りでは、権利者を排除する意思があったと評価することができ、たとえ、短時間で返したとしても、不法領得の意思の存在を認めることができるでしょう。また、毀棄・隠匿目的についても、利用・処分する意思とは、必ずしも厳格な意味に従って経済的用法での利用・処分する意思に限定せず、財物のもつ利益や効用を享受する意思であればよいと解されます。したがって、木材を係留する目的で電線を切り取った場合（最決昭35・9・9刑集14-11-1457）や性的目的で下着を盗んだ場合（最決昭37・6・26裁判集刑143-201）にも窃盗罪の成立は肯定されてきました。

設問への答え

(1)　もともとWから盗んだ壺について、Vには、所有権はありません。したがって、窃盗罪の保護法益について、本権説に立てば、Xの行為は、何らVの保護法益を侵害していないので、不可罰となるのに対して、占有説や平穏な占有説に立てば、たとえ、盗んだものであっても、すでにVによって占有されている状態だった壺を持ち出す行為は、Vの占有を侵害するという法益侵害が認められるため、窃盗罪が成立することになります。ただし、本権説に立つ論者のなかには、この事例では、もともとの持ち主の追求権（探して、返還を求めたりする権利）を侵害しているとして、窃盗罪の成立を認める見解も唱えられています。

(2) Xが、ポーチを奪った際、Vは、すでに置き忘れたベンチから200メートル離れていたわけですから、ポーチは「忘れ物」であり、その不法な取得は、法定刑が、最高で懲役1年の遺失物横領罪（254条）が成立するにとどまるようにも思えます。しかし、ポーチに対する持ち主Vの占有が存在したかどうかは、時間や距離といった排他的支配の事実だけで単純に決定できるものではありません。持ち主が、捨てたわけではなく、まだ使うつもりのポーチを、ベンチに置き忘れた場合は、そうした「排他的な支配の意思」も考慮して、占有の有無が総合的に判断されます。したがって、設問の事例では、たとえ、いったん2分間で200メートル離れたとしても、排他的支配の意思が継続しているため、なおVのポーチに対する「占有」は認められ、これを侵害して奪ったXには、窃盗罪が成立すると考えることができるでしょう。ただし、そうした排他的支配の意思の考慮にも限界があり、ポーチから、より長い時間、より遠くに離れていた場合には、たとえ、持ち主に、自らの支配を放棄するつもりがなくても、占有状態は解消されてしまうのです。

(3) 住民台帳に記載された情報そのものは、財物ではありませんが、その情報が記録されたマイクロフィルムは財物です。したがって、これを窃取すれば、窃盗罪が成立するように思えます。しかし、Xは、マイクロフィルムをいったん庁舎の外に持ち出してはいるものの、コピーをした後は、返却しており、マイクロフィルムの占有は市役所に戻っています。こうした一時使用の場合、窃盗罪の主観的成立要件である「不法領得の意思」のうち、「権利者を排除する意思」が、認められないことから、窃盗罪は成立しないことになりそうです。しかし、決められた場所での閲覧だけしか認められていない台帳を、その外に持ち出し、禁止されているコピーを行えば、たとえ短時間であっても、その間、持ち主（権利者）は、台帳を支配できていないわけですから、権利者を排除する意思は存在するとして、不法領得の意思を肯定し、窃盗罪の成立を認めることができるのです。

第18講

財物・利益を奪うふつうの強盗から強盗に準じた犯罪類型まで

設　問

①強盗罪は、相手方の反抗を抑圧する程度の暴行・脅迫を手段とする犯罪だといわれますが、相手方のハンコウをヨクアツするってどういう意味ですか。
②詐欺罪の場合には、騙した相手方が錯誤に陥って、財物・利益を交付する処分行為を行うことが必要だと聞きましたが、強盗の場合はどうですか。
③刑法238条には、最初に財物を奪って後から殴ったりする場合も、強盗として扱うという事後強盗罪の規定がありますね。どうしてこういう場合は強盗として扱われるのですか。

《なにが問題となるか》

①強盗罪は、暴行・脅迫により、相手方を抵抗できない状態にして、財物や利益を無理やり奪い取る罪ですので、暴行・脅迫は、すべての犯罪の中でもっとも激しいものが予定されています。それが、相手方の反抗を抑圧する程度、という表現で言い表されている内容ですが、これは実際にはどういうことを意味しており、どのように判断されるのでしょうか。
②殺害して相手方の財布等を奪う強盗殺人を考えてみればすぐわかりますが、強盗財物罪が成立するためには、相手方・被害者はなにもする必要はありません。というより、殺されているのですから、なにもできないでしょう。それでも1項強盗を経由した強盗殺人罪が成立することはまったく争われていません。被害者による処分行為は必要ないということでしょう。それでは強盗利得罪の場合は、どうでしょうか。
③238条で規定されている事後強盗罪は、窃盗犯人が一定の目的で暴行・脅迫に及んだときに、強盗として扱われるものです。暴行・脅迫と財物奪取の順番が入れ替わっても、強盗として扱われるのはなぜなのでしょうか。

解　説

1　強盗罪の手段としての暴行・脅迫

◆反抗を抑圧する程度の暴行・脅迫

(1)　抵抗する意思が抑えこまれる場合　236条1項の強盗財物罪をはじめとして、強盗罪が成立するためには、相手方の反抗を抑圧する程度の暴行・脅迫を加えなければなりません。では、ハンコウをヨクアツするって、どういうことなのでしょうか。

財布等をとられそうになった被害者は、とられまいとして、犯人に抵抗を試みるでしょう。抵抗を試みるには、抵抗しようとする意思と、それを実際に実行するための身体活動の自由が必要です。相手方を激しく殴りつけたり脅したりするのは、抵抗しようとする意思を抑えつけようとするものです。これにもいろいろな程度が考えられます。酷い暴行を加えられ、恐怖のどん底に突き落とされ、犯人の言うままにするほか考える余地がないところまで追い込まれれば、もちろん相手方の反抗を抑圧したといえるでしょうが、そこまでいでないと強盗罪は成立しないのでしょうか。

たとえば、車に乗った犯人から、被害者の女性がバッグを引っ張られて、路上に転倒したとしましょう。この場合、このバッグをとられたら全財産を失い一家が路頭に迷うといったような事情で、バッグを死守しようとすれば、引きずられても絶対に手を離さないということもありうるでしょう。この被害者の女性は、自分の意思で手を離さないのですから、抵抗しようとする意思を失ってはいないといえますが、これで強盗未遂を経由した強盗傷人にならないというのは変じゃないでしょうか。ふつうは、このように引きずられれば重傷を負い、下手をすれば死にかねないきわめて危険なことになっているのですから、抵抗をあきらめて手を放すのが通常でしょう。そこまで抵抗するのは無理だとふつうは考えられるようなところまで追いつめられていれば、強盗罪にいう反抗を抑圧する程度の暴行等があったといってよいのではないでしょうか。

(2)　抵抗する身体の動きが抑えこまれる場合　(1)のような強盗が通常ですが、緊縛《きんばく》強盗というパターンもあります。これは被害者をロープ等で縛り付けて動きを封じてしまい、その間に、被害者の財物を奪い取ってしまうというものです。これも強盗に当たることは間違いないのですが、この場合は、被害者の抵抗しようとする意思が抑えつけられているとは限りません。被害者が、「こんなことをして、覚えていろよ」などと大声で罵っていたとしても、この場合は、身体の動きが封じられているのですから、どうしようもありません。つまり、この場合は、緊縛という暴行により、抵抗しようとする意思を実現する身体活動の自由が抑えこまれているために、被害者の反抗を抑圧する程度の暴行があったということになるのです。

◆反抗を抑圧する程度の具体的な判断方法

暴行・脅迫が反抗を抑圧する程度に達しているかどうかは、犯行当時の具体的状況に照らして、客観的に判断されるものとされています。客観的にというのは、「ふつうの人ならそんな暴行が加えられたらどうなるか」という判断方法です。裁判員なら、自分を被害者の立場に置き換えてみて、判断してみるかもしれませんね。そうしますと、被害者がとくに臆病であったような場合には、「ふつうの人なら」反抗を抑圧されなかったであろうという結論になります。

でも、ふつうの人って誰なのでしょうか。なかなかイメージしにくいですよね。また、裁判官にも裁判員にも、実際の被害者の心理がどうだったのかを判断することは非常に困難です。そこで、判例・多数の見解は、犯人側や被害者側の様々な特徴をパターン化して、これを考慮していこうとします。たとえば、犯人側が男性だったのか女性だったのか、被害者側が男性だったのか女性だったのか、犯行現場は人通りの多いところだったのか少ないところだったのか、といったことは当然カウントされていくことになります。

ですので、暴力団員風のコワモテの屈強な男性が、誰も助けが来なさそうなところで、一人で歩いていたか弱い女子大生を襲撃したような場合には、「暴力団員風の見かけであったこと」「コワモテであったこと」「屈強であったこと」「男性であったこと」「誰も来なさそうな場所であったこと」「被害者が一人で歩いていたこと」「被害者がか弱い女子大生であったこと」といった事情が類型化可能な限度ですべてカウントされていきます。そうしますと、「ふつうの人なら」という形で客観的に判断するといっても、「その被害者が実際に反抗を抑圧されたのか」を判断しているのと相当近くなっているように思われます。

2　2項強盗罪（強盗利得罪）

◆処分行為について

1項強盗罪（強盗財物罪）の場合には、被害者はなにもする必要はありません。犯人のなすがままになっているだけでも、強盗罪は成立します。強盗罪の本質は、激しい暴行・脅迫を手段として、被害者の意思に反して財物等を強取することにありますので、意思に反してさえいれば、大丈夫なのです。それでは、2項強盗罪のときはどうでしょうか。

古い判例は、この場合には、被害者側の処分行為が必要だと考えていました（大判明43・6・17刑録16-1210）。処分行為というのは、債務免除の意思表示が典型的ですが、自らの財産を犯人に渡してしまう行為のことです。そうしますと、たとえば、飲食店の店長やタクシーの運転手が拳銃で脅されて「お代はもう結構です」と言わされたときなどは、2項強盗罪が成立することになるでしょう。最近の例ですと、キャッシュカードをすでに奪い取った犯人から、脅されてキャッシュカードの暗証番号を言わされた場合には、2項強盗罪が成立するものとされています（東京高判平21・11・16判時2103-158）。

では、タクシーの料金を免れようとして、後部座席から棍棒で殴りつけて運転手を失神させた場合はどうでしょうか。この場合は、被害者は意識を失っているわけですから、意思に基づくことが必要な処分行為は絶対にできません。殺されてしまえばなおさらでしょう。そうすると、暴行等により被害者の抵抗を徹底的に奪ってしまえば、2項強盗罪は成立しなくなるということになってしまうのです。実際、先ほど挙げた明治時代の判例は、処分行為が必要だとする立場から、債務の履行を免れようとして債権者を殺害した事案につき、2項強盗殺人罪の成立を認めませんでした。でも、これって変じゃないでしょうか。

また、詐欺（罪）の場合には、被害者の意思は瑕疵あるものではあるものの、とりあえずはその意思表示は有効なものとして扱われますが、反抗を抑圧された被害者の意思表示は法的な意味をもちようがありません。そういう意味でも、強盗罪の場合に、被害者の処分行為を要求することには無理があるわけです。

そこで、強盗利得罪の成立には、処分行為は必要ないと考えるのが妥当なものと考えられているのです。最高裁も、強盗利得罪にだけ強盗財物罪と違う要件を立てる必要はないとして、結論的には、処分行為を不要だとしています（最判昭32・9・13刑集11-9-2263）。

◆利得について

では、処分行為が不要だと考えた場合には、どのような要件が満たされれば、利得があったとして2項強盗罪の成立が認められるのでしょうか。いちばんわかりやすいのは、被害者を殺害した結果、債務が消えたのと同じような状態ができあがる場合でしょう。最高裁の判例に、こんなものがあります。被告人は、被害者から多額の借金をしていたのですが、だんだんと督促が厳しくなってきたため、被害者を殺害することを決意しました。この借金については、借用証書等は作成されておらず、この借金のことを知るのも、当事者だけであったため、被害者が殺害されてしまえば、この借金はなかったことになるという関係にありました。最高裁は、2項強盗殺人罪を認めています（前掲の最判昭32・9・13）。

争いのあるのは、被害者を殺害した結果、債務が消えたのと同じような状態が出来上がるわけではないけれども、債務の支払いを猶予してもらったのと同じ状態が出来上がる場合でもよいのかということです。証拠となる物が残されていれば、相続人が登場して、いずれ犯人側に請求がくるわけですから、債務が消えたのと同じ状態にはなりません。しかし、そうした請求がくるまでにはタイムラグがありますから、その分支払いを待ってもらったということにはなるでしょう。このことをもって利益を得たとする裁判例もありますし（大阪高判昭59・11・28高刑集37-3-438）、これを支持する学説も非常に有力です。他方で、そんなことを認めたのでは、債権者殺しはつねに2項強盗殺人罪になってしまい、処罰範囲が広がりすぎるじゃないかという批判も有力です。とはいえ、債務の支払いを一時的にでも待ってもらったことは財産上の利益に当たることは間違いなさそうですから、このような限定を図るのはなかなか難しそうです。

3　事後強盗罪

◆事後強盗罪の性質

(1)　窃盗既遂が先行している場合　事後強盗罪は、「殴って→相手方が抵抗できなくなって→財物・利益を奪った」という通常の強盗罪とは流れが違います。事後強盗罪は、まずは窃盗が行われ、その犯人が財物を取り返されるのを防いだり、逮捕を免れたりするために、追っ手などを殴ったりしたときに強盗「扱い」するものです。つまり、法定刑が236条に規定されている強盗罪のものになるほか、強盗・強制性交等罪との関係、強盗致死傷罪との関係でも、強盗として扱われることになるのです（予備罪との関係でもそうなるかについては争いがあります）。

では、強盗に準じるだけで、まったく強盗と性質が違うのかといいますと、そうでもないところがあります。財物を得てこれを取り返されることを防ぐ目的での場合ですと、2項強盗罪的な性質があるのではないかということが論じられています。実際に、反抗を抑圧する程度の暴行・脅迫を加えて、財物の返還を事実上免れることができれば、これは財産上の利益を得たことになりますから、2項強盗罪が成立するでしょう（たとえば最決昭61・11・18刑集40-7-523）。事後強盗罪は、もちろん全部ではありませんが、この2項強盗罪になる場合と重なっていることになります。ただ、事後強盗罪は、その成立範囲を拡げる意味があります。つまり、窃盗犯人が、相手方を殴りつけたりさえすれば、それだけで、言い換えれば、実際に財物の返還を事実上免れて、利益を得たという結果が発生しなくても、強盗扱いを認めるところに独自の意味があるということです。

もっとも、このことは、「財物を得てこれを取り返されることを防ぐ」目的の場合だけに限られないでしょう。窃盗犯人が、財物をすでに得ている場合には、その犯人が相手方を殴りつけたりすれば、その財物を事実上返さなくてすむ状態になるわけですから、「逮捕を免れ」る目的や「罪責を隠滅する」目的の場合でも、同じではないでしょうか。以上をまとめてより正確にいうとすれば、窃盗「既遂」が先行している場合には、事後強盗罪は2項強盗罪と近いものがあるが、その成立要件を緩やかにし、処罰範囲を拡張したものなのではないかということなのです。

(2) 窃盗既遂が先行していない場合　他方で、窃盗既遂が先行していない場合については、どうでしょうか。この場合には、窃盗犯人はまだ財物を手にしていないわけですから、その返還を免れるというようなことは問題になり得ません。そこで、こうした場合は、いわばスーパー暴行罪が問題となっているのだと考える見解が出てくるのです。有力な見解は次のように説明しています。窃盗が行われた直後の段階では、逃げよう、逃げきろうとする泥棒と、捕まえようとする被害者側が、必死の攻防を行うきわめて緊迫した状況が想定されます。そこでは、逃げよう、逃げきろうとする泥棒側から、激しい暴行が加えられるおそれも高いといえます。そこで、強盗レベルの暴行等が加えられた場合には、いわばスーパー暴行罪として、強盗の法定刑をもってきて処罰しようとしたのだ、これが事後強盗罪なのだと考えていくわけです。確かに、強盗罪は、単なる財産犯ではなく、激しい暴行等を伴う身体等に対する罪の側面も強い犯罪です。そこで、事後強盗罪は、強盗と同じ激しい手段を用いている点から、強盗扱いをすることにしたのだ、という説明も十分成り立つようにも思われるところです。

◆窃盗と暴行・脅迫との時間的・場所的関係：窃盗の機会（の継続性）の要件

伝統的に、先に行われた窃盗と、後から行われる暴行等との間には、時間的・場所的に関連性がなければならないと考えられてきました。事後強盗罪は、財物奪取と暴行の順番が入れ替わっているにもかかわらず、結論的には強盗1罪として扱うわけですから、それだけの結びつきがなければならないじゃないかということなのです。

多くの見解は、ここで、何分時間が経過したからだめ、何キロメートル離れたからだめ、といったような絶対的な基準を立てるのではなくて、被害者側からの追及から逃げおおせたかといったような相対的な基準を立てています。

このような基準に、理論的根拠を与えたのが、先ほどみた、事後強盗罪をスーパー暴行罪と捉える立場からの次のような説明です。事後強盗罪は、窃盗が行われた直後の緊迫した段階で行われた暴行等を強盗罪の法定刑でもって重く処罰するものだと考えるわけですから、この見解によれば、事後強盗罪が成り立つためには、窃盗が行われた直後の緊迫した状態が継続していないといけません。そうした状況がなくなってしまえば、危険な暴行等を用いてまで追跡者から逃れようとする危険性もなくなるわけですから、強盗の法定刑をもってきて処罰しようとする必要性がなくなることになるのです。

判例で「被害者等から容易に発見されて、財物を取り返され、あるいは逮捕されうる状況」がなくなったかが判断されているのは、まさにこうした状況がなくなったかを判断基準とすべきだということでしょう。わかりやすくいえば、被害者側の追及から逃げおおせて、安全圏まで逃れることができてしまえば、もはや事後強盗罪で保護すべき緊迫状況はなくなっているから、事後強盗罪は成立しないということなのでしょう。

具体的には、たとえば、被害者宅で窃盗を行った犯人が、誰からも発見・追跡されることなく、自転車で約1㎞離れた公園まで逃げた後、盗んだ金を数えたところ、少なかったため、もう1回盗もうと考えて舞い戻ってきた段階で暴行を加えたという事案については、「被害者等から容易に発見されて、財物を取り返され、あるいは逮捕されうる状況」はなくなったものとされて、事後強盗罪の成立が否定されています（最判平16・12・10刑集58-9-1047）。

では、アパートの隣の部屋で窃盗した人が、自室にいったん戻った後、やっぱり顔を見られてしまった以上、殺しておかないとやばいと考えて、15分後くらいに、もう一度被害者の部屋を訪れ、被害者を殺害したような場合は、どうでしょうか。隣の部屋なのだから、逃げきれていないことになるのでしょうか。それとも、自室は究極の安全圏であり、そこまで追及を受けずに逃げきった以上、事後強盗罪の成立は否定されるべきなのでしょうか（東京高判平17・8・16高刑集58-3-38）。一度考えてみてください。

トピックス9 昏酔強盗罪

暴行等により相手方の意識を失わせて財物を奪えば、236条1項の強盗財物罪が成立し、麻酔薬をかがせて相手方の意識を失わせて財物を奪えば、239条の昏酔強盗罪が成立します。

では、タクシーの料金の支払いを免れようとして、後部座席から①棍棒で殴って意識を失わせて逃走した場合、②麻酔薬をかがせて意識を失わせて逃走した場合、それぞれどうなるのでしょうか。

結論からいえば、①の場合は問題なく236条2項の強盗利得罪が成立するでしょう。これに対し、②の場合は239条には2項の規定がありませんから、昏酔させることが暴行に当たれば別ですが、そうでなければ利益窃盗となり、不可罰だということになるでしょう。刑法の世界には、罪刑法定主義がありますから、ないものは仕方がないのですが、なんだかアンバランスな感じはしますね。

もしかしたら、立法者は、利益を奪う犯罪の場合には処分行為が必要だと考えていたために、相手方を昏酔させる場合にはそれが無理だから、処罰できないと考えていたのかもしれません。でも、強盗罪には、利得罪の場合でも処分行為は必要ないのでしたね。それなら、昏酔強盗利得罪だってあってよさそうな感じもしますね。

でも、もしかしたらこれは、昏酔強盗罪を強盗罪とパラレルに捉えようとしすぎた結果、生じた違和感なのかもしれません。立法者は、239条では、あくまで、強取ではなく盗取という言葉を用いています。あくまでこれは、強盗的だが窃盗だということなのでしょう。だから、理論上は、昏酔強盗罪は準強盗罪だと位置づけられているわけです。つまり、昏酔は、相手方の意識を失わせて盗みやすい状況をつくりだしているだけで、あくまでそこで行われているのは窃盗だということなのかもしれませんね。そうだとしますと、窃盗罪には利益窃盗を処罰する規定はありませんから、昏酔を手段とした場合でもそれと同じだということになるのが一貫しているのかもしれないですね。皆さんはどう思われますか。

第19講

詐欺罪の射程

設問

次の各事例における甲、乙に詐欺罪が成立するでしょうか。

①甲は、銀行口座のキャッシュカードを不正に入手しようと考え、Aに対し、電話で、警察官と偽り、捜査のためキャッシュカードを保管する必要があるので協力してほしいと嘘を言ったところ、Aは、嘘を信じてしまいました。そこで、甲は、A宅を訪問し、玄関内で封筒をAに渡してAのキャッシュカードを入れさせ、封印させるためにのりを取ってくるように求め、Aがこの封筒を玄関に置いて玄関から離れた隙に、この封筒を偽カード入りの封筒とすり替え、戻ってきたAにすり替えた封筒を封印させたうえ、保管するようにと指示し、キャッシュカードの入った封筒を持ち去りました。

②暴力団員乙は、自己名義の預金通帳を取得するため、B銀行において、行員Cに対し、暴力団員であることを秘し、反社会的勢力でないことを書面で確約したうえ、乙名義の口座の開設を申し込み、乙が暴力団員ではないと誤信したCから乙名義の預金通帳の交付を受けました。Bは、暴力団員に対して口座の利用を認めていませんでした。

《なにが問題となるか》

甲は、Aをだましていますが、Aが玄関を離れた隙に封筒をすり替えてキャッシュカードを手に入れています。それでも詐欺罪になるのでしょうか。

乙は、暴力団員であることを隠していますが、自己名義の預金口座の開設を申し込み、自己名義の預金通帳を受け取ったにすぎません。暴力団組員であることを隠しただけで、詐欺罪が成立するのでしょうか。

解説

1　詐欺罪の成立要件と「人を欺く行為」

◆詐欺罪の成立要件

詐欺罪は、簡単にいうと、人から金品をだまし取る犯罪です。刑法は、これを「人を欺いて財物を交付させた」と規定しています（246条1項）。人をだますところが「人を欺いて」、金品が「財物」、だまされた人から金品を得るところが「交付させた」に当たります。つまり、詐欺罪は、人を欺く行為をして錯誤を生じさせ、その錯誤に基づいて財物を交付させて、この財物を取得した場合に成立する、ということになります。

設問①の甲、設問②の乙に詐欺罪が成立するためには、甲と乙の各行為がこれらの要件をすべて満たす必要があります。

◆人を欺く行為

詐欺罪が成立するためには、まずもって「人を欺く行為」（欺罔《ぎもう》行為）が必要です。

人を欺く行為とは、一言でいえば、人をだまして勘違い、つまり錯誤を生じさせる行為ですが、それは、錯誤を生じさせる行為であればなんでもいいというわけではありません。人を欺く行為は、あくまで財物を交付させる手段ですから、それは、人に財物を交付させるためのもの、つまり「交付行為に向けられた行為」でなければなりません。

また、だまして生じさせようとする錯誤は、交付行為に向けられたものならなんでもいいというわけではありません。それは、財物交付の判断の基礎となる「重要な事項」についての錯誤でなければならないとされています。もちろん、人を欺いたというためには、このような重要な事項を「偽る」行為があったことも必要です。

以下、これらを順にみていきましょう。

2　交付行為に向けられた行為

◆交付行為とはなにか

交付行為に向けられた行為とはなんであるかを理解するためには、交付行為がなんであるかを理解する必要があります。では、交付行為とはなんでしょうか。それは、わかりやすくいえば、財物を差し出すつもりで、実際に「どうぞ」と差し出す行為です。専門的な言葉を使えば、交付行為とは、財物の占有者（財物を持っている者）が、自分が占有している（持っている）財物を、自分の占有から離して相手方の占有に移転させる意思で、実際に移転させることをいいます。

したがって、人を欺く行為があったといえるためには、それが、このような内容をもつ交付行為、つまり「交付意思に基づく占有移転」に向けられていることが必要だ、ということになります。

たとえば、かばんを置いてベンチに座っている人に「あそこの家が火事だ」と嘘をついて、その人がかばんから目を離した隙にかばんを持ち去った場合はどうでしょう。この場合、嘘をついてはいますが、それは、嘘をつかれた人にかばんを交付させるためのものではなく、かばんを持ち去る隙をつくるためのものです。このように、この場合の嘘をつく行為は、交付行為に向けられたものではありませんので、人を欺く行為とはいえません。したがって、詐欺罪はもちろん、詐欺未遂罪（250条、246条1項）も成立しません。そうではなくて、この場合には、かばんの持ち主の意思に反してかばんを持ち去った、つまり、かばんを「窃取した」ことから、窃盗罪（235条）が成立することになります。

このように、人を欺く行為の目的が交付行為でなければならないことから、交付行為の要件は、実際に交付行為があったかどうかを判断する以前に、そもそも人を欺く行為があったのか、つまり詐欺罪か窃盗罪かを見極める役割を果たしているといえます。

◆財物を置いたまま離れる行為

設問②の乙は、預金通帳を交付させるために口座開設を申し込んでいるので、交付行為に向けられた行為があったことは明らかです。

これに対し、設問①では、甲の一連の嘘が交付行為に向けられたものであるかが問題となります。すなわち、甲の狙いどおり、Aは、キャッシュカードの入った封筒を玄関に置いたまま、その場を離れました。そこで、このAの行為が、甲にキャッシュカードを差し出す行為、つまり交付行為といえるかが問題になります。

この問題を考えるうえで参考になるのが、被害者宅の玄関等に置かれた財物を被害者が離れた隙に持ち去った事案についての裁判例です。このような事案では、財物を置いたまま離れる行為を交付行為といえるか、より具体的には、その時点で被害者に「どうぞ持っていってください」という交付意思があったかが問題となります。

(1)　詐欺罪が成立する場合　まず、詐欺罪の成立を認めた裁判例をみてみましょう。最判昭26・12・14刑集5-13-2518は、だまされた被害者が自ら現金を持参するつもりで、現金入りの風呂敷包みを家の奥から持ち出して玄関の上り口に置き、被告人だけを玄関に残してトイレに行ったところ、被告人がその隙に現金を持ち逃げした事案について、詐欺罪の成立を認めました。

この事案の被害者は、もともと風呂敷包みの現金を被告人に渡すつもりでしたから、それを玄関に置いた時点で、現金を被告人に委ねる意思、つまり交付意思があったと考えることができます。

(2)　詐欺罪が成立しない場合　これに対し、金沢地判平26・8・25（LEX/DB 25504648）は、被害者方玄関において、被害者に対し、警察官を装い、犯罪捜査のため銀行口座の通帳とキャッシュカードを保管する必要があるので、通帳とキャッシュカードを個別の封筒に入れるよう申し向け、被害者に通帳2通とキャッシュカード2枚を2通の封筒に入れさせた後、封筒に封をして割り印をする必要がある旨申し向け、被害者が印鑑を用意するため玄関を離れた隙に、キャッシュカード2枚を入れた封筒をゲームカード入り封筒とすり替え、キャッシュカードの入った封筒を持ち去った事案について、窃盗罪の成立を認めました。

また、京都地判令元・5・7（LEX/DB25563868）も、設問①とほぼ同じ事案（電話でだました者と被害者宅に出向いた被告人とが共犯関係にある別人物である点を除き、ほぼ同じ事案）について、詐欺罪の成立を否定し、窃盗罪の成立を認めています。

これらの事案では、被害者は、キャッシュカード等を保管するように指示されていたことから、被害者にはキャッシュカード等を自ら保管する意思があった、言い換えれば、被告人に交付する意思はなく、それゆえ、詐欺罪の成立が否定され、窃盗罪の成立が認められたと考えられます。

(3)　交付意思を緩やかに解した場合　もっとも、交付意思を「相手方が財物の占有を自由に移転させることができる状態に置くことの認識」というように緩やかに解すれば、キャッシュカード入りの封筒をすり替える前記事案でも、交付行為を認めることができるかもしれません。これを認めれば、詐欺罪の成立が肯定されます。

3　重要な事項を偽る行為

人を欺く行為があったといえるためには、財物交付の判断の基礎となる「重要な事項」を「偽る」ことも必要です。

設問②の乙について、預金通帳の交付に向けられた行為があったことは確認しました。では、この乙の行為は、財物交付の判断の基礎となる「重要な事項」を「偽る」ものといえるでしょうか。

◆偽る行為

偽る行為は、典型的には、積極的に嘘を述べる行為ですが、嘘を口に出さなくても、書面に書けば、偽ったといってよいでしょう。

◆重要な事項

人を欺く行為があったといえるためには、さらに、偽った内容が、財物交付の判断の基礎となる「重要な事項」であるといえなければなりません。設問②では、乙が、暴力団員であるのに暴力団員ではないと偽っていますが、口座開設者が暴力団員であるかどうかは、銀行にとって「重要な事項」でしょうか。

(1)　交付行為との条件関係　偽った内容が重要な事項であるといえるためには、少なくとも、その事項を偽らなければ相手方は財物を交付しなかったであろうといえること（偽られた事項に関する錯誤と交付行為との間に条件関係があること）が必要です。

たとえば、財物交付の相手が暴力団員であろうとなかろうと財物を交付するつもりであった人に対し、暴力団員なのに暴力団員ではないと偽ったとしても、どのみち財物は交付されるので、重要な事項を偽ったことにならず、人を欺く行為があったとはいえません。

(2)　財産的損害に関係する事項　さらに、偽った内容が重要な事項であるといえるためには、それが財産的損害に関係するものでなければならないとする見解が現在有力です。詐欺罪の成立に財産的損害の発生が必要か否かについては争いがありますが、この見解によると、近時の判例は、財産的損害の観点を重要な事項の判断に取り込んでいると考えられます。

たとえば、最決平22・7・29刑集64-5-829は、空港のチェックインカウンターにおいて、カナダへの不法入国を企図している人物を航空機に搭乗させる目的を秘して、係員に搭乗券の交付を請求し、係員から搭乗券の交付を受けた事案について、「航空券に氏名が記載されている乗客以外の者の航空機への搭乗が航空機の運航の安全上重大な弊害をもたらす危険性を含むものであったことや、本件航空会社がカナダ政府から同国への不法入国を防止するために搭乗券の発券を適切に行うことを義務付けられていたこと等の点において、当該乗客以外の者を航空機に搭乗させないことが本件航空会社の航空運送事業の経営上重要性を有していた」ことを認定したうえで、搭乗券の交付を請求する者自身が航空機に搭乗するかどうかは、係員らにおいてその交付の判断の基礎となる「重要な事項」であるとして、詐欺罪の成立を認めています。

この事案では、偽った内容、つまり自分が搭乗するか否かという事項が航空会社の経営上重要性を有するものであったという点で、財産的損害に関係する事項とされたと考えることができます。

では、財物の交付やサービスの提供を求める者が暴力団員であるかどうかは、重要な事項といえるでしょうか。

(3) 暴力団関係者によるゴルフ場の施設利用　最決平26・3・28刑集68-3-646は、暴力団関係者によるゴルフ場の施設利用について、「利用客が暴力団関係者かどうかは、本件ゴルフ倶楽部の従業員において施設利用の許否の判断の基礎となる重要な事項である」として、詐欺罪（246条2項）の成立を認めました。ここでは、ゴルフ場が暴力団関係者の施設利用を拒絶するのは、利用客の減少やゴルフ場としての信用、格付け等の毀損を未然に防止する意図によるものであり、ゴルフ場の「経営上の観点」からとられている措置であることが指摘されています。

暴力団関係者が施設を利用すれば一般の利用客が減少し、信用も失われていく可能性があることから、暴力団関係者の施設利用を拒絶することは経営上重要であり、それゆえ、利用客が暴力団関係者かどうかは、財産的損害に関係する重要な事項とされたと考えることができます。

(4) 暴力団員による口座開設　では、設問②の乙のように、暴力団員がそのことを秘して預金口座を開設し、預金通帳等の交付を受けるのはどうでしょうか。

この問題を扱った判例として、設問②と類似した事案を扱った最決平26・4・7刑集68-4-715があります。事案は、暴力団員である被告人が、自己名義の総合口座通帳とキャッシュカードを取得するため、郵便局において、ゆうちょ銀行から口座開設手続等の委託を受けている同局局員に対し、真実は自己が暴力団員であるのにこれを秘し、総合口座利用申込書の「私は、申込書3枚目裏面の内容（反社会的勢力でないことなど）を表明・確約した上、申込みます」と記載された「おなまえ」欄に自己の氏名を記入するなどして、自己が暴力団員でないものと装い、前記申込書を提出して被告人名義の総合口座の開設とこれに伴う総合口座通帳等の交付を申し込み、暴力団員でないと誤信した前記局員らが、被告人名義の総合口座通帳1通を被告人に交付し、後日、被告人が同人名義のキャッシュカード1枚の郵送交付を受けたというものです。

これについて、最高裁は、前記銀行が、政府指針の策定を踏まえ、暴力団員を含む反社会的勢力に対して口座の利用を認めていなかったこと、総合口座利用申込書には利用者が反社会的勢力ではないことを表明・確約させる記載があり、被告人に応対した局員も、その記載を確認していたことなどを指摘したうえで、通帳等の「交付を申し込む者が暴力団員を含む反社会的勢力であるかどうかは、本件局員らにおいてその交付の判断の基礎となる重要な事項である」として、詐欺罪の成立を認めました。

ここでは、経営上の重要性など、財産的損害に関係すると思われる事実は指摘されていません。したがって、財産的損害の観点が重要な事項の判断に取り込まれているかは明らかではありません。むしろ、暴力団組員が口座を利用しても、それだけで銀行の業績が悪化することはなく、経営上重要な利益が害されることはないと考えることもできそうです。このように考えると、申込者が暴力団員かどうかは、重要な事項ではないと解すべきではないか。このような疑問もありえるでしょう。

設問への答え

詐欺罪が成立するためには、人を欺く行為が必要です。設問①では、甲の一連の嘘をつく行為が「人を欺く行為」に当たるか、具体的には、それがキャッシュカードの交付に向けられたものといえるかが問題となります。甲にだまされたAは、甲に言われたとおり、キャッシュカード入りの封筒を玄関に置いたままその場を離れましたが、この行為は、交付行為に当たるでしょうか。この点を検討する必要があります。

設問②については、乙の口座開設を申し込む行為が預金通帳の交付に向けられたものであることは明らかです。問題は、暴力団組員であることを秘して口座開設を申し込む行為が、預金通帳の交付の判断の基礎となる「重要な事項」を「偽る」ものといえるかです。いえるとすれば、「人を欺く行為」があったことになりますが、どうでしょうか。

「人を欺く行為」があったとした場合には、詐欺罪の他の要件が満たされるかも確認しておく必要があります。

＜参考文献＞

①品田智史「窃盗と詐欺の関係」法学セミナー779号（2019年）33頁
②橋爪隆「詐欺罪における『人を欺』く行為について」法学教室434号（2016年）94頁

トピックス10 詐欺罪か窃盗罪かを論ずる実益

詐欺罪と窃盗罪は、いずれも財産犯であり、法定刑の上限も同じ（懲役10年）ですから、どちらでもかまわないように思う読者がいるかもしれません。

しかし、まず、法定刑の下限が異なります（窃盗罪は、罰金の選択が可能です）。

また、客体の範囲が違います。窃盗罪の客体は、財物だけであるのに対し、詐欺罪の客体には、財物に加え、財産上の利益も含まれます（246条2項）。ですから、客体が財産上の利益の場合には、詐欺罪に当たれば処罰されるが、そうではない「利益窃盗」は処罰されないという違いが出てきます。

さらに、実行の着手時期（未遂犯の成立時期）にも違いが出ることがありえます（実行の着手については、第10講参照）。たとえば、振り込め詐欺等の特殊詐欺の事案で、詐欺罪が成立しうる事案であれば、電話で嘘を述べた段階で詐欺罪の実行の着手が認められる可能性があります。これに対し、設問①のような「すり替え」型の事案について、詐欺罪ではなく窃盗罪が成立すると考えると、その着手は、電話で嘘を述べただけでは認められにくいでしょう。

トピックス11 挙動による欺罔

嘘を積極的に口に出したり書いたりしなくても、挙動が一定の意思の表明となり、偽る行為に当たるとされることがあります。これを「挙動による欺罔」といいます。

(1) 無銭飲食

たとえば、飲食店で無銭飲食するつもりで料理を注文する行為がこれに当たります。この場合、「お金を払う」と嘘を述べているわけではありません。しかし、料理の注文という挙動は、代金の支払が当然の前提となっているので、代金を支払うと表明したのと同じことになります。したがって、この場合、支払意思があると偽ったといえます。

(2) 暴力団員であることを秘した場合

では、暴力団員であることを秘して財物の交付やサービスの提供を求める行為はどうでしょうか。これについては、暴力団関係者がそのことを秘してゴルフ場の施設利用を申し込む行為についての判例が参考になります。

最判平26・3・28刑集68-3-582は、ゴルフ場が暴力団関係者による施設利用を拒絶する方針を示していたものの、暴力団関係者でないことを確認するなどの措置を講じておらず、暴力団関係者である利用客も、一般の利用客と同様に、氏名を含む所定事項を偽りなく記入して申し込んだことなどから、「人を欺く行為」には当たらないとしました。この事案では、利用客が暴力団関係者かどうかの厳重な確認措置がとられていなかったことから、一般の利用客と同様の方法で申し込んだだけでは、自らが暴力団関係者ではないと「偽った」ことにならないとされたと考えられます。

これに対し、最決平26・3・28刑集68-3-646は、ゴルフ場が暴力団関係者の利用を防止するために厳重な措置を講じており、事前の入会の際に暴力団関係者の同伴、紹介をしない旨誓約させていたことから、同伴者の施設利用を申し込むこと自体、その同伴者が暴力団関係者ではないことを保証する旨の意思を表しているとして、偽る行為があったとしました。この事案では、ゴルフ場が暴力団関係者に施設を利用させないために厳格な対応をとっていたことが、偽る行為を認めるうえで重要であったと考えられます。

第20講

会社経営と背任罪
── 不良貸付と刑事責任 ──

設問

私（甲）は、老舗の醸造会社（株式会社A社）の取締役の一人で副社長の地位にありましたが、新規事業として健康食品の販売を考えて、友人の経営するB社に新製品の開発を依頼しました。そのための資金として数千万円を出資したにもかかわらず、大した成果があがらないまま、出資したお金が回収不能になってしまいました。最初は出資に乗り気だった社長が被害届を出したこともあり、私は（特別）背任罪で逮捕・起訴されました。会社のために頑張ったのに犯罪になるのでしょうか。

《なにが問題となるか》

上の事例では、甲がA社の新規事業のために行った出資が結果として失敗に終わってしまいました（A社は倒産してしまうかもしれません）。甲は、なんらかの形で責任を問われることは避けられないでしょう。甲は副社長の地位や会社自体を辞めなければならない可能性があるほか、A社に生じた損害を埋め合わせるよう求められるかもしれません（私法上の損害賠償請求の提起）。さらに、場合によっては甲の行為が犯罪に当たるとして、刑法上の責任を問われる可能性があります。これが本講のテーマです。

ここで問題となるのが背任罪です。背任罪は、窃盗罪や詐欺罪とは違って、どのような犯罪なのか簡単にはイメージできないと思いますが、大雑把にいえば、仕事を依頼された人が、その依頼内容に反した行動をした結果、依頼者に損害を生じさせる犯罪です。具体的には、どのような仕事（依頼内容）であれば背任罪として問題となるのか、そして、依頼を受けた人がどのような行為をしたら背任罪が成立することになるのか、という2つが問題になり、設問では後者が問われています。

解　説

1　背任罪の概要

◆財産犯体系における背任罪の位置づけ

背任罪（刑247条）は、刑法典各則の第37章「詐欺及び恐喝の罪」において、詐欺罪（246条）、電子計算機使用詐欺罪（246条の2）、準詐欺罪（248条）の間に位置していますが、詐欺罪の一種というわけではなく、また、恐喝罪（249条）とも関連しません。背任罪は、刑法典の財産犯のシステム（体系）において、独自の地位を占めています。窃盗、強盗、詐欺、恐喝、横領、毀棄罪が被害者の持っている個別の物や利益が犯人に取られたり壊されたりすることを対象としている（個別財産に対する罪）のに対し、背任罪は、犯人の行為によって被害者の財産全体がマイナスになった場合にのみ成立します（全体財産に対する罪）。この違いは、犯行によって被害者になんらかの財産上のプラスが生じた場合にあらわれます。

2　背任罪の主体

◆背任罪の本質 ── 権限濫用説と背信説

背任罪は、依頼者から頼まれた仕事に背いて（委託信任関係に反して）依頼者（本人といいます）に損害を発生させた場合に成立する犯罪ですが、その成立範囲ははっきりとしません。これを解明しようと、「背任罪の本質とはなにか」という議論がこれまで行われてきました。一つの見解は、背任罪を、本人の財産を代わりに売ることなどを頼まれた（財産の処分権限を与えられた）者が、その地位を悪用し、本人に損害を与える犯罪であると理解するもので、権限濫用説と呼ばれています。この見解の場合、背任罪の主体（「他人のためにその事務を処理する者（事務処理者）」）となるのは民法上の代理人などの地位にある者に限られ、行為態様も代理人として行う法律上の処分行為に限定されることになり、背任罪の処罰範囲はきわめて狭いものになります。そのため、現在の判例・多数説は、背任罪の本質は行為者が本人から与えられた任務を誠実に行う義務（誠実義務）に反して損害を与える点にあるという背信説を採用しています。

◆背信説の問題点、および、それが及ぼす影響

もっとも、背信説に立つ場合、背任罪の主体は代理人に限られず、事実上の行為も広く処罰対象となります。そのため、場合によっては、処罰の対象が非常に広くなってしまう可能性があり、背信説の論者からは様々な限定の試みがなされてきました。

このような限定の試みは、誠実義務違反が犯罪となるのはどのような地位にある者か、すなわち、背任罪の主体をどう定めるのかという形で行われてきました。ただし、権限濫用説において背任罪の主体が認められるような類型は、背任罪のいわば中核領域であり、主体を認めることに誰も異論はありません。メディアで時折、検察の特捜部が背任事件を捜査しているという報道に接すると思いますが、そのような大規模経済事件もほぼすべてがこの類型です。設問の甲も、A社の業務の一環としてその財産をB社に出資している以上、A社の財産を処分する権限が認められ、背任罪の主体であると評価されます。

他方、背任罪の主体かどうかが問題となる事例は、背任罪の本質との関係で重要な理論的問題を提起するものではありますが、事件としては比較的まれです。ここでは、当事者間に私法上の問題（債務不履行責任）が生じていますが、それを超えて刑法が介入すべき場面かどうかが問われているのです。

◆特別背任罪

刑法典以外の法典にある刑罰法規（いわゆる特別刑法）として、背任罪の特別類型があります。そのなかでもっとも重要なのが、会社法上の特別背任罪（同法960条1項）です。同罪は、株式会社に対して、その経営者などの一定の主体が、背任行為を行うことによって損害を与えた場合に、通常の背任罪より重い刑によって処罰することを定めた規定です。

会社の経営者は、株式会社という法人から委託を受けて会社の運営を行う者であり、特別背任罪の規定がなくても、刑法典の背任罪の主体に該当します。要するに、会社法上の特別背任罪は、背任罪の処罰範囲を拡げた規定ではなく、背任罪によって処罰される一定の主体にさらに重い刑罰を科すもの（加重処罰規定）です（刑が重い根拠は、株式会社という存在が会社内外の多くの人々と繋がりがあることから、株式会社に損害を与えることは社

会に大きな影響を与えるためであると、一般的に説明されています)。

本問における甲は、株式会社A社の取締役であり、取締役は会社法上の特別背任罪の主体に該当します。

3 財産上の損害

◆全体財産に対する罪

前述のとおり、背任罪の中心領域においては、どのような依頼内容であれば背任罪の問題になるのかという、主体の限界の問題はあまり出てきません。かわりに、依頼を受けた人がどのような行為をしたら背任罪が成立することになるのかという問題が登場し、そこでは背任罪の行為、結果、主観的要件が重要になります。まず、背任罪と他の財産犯との違いである結果の要件(「財産上の損害」)について説明します。冒頭で述べたとおり、背任罪は、全体財産に対する罪として、窃盗、詐欺、恐喝などの個別財産に対する罪と区別されます。これにはどのような意味があるのでしょうか。

個別財産に対する罪の場合、犯罪の客体として着目されるのは、個々の物(お金、宝石)や利益(借金の返済を免れたこと、特許や著作権などの知的財産権)です。これらが、盗みや詐欺などによって、被害者から失われ犯人側に移転したかどうか(横領罪であれば、預かっていた他人の物を犯人がいわば自分の物にしてしまったかどうか)が、犯罪の成立にとって決定的です。これに対して、背任罪の場合、着目するのは被害者の全体の財産状態です。これが、背任行為によって、減少したかどうかが問われます。

個別の物や利益が被害者から犯人に移れば、被害者の財産は減少しているのだから、両者に実質的な違いはないのではないかと思うかもしれません。しかし、全体財産に対する罪の場合、犯罪行為によって被害者から失われた物・利益だけではなく、同時にそれによって被害者が物・利益を得ていた場合には、それも結果である「財産上の損害」を判断する際に考慮します。たとえば、事務処理者が本人から委託された任務に背いて、本人の所有する物を市場価格の倍以上で売却した場合、本人は全体としてみれば損をしておらず、それどころか得をしているため、背任罪は成立しません。

◆損害の経済的評価 ── 不良貸付の場合

それでは、設問の場合、財産上の損害はどのように判断されるでしょうか。設問では、A社がB社にお金を貸しています。お金の貸し借り（「消費貸借契約」といいます）の場合、借りた側は、貸した側に対して一定期間内に借りたお金を（通常は利息分を上乗せして）返すことを義務（債務）として負担します。すなわち、貸した側からすれば、借りた側に移ったお金の分だけ財産にマイナスが生じていますが、同時に、「お金を返してもらう権利」（債権）をプラスとして取得しています。そのため、借金を返す期限が過ぎた場合など、借金が返せないことが確定した場合に、はじめてマイナスがプラスを上回り、貸した人に「財産上の損害」が発生するという考え方もありえます。

しかし、あらゆる場合にそのようにいってよいでしょうか。（設問のように）新商品の開発のため返済見込みが不透明で、しかも、返済できなかった場合に別の人にかわりに払ってもらったり、土地などの別の資産で代替したりする措置（担保といいます）がとられていない貸付（不良貸付といいます）の場合でも、確かに、貸し手は形式的には借り手に貸し付けた金額と同額以上の金銭を返還してもらえる権利をもっています。しかし、その権利の価値を経済的な見地（最決昭58・5・24刑集37-4-437）から判断してみた場合はどうなるでしょうか。その権利の経済的価値は貸した金額と同じとはとてもいえないでしょう（この権利を金額と同じ値段で譲ると言われたときに、皆さんが承諾するか考えてみてください）。したがって、不良貸付の場合、貸付により生じた貸付金額のマイナスを、同時に取得した権利のプラスでは補えないということになります。そのため、お金を貸した時点で本人に損害が発生し、背任罪は既遂になります。

4　任務違背

◆任務違背の意義

さて、設問では、甲の行った出資は結果的に失敗しており、A社に財産上の損害が発生していることに間違いはありません。しかし、そのことのみを理由として甲に責任を問うことはできません。経済活動は多かれ少なかれ失敗のリスクを伴うものであって、それが結果的に失敗したという理由でつねに責任（しかも刑事責任）が問われるとすれば、経営者は萎縮し、誰も新たな事業活動（「冒険的取引」とも呼ばれます）を行わなくなってしまいます（結果責任の否定)。そのため、背任罪の成立のためには、主体の行為が与えられた任務に背いていること（任務違背）が必要とされています。これが、設問においてもっとも問題となる要件の一つです。

◆任務違背の形式的判断と実質的判断

任務違背行為とは、「本人との間の信任関係を破る行為」と一般的に説明されます。事務処理者は、本人から頼まれた仕事を行う際に、本人との契約や会社内の決まりによるルールに従わなければなりません。また、それ以外にも、事務処理者と本人との関係について定められた法律（民法や会社法など）のルールもあります。これらのルールに違反した場合、「信任関係が破られた」としてつねに任務に反したと評価されるでしょうか。

かつては、事務処理者と本人との間の形式的なルール（「規範」）に違反すれば直ちに任務違背となり、あとは後述する図利《とり》加害目的の要件のなかで最終的な処罰の可否を判断するという、いわば形式的に任務違背を判断する見解も有力に主張されていました。実際、かつての裁判においても、任務違背要件より、図利加害目的要件が重視されていました。

しかしながら、形式的判断基準の挙げる「規範」の内容は必ずしも明確ではありません。事務処理者が本人との関係で従うべきルールには、その遵守の有無が簡単に判断できる形式的なものだけではなく、事実関係を詳細に検討したうえで実質的判断を必要とするものも存在します（たとえば、会社の経営者に課される「善良な管理者の注意」(善管注意義務）などがそれに当たります)。また、仮に形式的なルールの違反のみを任務違背の判断基準として考えるという立場に立った場合、それがなければおよそ背任罪の成立余地がなくなってしまうという問題も生じます。以上のような理由で、現在では、任務違背の判断は形式的なルール違反の有無を手掛かりとしつつも、最終的には実質的に行われることが一般的な理解となっています。

◆具体的な判断基準 ── 行為者の裁量

では、「実質的に任務違背を判断する」とは具体的にどのように行われるのでしょうか。これに関しては、ケースバイケースであり、一言で基準を述べることはできませんが、いくつかの重要なポイント（視点）を挙げることはできます。まず着目すべきは、行為者に、与えられた仕事につき、どれだけ自分自身の判断の余地（裁量）が与えられていたのかです。それを超えた行動をとれば任務違背と評価される可能性は高いといえるでしょう。そのため、裁量の幅が狭ければ（あるいは、裁量が一切なければ）、任務違背の判断は容易であるといえます。たとえば、本人の財産の維持管理のみを委託され、財産を誰かに売却することなどおよそ許されていなければ、財産を処分しただけで背任罪が成立します（委託物横領罪が成立するか、および、そもそも背任罪の主体といえるのかという別の問題はあります）。

しかし、設問のような背任罪の中核領域の場合、事務処理者には広範な裁量が与えられていることが通常で、それは任務違背を判断する際に、もちろん考慮されます。この場合に、事務処理者の行為が任務違背に該当するか否かの判断にとって重要な意味をもつのは、本人の財産が減少するようなリスクのある処分をすることがどの程度許されていたかです。なんらかの製品を製造・販売する企業の場合、新製品の開発のために資金を投入したにもかかわらず、その開発が失敗したり、新製品が期待された効果を得られなかったりすることは十分に考えられることであり、経営者がそのためにリスクを冒すことは通常許されているものと考えられるでしょう（むしろ、なにもしなければ、待つのは競争からの脱落です）。それに対して、年金として預かった資産を運用するような事業の場合、資産が増加するに越したことはありませんが、なにより重要なのは年金が加入者に無事に支払われるようにされることですから、必然的に高いリスクのある投資を行うことは許されないということになります。

なお、事務処理者は本人の利益になれば、違法行為でもなんでもやってもよいというわけではありませんし、また、利益を最大化するために違法行為が必要ならばそれを行わなければならないというわけでもありません。

5 図利加害目的

◆図利加害目的の意義

最後に、背任罪の主観的要件について説明します。背任罪も故意犯である以上、犯罪の成立のためには故意（客観的構成要件要素の認識。第6講参照）が不可欠です。さらに、背任罪においては、それに加えて「自己若しくは第三者の利益を図り又は本人に損害を加える目的」（図利加害目的）が条文上要求されています（刑247条）。図利加害目的は、自分の利益を図る目的（自己図利目的）、第三者の利益を図る目的（第三者図利目的）、本人に損害を加える目的（本人加害目的）の3種類に分けられ、条文から明らかなように、そのどれか一つがあれば十分です。ここでは、「目的」がどのような内心の状態を意味するのかが重要になります（図利加害目的の意義の問題）。というのも、本人加害の目的（繰り返しますが、この1種類だけで背任罪は成立します）が、「財産上の損害」についての故意（本人に財産上の損害が発生することを認識していること）と同じことを意味しているのではないかという問題があるからです（刑法には「目的」を特別に要求する犯罪が複数ありますが、その意味内容は必ずしも共通していません。犯罪ごとに目的の内容が詳しく検討される必要がありますので注意してください）。

◆積極的動機説と消極的動機説

図利加害目的の意義については、図利加害の事実の発生が確実であることの認識であるという見解（確定的認識説）や、図利加害の意欲を意味するという見解（意欲説）なども存在しますが、有力なのは、なんのために背任行為を行ったのかという動機の問題と考える見解です（動機説）。

このような動機説には2種類あります。まず、図利加害目的とは、自己・第三者図利、または、本人加害の積極的な動機を意味する、という見解です（積極的動機説）。この考え方は背任罪の文言に忠実とはいえます。しかしながら、現在の判例（最決平10・11・25刑集52-8-570）は、動機に着目しながらも、行為者が本人の利益を図る動機のもとで行動していたかどうかに着目し、本人の利益を図る動機が決定的であるならば図利加害目的の存在を否定しています。この判断方法は、消極的動機説と呼ばれ、一定の支持を得ています。この見解によれば、図利加害目的の意義は、本人の利益を図る動機が存在しないことを意味するとされています（自己・第三者図利または本人加害のうち、どの目的に当たるかについては、行為者がそのどれを認識していたかで区別されます）。

背任罪の条文に忠実といえない消極的動機説が支持されているのはなぜでしょうか。一つは、他の財産犯と比較して、図利加害の積極的な動機が犯罪成立のために必要な理由が明らかではないという点にあります。おそらく積極的動機説の論者は、処罰範囲が広くなりがちな背任罪を限定しようとして積極的動機を要求しているものと思われますが、そのような限定は客観的要件において行うこともできます。もう一つの理由は、積極的な図利加害の動機も、積極的な本人図利の動機もない、いわば漫然と業務を行っているような場合（あるいは、どちらの積極的動機も立証できない場合）に、事務処理者が任務に反して損害を発生させたら背任罪として処罰すべきと考えるのかという価値判断にかかわります。背任罪の他の要件を充足しているのであれば、積極的な動機がなくとも処罰すべきと考えますが、皆さんはいかがでしょうか。

消極的動機説に立つ場合、決定的なのは本人の利益を図る動機が行為者にあったかどうかです。人がなにかしようと決めるときには複数の動機が同時に存在することがあるため、その場合の取扱いが問題となりますが、主たる動機がなにかということに着目することになるでしょう。なお、図利加害目的の判断は行為者の内心の判断ですが、客観的状況もそれを推測させる事実（間接事実）として考慮されます。たとえば、行為者が、本人の利益になると思って行動したと主張していたとしても、想定していた利益の発生する可能性が低ければ、そのような主張は合理的でないとして、別の動機のもとで行動したことが推認され、図利加害目的が認められることになるでしょう。

設問への答え

本設問では、甲にはＡ社を被害者とする会社法上の特別背任罪の成否が問われます。解説で述べたとおり、彼が特別背任罪の主体に該当することに争いはなく、問題となるのは他の要件です。

Ａ社の副社長である甲には、Ａ社の経営に関する広い裁量が与えられていると推測され、新規事業への投資もそれ自体としては直ちに任務違背となるわけではありません。投資の態様を具体的に分析することが必要になります。設問からは明らかではありませんが、新規事業に一定の成功可能性があることを前提に、甲が利益と損失の見込みを慎重に調べたうえで、投資を決定したのであれば、結果としてＢ社の新商品開発が失敗に終わったとしても、責任を問われることはありません。

他方、甲がずさんな方法で投資を決定したのであれば、任務違背が認められる可能性が高くなります。しかしながら、甲は、もっぱら会社の利益のために投資を決定したのであって（もちろん、甲自身の出世や会社内での評判も動機だったかもしれませんが、それは従属的なものでしょう）、主として本人の利益を図る動機で任務違背行為を行ったとして、図利加害目的が否定されうるでしょう（ただし、新商品開発が絵空事にすぎなかったような場合には、裁判において、甲自身が「会社のため」と弁解しても聞き入れられない可能性が高くなります）。

トピックス12　背任罪と委託物横領罪

客体の違いを除けば、背任罪ともっとも近しい犯罪といえるのは委託物横領罪（刑252条）です。委託物横領罪は、預かった物を自分のものにしてしまう犯罪であり、依頼者から頼まれた仕事を果たしていない（委託信任関係の違背）という点で背任罪と共通点を有しています。もっとも、委託物横領罪は現実に存在する「物」だけを対象とするのに対し、背任罪は目に見えない権利や利益が害される場合にも成立します。

設問のように委託物横領罪（業務上横領罪）と背任罪（特別背任罪）のどちらも成立しそうな場合、どのように考えればよいでしょうか。この場合、判例（大判明43・12・16刑録16-2214）は、委託物横領罪が基本的に優先すると考えています。そのため、委託物横領罪の成否を検討してから、背任罪の成否を検討することになります。委託物横領罪の検討においては、犯人が預かった物を自分のものにしたといえるかどうかが重要です。もっとも、もともと預かっている物を「自分のものにする」（「領得」といいます）といえるのはどのような場合かというのはむずかしい問題です。設問のように、会社の取引としてお金を第三者に貸した場合には、通常「自分のものにした」とはいえないと考えられています。

第21講

『負』動産に対する放火

設　問

山奥の村の出身のXは、相続した実家Aの解体に多額の費用がかかると聞かされ、「こんな『負』動産なんかあってもしかたがない。周りになにもないのだから火をつけて燃やしてしまっても誰にも迷惑はかからないだろう。」と考え、手下のYに報酬を約束してAに放火してくるよう依頼したところ、Yはこれを承諾した。

Aは、敷地いっぱいに建つ木造の家屋であり、Xが最後に訪ねた後、ショッピングセンターBが進出し、Aのすぐ隣がBの駐車場となり、多数の車が駐車されており、火勢や風向によっては延焼のおそれが十分にあったが、Xはこのような事情を知らなかった。

Yは、Aに着くと、Bが隣にあるので話が違うなと思ったが、報酬ほしさにAの周りにガソリンをまいたうえで放火したところ、Aは全焼し、そこから飛んだ火の粉により、Bの駐車場に駐車されていた他人の車C、D、Eが焼損した。

X、Yの罪責を論じなさい。

《なにが問題となるか》

①放火罪は、社会的法益に対する罪で、公共危険犯だと教科書には書いてありますが、意味がまったくわかりません。社会的法益に対する罪って、具体的にはどのようなものをいうのでしょうか。公共の危険とはなんでしょうか。

②放火罪の条文には、「焼損」という言葉がありますが、どういう状態を指しているのでしょう。

③公共の危険については、わかっていないといけないのか、という議論があるようですが、公共の危険が犯罪の成立要件なら、それについてわかっていないといけないのは当然ではないのでしょうか。

解　説

1　公共危険犯としての放火罪

放火罪は、社会的法益に対する罪です。社会的法益に対する罪には、3つのパターンがあります。①公共の危険を引き起こす罪、②公共の信頼を危険にさらす罪、③善良な風俗をあやうくする罪です。①の代表は放火罪、②の代表は文書偽造罪、③の代表はわいせつ物頒布罪です。

本講では、①の代表である放火罪について考えていきましょう。放火罪を考えるにあたっては、まずは大きな街で古い木造の住宅が密集して建っているところをイメージしてください（鉄筋コンクリート製のマンションが並び建っているところだとどうなるのかは後で考えることにしましょう）。そんなところで誰かが放火したらどうなるでしょう。マッチ1本の火がだんだん大きく燃え広がっていき、「焼損」のレベルに達します。これで現住建造物等放火罪は完成したことになります（既遂ですね）。さらに火が大きくなれば、その家は半焼・全焼し、周囲の住宅にも火が移って燃え広がっていくでしょう。家の中の家財道具が焼けてしまうでしょうし、中にいる人や周囲にいた人が焼け死んだりやけどを負ったりするかもしれません。火はやはり怖いものですね。

公共の危険は、不特定または多数の人の生命・身体・財産に対する危険だと定義されています。不特定というのは、誰が被害にあうか決まっていないという意味です。たとえば、駐車場の自動車に放火した場合、隣が「月極駐車場」であれば、誰が被害にあうかは決まっているので、特定の人の財産（自動車）がターゲットだということになりますが、そうでない駐車場であれば、誰が被害にあうかは決まっていないので、被害者は「不特定」だということになります。多数の人が火にまかれて危険にさらされれば、それだけで十分大きな危険だということができますし、不特定の人が火にまかれて危険にさらされる可能性があったのであれば、誰でも危険に遭遇しえたという意味で、やはり十分大きな危険だったのだということになるのです。こうして、不特定または多数の人の生命等が危険にさらされれば、公共の危険があったと考えられているのです。

2 焼損

(1) 独立燃焼説について　たとえば、108条の現住建造物等放火罪の場合には、「焼損」に至ると、既遂になります。そして、その段階ですでに抽象的な公共の危険があると考えられています。では「焼損」ってどんな状態なのでしょうか。

少し古い判例ですが、具体例でみてみますと、たとえば、家屋の押入れの中の壁紙に放火して、天井板約30㎝四方を焼いた場合に、すでに焼損が認められています（最判昭23・11・2刑集2-12-1443)。家屋全体からみれば、ほんのちょっとだけ燃えただけで、もう現住建造物放火罪は既遂になるんですね。

判例では、「焼損」があるかを判断するために、独立燃焼説がとられています。皆さんも砂浜でバーベキューをしたことがあるのではないでしょうか。固形燃料の上に薪《たきぎ》を置いて、新聞紙などをまるめて火をつけます。まずは新聞紙が燃え、次に固形燃料が燃えます。その火により、今度は薪にようやく火がつきますが、最初のうちは、固形燃料を離してしまえば、薪の火も消えてしまうでしょう。これでは、薪はまだ「独り立ちして燃えていない」ことになりますので、独立燃焼は認められません。薪の火の勢いが強くなると、もう固形燃料がなくなっても、薪は「独り立ちして燃え」、バーベキューを続けることができます。この状態が、薪が「独立燃焼」した状態なのです。

なんとなくわかるでしょうか。この状態に達すると、犯人がガソリンをしみこませた新聞紙といった、火の勢いを強めるもの（媒介物といいますがこの言葉は知らなくても大丈夫です）がなくても、家屋についた火は独り立ちして、燃え広がっていくでしょう。独立燃焼というのは、そのような、これから燃え広がっていって、大変なことになる、そのスタートラインに立ったことを言い表しているのです。

(2) 抽象的危険犯について　伝統的には、抽象的危険犯というのは、条文に書かれている行為が行われると、それで危険があったものと想定される場合のことを指していました。108条の現住建造物等放火罪ですと、現住建造物が独立燃焼に至れば、それで抽象的危険としての公共の危険はあったことになると考えられてきたわけです。大審院の古い判例ですが、刑法108条等の放火罪の場合には、その行為に当然公共の危険を含んでいるものだから、公共の危険を発生させたことを成立要件とするものではないとするもの（大判明44・4・24刑録17-655）、刑法108条の放火罪は、焼損があれば成立するものであり、公共の危険を発生させたかどうかは問うところではないとするもの（大判昭6・12・23新聞3370-10）があります。

これに対し、現在有力な見解は、周りになにもないところにある、独居老人が住む一軒家に放火したとしても、周りに燃え広がったりして、不特定または多数の人の生命・身体・財産が危険にさらされることはないのではないかと考えていきます。抽象的危険犯であっても、およそ危険がないときには、その犯罪の成立は否定されるべきだと考えていくわけです。

最近の建物では、鉄筋コンクリート製のマンションの部屋の内装の一部に木が使われていて、そこは独立燃焼するけれど、それ以上は燃え広がらないという場合もあります。このような場合は、独立燃焼があったといっても、それは、大きな公共の危険が生じるスタートラインに立っているわけではないのですから、公共の危険はないとして、現住建造物放火罪の既遂は否定されるべきかもしれませんね。

3　公共の危険の発生のルート

(1)　108条や109条に規定されている建造物等への延焼を必要とする伝統的見解　　こうした危険が、どのようなルートで発生する必要があるかについては、議論が分かれています。伝統的には、公共の危険があったといえるためには、108条や109条に規定されている物に延焼する危険があったのでなければならないと考えてきました。つまり、建造物や汽車・電車等に燃え移る可能性があった場合に、公共の危険が認められるというのです。ですので、周囲に住宅や小屋もなければ、電車も走っていないようなところに建っている家に火をつけても、公共の危険はないということになるのです。

ところが、このような考え方では、アンバランスな結論が出てきかねません。たとえば、次のような場合を考えてみてください。いずれも110条の罪が成立するかが問題となる場合ですが、ちょっと考えてみてください。

(あ)　ニワトリを飼っている鶏舎に火をつけたところ、一人暮らしの老人1名ずつが住む住居5軒に延焼のおそれが及んだ。

(い)　周りになにもない木製の祭りの舞台に火をつけたところ、周囲にいた見物客50名が危険にさらされた。

(う)　周りになにもない50人乗りの観光バス1台に火をつけたところ、バスの乗員・乗客50名が危険にさらされた。

伝統的な見解によれば、(あ)の場合には公共の危険が認められますが、(い)(う)の場合には認められないということになるでしょう。(い)(う)の場合には、108条・109条に規定されている建造物等に延焼する危険はないからです。

では、どうして108条・109条に規定されている物に延焼する危険がなければだめだと考えられてきたのでしょうか。それはおそらく次のような理由です。108条の現住建造物放火罪は、抽象的危険犯だといわれます。つまり、それに放火すれば、公共の危険は抽象的にはあると考えられてきたわけです。抽象的危険か具体的危険かは、程度の差ですから、そうした建物がかなり燃えれば、具体的危険のレベルまでいくでしょう。法律が、これが燃えたら公共の危険があるんだといっている物なのだから、それに延焼の危険が及べば公共の危険が認められる、これが伝統的見解の大きな根拠だといってよいでしょう。

でも、不特定または多数の人の生命・身体・財産に危険が及ぶ場合は、もっとあるのではないでしょうか。実際、(あ)の場合に危険にさらされているのは5名だけですが、(い)(う)の場合に危険にさらされているのは50名ずつです。それなのに、「限定」ルートをたどっていないからという理由で、より危険な場合が処罰されなくなるのは変じゃないでしょうか。

(2)　108条や109条に規定されている建造物等への延焼を不要とする最高裁判例　　そこで、最近の最高裁平成15年の判例は、こうした伝統的見解を捨て去り、「限定」ルートをたどらなくても、公共の危険は認められるのだと述べるに至っています。

事案は次のようなものでした。子どもの指導をめぐって小学校の先生に恨みを抱いた保護者が、その先生の自動車に放火しました。その先生の自動車の近くには2台の自動車が駐車されていましたが、農協の建物や小学校は遠く、火の粉が飛んで延焼するような距離にはありませんでした。

最高裁は、「同法110条1項にいう『公共の危険』は、必ずしも同法108条及び109条1項に規定する建造物等に対する延焼の危険のみに限られるものではなく、不特定又は多数の人の生命、身体又は前記建造物等以外の財産に対する危険も含まれると解するのが相当である。そして、市街地の駐車場において、被害車両からの出火により、第1、第2車両に延焼の危険が及んだ等の本件事実関係の下では、同法110条1項にいう『公共の危険』の発生を肯定することができるというべきである。」と述べて、公共の危険を認めています（最決平15・4・14刑集57-4-445）。

これは、「市街地の駐車場において」という限定が書かれていますので、先生の車から2台の車に延焼の危険が及んだだけで公共の危険があったとするものではないように理解できますが、そこはちょっと応用・発展編ですので、またいつか勉強しましょう。

いずれにしても、この最高裁判例は、周囲の自動車への「燃え広がり」の危険をもって、公共の危険を認めているようです。

(3)　燃え広がりの危険性がない場合　それでは、燃え広がりのない、(う)のパターンはどうでしょうか。新宿駅西口に停車中の路線バスに、犯人が放火したところ、バスの中が火に覆われ、6人が死亡し、14名が重軽傷を負う惨事となった事件がありました。この事件では、バスから近くの百貨店やバス等に燃え移る可能性はなかったようですから、燃え広がる危険があったわけではありません。ですが、東京地裁昭和59年4月24日判決（判時1119-40）は、110条の放火罪の成立を認めました。

この判決は、どのように理解しておけばよいのでしょうか。1つは、公共の危険というのは、不特定または多数の人の生命・身体・財産が危険にさらされればそれでよくて、燃え広がりによる危険が生じていなくても問題ないと考えることでしょう。この事件では、少なくとも20名が死傷しているのですから、多数の人の生命・身体に放火の危険が及んだといえるでしょう。このような事態が発生していれば、十分に公共の危険があったといってよいとするのが1つの考え方です。

もう1つ考えられるのは、建造物等とは異なって、電車・汽車・バスのような場合は、そのターゲットが燃えるだけで、中にいる不特定または多数の人が危険にさらされるわけですから、それをもって公共の危険だと考えるべきだというものです。確かに、山の中を1000人の乗客を乗せた新幹線が走っていて、多数の人が危険にさらされているのに危険を否定するのは変ですから、汽車・電車・バスのような場合には、燃え広がりの危険を要求するのは、おかしいのかもしれませんね。

4 公共の危険の認識

(1) 不要説をとる最高裁判例と必要説をとる多数説　109条2項や110条の罪では、公共の危険が発生したことが犯罪の成立要件になっています。最近の有力な見解によれば、108条や109条1項の罪でも、抽象的危険が実際にあったことが犯罪の成立要件だということになるでしょう。

では、この公共の危険を犯人が認識していることは必要でしょうか。最高裁昭和60年3月28日判決・刑集39巻2号75頁は、「刑法110条1項の放火罪が成立するためには、火を放って同条所定の物を焼燬する認識のあることが必要であるが、焼燬の結果公共の危険を発生させることまでを認識する必要はないものと解すべきである」としています。事案は、【設問】と少し似ています。依頼者は実行犯に、バイクに火をつけてくるよう依頼しました。依頼者は、バイクは周囲になにもないところにあると思っていたのですが、実際にはバイクは家屋の軒先に置かれていたので、公共の危険が発生しました。最高裁の判決に合わせていえば、火を放ってバイクという110条1項に規定された物を焼損する認識は実行犯だけでなく、依頼者にもあります。そして、実行犯には、近くの家屋に延焼させるおそれを認識していますが、依頼者は、そのことを知りませんから、公共の危険の認識はないわけです。これでも、依頼者に110条1項の罪が成立するというのが、最高裁の立場なのです。

これに対し、学説上多くの見解は、これではまずいと考えています。110条1項の罪の内容から公共の危険を引き算すると、答えは、器物損壊罪になります。261条の器物損壊罪の法定刑は、最高で懲役3年ですが、110条1項の罪の法定刑は、最高で懲役10年ですから、全然違います。この重さの差が、公共の危険を生じさせたかどうかであり、110条の放火罪にとって決定的に重要な内容なのです。そこがわかっていなければ責任を問えないのではないかというのが、学説上多くの見解が考えているところです（ちなみに、2項の場合は、自己所有物ですから、公共の危険がなければ「やってよい」ことになります。自分の物を金づちで壊そうが焼いて壊そうが迷惑がかからなければ自由ですよね。ですので、なおさら、公共の危険の認識がなければ、責任を問えないのではないかという問題が大きくなってくるのです）。

(2) 公共の危険の認識の内容　ただ、公共の危険の内容について、伝統的な考え方がとられていたときには、難しい問題が生じました。伝統的には、公共の危険は、108条や109条に規定されている物に延焼する危険のことだと考えられてきました。それで、その危険の認識があるということは、108条や109条に規定されている物についての放火罪の故意があることになってしまわないか、110条の罪の成立する余地がなくなってしまうのではないかということが、問題とされてきたのです。

ですが、公共の危険について、新しい見解をとるときには、このような難しい問題を考える必要はなくなります。市街地の駐車場で、不特定の自動車やバイクに延焼する危険があれば、それで公共の危険はあるわけですので、108条や109条の罪の故意とはまったく違う内容を、110条の罪における公共の危険の認識として認めることができるのです。

設問への答え

放火罪は社会的法益に対する罪で、公共危険犯の典型です。公共危険犯とは、不特定または多数の人の生命・身体・財産に危険を生じさせる罪のことです。

放火罪の場合に、このような危険がどのようなルートをたどって発生する必要があるかについては、見解の対立がありますが、現在では、結果的に、不特定または多数の人の生命・身体・財産に危険が生じれば、どのようなルートをたどったのでもよいという考え方が多くなっています。

このような危険については、それが放火罪の重い不法を基礎づけていることからみて、その認識が必要だと考えるのが多数の見解になっています。

放火罪のうち、現住建造物放火罪等は「焼損」があれば、それだけで既遂になります。焼損とは、判例によれば、独立燃焼の状態に達すれば認められます。火が独り立ちして燃え続けることができる段階に達すれば、抽象的なレベルでの公共の危険はすでにあるということでしょう。

第22講

偽造と詐欺のあいだ

設問

①偽造罪では、なぜ行使の目的が必要なのでしょうか。犯人がニセモノを作ったら、すでに公共の信用に対する危険がありませんか。
②偽造・変造は、「一般人が本物と見間違う程度」のニセモノを作ることですが、そこには、ニセモノを本物と思わせる点で「人を欺く」要素が含まれませんか。
③文書偽造罪では、誰が作成名義人かを重視しますが、それ以外の偽造罪でも問題になるのでしょうか。
④詐欺罪の場合、相手方が騙されなければ未遂ですが、偽造文書行使罪は成立します。どちらもニセモノを利用する行為ですが、観念的競合でなく、牽連犯《けんれんはん》（54条後段）になるのはなぜですか。

《なにが問題となるか》

各種の偽造罪では、ニセモノを本物として使う目的（行使の目的）が要求されますが、なぜ目的犯であるかははっきりしません。そもそも、偽造罪の保護法益である「公共の信用」とはなんでしょうか。また、ニセ金や偽造文書が詐欺の道具になるとしたら、偽造罪は、詐欺罪の準備的行為でしょうか。さらに、偽造・変造では、一定以上の精巧さが要求されますが、なぜでしょうか。

文書偽造罪における形式主義と実質主義の対立は、なにが「作成名義の冒用」や「虚偽内容の記載」であるかに左右されます。その際、刑法でいう「文書」とはなんでしょうか。また、偽造通貨や偽造文書を利用して不法な利益を得た場合、行使罪と詐欺罪の牽連犯とされますが、偽造が詐欺の準備的行為に当たるならば、両罪はほぼ重なるので、両者の罪数関係が問題となります。

解　説

1　保護法益と行使の目的

◆行使の目的がある場合

刑法典では、偽造罪の成立要件として「行使の目的」が規定されています。「行使の目的」とは、偽造・変造したニセモノを本物として使う意図であり、（行使という）将来の事実に向けられた主観的要素です。その意味で、（偽造それ自体の故意を超える）超過的内心傾向であって、主観的構成要件（違法）要素とされます。しかし、各種の偽造罪で要求される「行使の目的」が、どのような内容であるかははっきりしません。通貨偽造罪では、本物の通貨として流通に置くことの認識・認容となりますが、文書偽造罪では、真正な文書（または内容真実の文書）と誤信させることの認識・認容で足ります（大判大2・12・6刑録19-1387）。広義の「文書」である有価証券においても、社会に流通させる意図までは求められません（大判明44・3・31刑録17-482）。

次に、偽造犯人がニセモノであると告げて共犯者に手渡す場合にも、将来、第三者が本物として使うことを知っていたならば、「行使の目的」があったことになります（前掲大判大2・12・6、最判昭28・12・25裁判集刑90-487）。すなわち、未必的な行使の認識でも足りますし、第三者に対する加害・利得の目的も必要ありません（大判明41・11・9刑録14-994）。

◆行使の目的がない場合

他方、単なる虚栄心から運転免許証を偽造・携帯したものの、警察官に見せるつもりはなかった場合、運転免許証に対する公共の信用を害さないことから、「行使の目的」がないとされました（最大判昭44・6・18刑集23-7-950）。その意味で、文書偽造罪でいう「行使の目的」には、少なくとも利害関係人（ここでは警察官）に本物の文書と誤信させる意図が含まれています。

ところが、友人に自慢する意図であっても、いずれ本物として使われる危険性を未必的に認識していたならば、「行使の目的」が認められます。すなわち、漠然とした認識であろうと、第三者による不正な使用を予定していたならば、公共の信用を害するおそれが生じるからです。そこでは、抽象的な意味で公共の信用に対する危険が発生しています。それでは、将来の（本物として使う）事実を、「行使の目的」という形で偽造罪の構成要件要素としたのは、ニセモノを使って「相手方を欺く」という要素を考慮したからでしょうか。

◆偽造コピーと名義人の承諾

このことは、偽造コピーを利用した場合にもあてはまるでしょう。つまり、本物の文書（原本）に加工した後、それをコピーしてニセモノを作った場合にも、最終的には「同じ原本（オリジナルの文書）がある」と思わせることで、相手方を「欺く」可能性があるからです。その意味で、一般人が騙される程度のニセモノである以上、偽造・変造の対象を原本に限る必然性はないといえます。また、事前に名義人本人から同意を得ていた場合にも、通常、本人だけが作成できる文書を他人が勝手に作成するならば、そこには「相手方を欺く」という要素が入ってくるため、やはり偽造罪の成立を認めることになります。

なるほど、偽造それ自体は詐欺の準備的行為にすぎないとしても、実際にニセモノを行使する段階では、相手方を「欺く」行為とほとんど重なってきます。しかし、上述した「行使の目的」の要件は、ニセモノが本物として使われる可能性を間接的にうかがわせるものにすぎません。また、「行使」の目的は、詐欺罪の「欺く」故意とは異なり、不正な財産的利益や損害に直結する必要はありません。その意味で、偽造罪では、「本物と偽った」ことが重視されます。したがって、ニセモノを本物として使う意図がなかったならば、抽象的な意味においても、処罰するほどの危険性がないことになります。

◆未遂犯が処罰される場合

さて、文書偽造罪（154条以下）や有価証券偽造罪（162条）では、偽造・変造それ自体の未遂を処罰していません。もちろん、現にニセモノを行使すれば、すでに公共の信用に対する危険が生じており、未遂犯であっても処罰されます（それぞれ、158条2項、163条2項、168条）。これに対して、通貨偽造罪（148条）では、偽造・変造の未遂はもちろん（151条）、通貨偽造等準備罪も処罰されています（153条）。また、支払用カード電磁的記録不正作出等罪（163条の2）でも、偽造・変造に当たる不正作出行為は、未遂の段階から処罰されますし（163条の5）、それに先行する不正作出準備罪（163条の4）の未遂犯も規定されています（163条の5）。

2 偽造罪の保護法益

◆偽造罪の過去と現在

日本が立法の模範とした西欧諸国では、長いあいだ偽造罪が詐欺罪の一部とされてきました。しかし、現在の刑法は、偽造・変造により「公共の信用」が害されるとして、他人を欺いたかどうかを問わず、独立して処罰するようになりました。その際、文書・有価証券などでは、実際に作成名義人が作ったかどうか（作成名義の真正さ）に加えて、その内容が真実に反しないこと（虚偽文書でないこと）が問題となります。また、転居届や退職届のように、財産的損害に直結しない事実証明文書を偽造しても処罰されますし、通貨偽造罪では、相手方がニセモノであると気づいていても(行使の目的で「交付」する場合)、偽造通貨行使罪が成立することになります（148条2項)。

それでは、その場合の「公共の信用」とは、いったいなんでしょうか。かりに一般人がニセモノを本物と誤信することで、どれが本物かわからなくなり、その結果として、通貨や文書に対する社会の信用が低下するとしたら、保護法益である「公共の信用」が損なわれたことになります。見方を変えれば、およそ一般人が本物とは思わない粗悪なニセモノを作っただけでは、（本物に対する）社会一般の信用を損なわないともいえます。したがって、刑法上の「偽造・変造」や「虚偽文書の作成」は、いずれも一般人が本物と誤信する程度のニセモノであることが前提となります。つまり、公共の信用を損なうほどの精巧な偽造文書や虚偽内容の文書が問題となるわけです。

◆通貨・文書（電磁的記録を含む）・有価証券・支払用カード電磁的記録・印章

ここでは、保護法益である公共の信用をキーワードとして、なにが偽造罪の客体に当たるのか、また、刑法上の「偽造・変造」と「虚偽文書の作成」の違いを考えてみましょう。まず、客体ごとの取扱いは、どうなっているでしょうか。たとえば、文書偽造罪や有価証券偽造罪では、偽造・変造の未遂を処罰していませんが、通貨偽造罪や支払用カード電磁的記録不正作出等罪では、それらの未遂に加えて、準備的行為さえ処罰しています。しかも、それぞれの法定刑はかなり異なっています。こうした差異は、客体に付与される公共の信用の度合いにもとづくのでしょうか。

(1) 通貨偽造罪　およそ通貨は国家が発行するものであり、たとえ少額の硬貨や銀行券であっても、(日本では)財務省や日本銀行以外の人間が、本物のお金と見間違うようなものを製造すれば、通貨偽造罪が成立します。かりに通貨発行権のない民間の金融機関が、勝手に貨幣を鋳造したならば、たとえ貴金属としては同等の価値があったとしても、ニセ金づくりとして処罰されます。その意味で、通貨偽造罪では、作成権限があったか否かを論じる余地が乏しいわけです。また、通貨偽造罪は、国家の通貨発行権を侵害する側面もあるため、国家的法益に対する罪ともいえます。

(2) 文書偽造罪　公文書偽造罪(詔書偽造罪を含む)は、国(天皇を含む)や地方公共団体が作成する文書の信用を損なう行為です。その際、誰が当該公文書の作成名義人であるかが重要になります。そもそも、公文書偽造罪(155条。1年以上10年以下の懲役)が、私文書偽造罪(159条。3月以上5年以下の懲役)より重く処罰されるのは、多種多様な文書の中で、どのような人間がその文書を作成したかによって(作成名義人は誰か)、これに付与される信用の度合いが異なってくるからです。

ただし、当該文書の作成名義が本物らしいものであれば、どんな書面でもよいというわけではありません。少なくとも、社会生活上の重要な事項について証拠となりうる「文書」に限られます。つまり、ニセモノが横行することで社会全体の不利益が生じることを想定しているため、単なる落書きや感想文では、文書偽造罪による法的保護の対象となりません。特に私文書偽造罪では、その客体を「権利、義務若しくは事実証明に関する文書若しくは図画」に限定しています(159条)。

次に、これらの文書が保護されるとして、社会生活上は誰が作成したのか(作成名義人は誰か)が重要になるのはいうまでもありません。刑法上、無記名の文書が保護の対象にならないのは当然として、文書偽造罪の場合、まず、作成名義の真正さが問われることになります(こうした考え方を形式主義と呼びます)。つまり、書面上に記載された作成名義が本物であるか

(つまり真正文書であるか) どうかで、偽造かどうかを判断することになります。

これに対して、作成名義人がみずからウソを書き込んだ場合（これが「虚偽文書の作成」です)、それだけで当然に犯罪になるわけではありません。つまり、作成名義を勝手に使用（冒用）した場合には（これを「有形偽造」といいます)、公文書と私文書のいずれについても偽造罪とされますが、私文書については、名義人本人が虚偽内容の文書を作成した場合（これを「無形偽造」といいます)、公務所に提出すべき虚偽診断書等だけが処罰の対象となります（160条)。

(3) 有価証券偽造罪と支払用カード電磁的記録不正作出罪　およそ通貨であれば、いわゆる「強制通用力」が認められるため、人々は現金による支払いを拒絶することができません。他方、現在では、小切手などの有価証券のほかにも、「支払用カード」と呼ばれるクレジットカードや電子マネーが広く使われています。しかし、これらのカードや電子媒体には強制通用力がないため、「カードでの支払いお断り」という飲食店もあるわけです。その意味で、現金以外の支払手段に対する公共の信用は、通貨に匹敵するほどではありません。また、仮装通貨（暗号資産）のようなものは、せいぜい投機取引の道具であって、これに対する公共の信用は乏しいため、刑法典では、その不正作出を処罰しておりません。

(4) 印章　刑法上の印章・署名は、通常、文書（有価証券を含む）の一部として、その信頼性を高めるものです。したがって、文書偽造罪や有価証券偽造罪が成立するならば、その中に吸収して評価されます（大判明42・2・5刑録15-61など)。言い換えれば、印章・署名の偽造や不正使用は、文書や有価証券の偽造が未遂に終わった場合か、それ自体を独立して事実証明や本人認証に用いる場合に限られます。

3 「作成名義の冒用」とはなにか

◆形式主義と実質主義

文書偽造の罪では、各種の情報伝達や事実証明の手段となる文書について、公共の信用を保護することで、社会生活の安全も図っています。抽象的な危険があれば足りるため（これを抽象的危険犯といいます)、偽造（または行使）によって具体的な損害が生じたことは必要ありません（大判明

43・12・13刑録16-2181)。その際、公文書と私文書を区別して取り扱っており、私文書の無形偽造については、虚偽診断書等作成罪しか規定されていません。

さて、文書偽造罪では、偽造・変造と虚偽文書作成の意義をめぐって、形式的な作成名義の真正さを重視する「形式主義」と、実質的な内容の真実性を重視する「実質主義」が対立してきました。わが国の刑法典は、原則として形式主義を採用していますが、なぜ作成名義の真正さを保護することで、文書に対する公共の信用を担保できるのでしょうか。その理由は、作成者本人の手による文書であれば、その人に法的責任を追及できるのに対して、他人が勝手に別人名義の文書を作った場合には、名義人の責任を追及できないから、と説明されます。

◆形式主義に対する批判と「作成過程の偽り」

しかし、一部の学説は、こうした通説的理解とは異なる説明をします。すなわち、勝手に他人名義の文書を作成した場合、当該文書の「成立」に関してウソがあったのに対して、名義人がみずから虚偽内容を記載した場合には、これを作成する過程でウソがなかったというのです。また、形式主義に対置される実質主義の意義を、ニセモノの行使による実質的損害に引きつけることで、詐欺罪と重ねて理解する論者さえあります。さらに、通説のいう形式主義を批判しつつ、実質的な見地から作成者と名義人の同一性を論じることで、「作成過程の偽り(ウソ)」を強調する見解では、偽造罪がますます詐欺罪に近づくことになります。

なるほど、上司が部下に命じて書類を作成させた場合や、勝手に代理・代表資格を付記した場合、実際の作成者と書面上の名義人をどのように捉えるかをめぐって、形式主義と実質主義の意味合いも異なってくるでしょう。また、一般人に本物と誤信させる外観が求められる点では、最終的に「人を欺く」ことが想定されており、ニセモノを本物として行使する段階では(行使罪となります)、まさしく詐欺罪の実行行為と重なってきます。しかし、共通するのはそこまでです。

むしろ、反対説では、当該文書の「真正さ」と「虚偽でない」ことの違いが曖昧になってしまいます。なぜなら、当該文書の作成名義人を「偽った」場合であろうと、当該文書に虚偽内容を記載した場合であろうと、いずれも「作成過程で偽りがあった」わけですし、結局のところ、両者を明確に区別する刑法典の態度とそぐわないからです。そうした漠然さを取り除いて、偽造罪を詐欺罪から独立させるべく、(作成名義という) 書面上の記載を重視する形式主義が台頭したわけです。

◆作成名義人とはなにか

次に、形式主義でいう (実際の) 作成者と (書面上の) 名義人の同一性は、どのように判断されるのでしょうか。判例によれば、作成名義の人格的同一性は、文書の性質や機能からみて、文書に期待されている公共の信用の実体を考慮する必要があり、作成者本人が名義人であることを前提とする文書については、「氏名、生年月日等の人格を特定する事項から認識される名義人の人格が作成者本人を指し示しているか否かによりそごの有無を判断する」べきだとされます (東京高判平9・10・20高刑集50-3-149)。

たとえば、履歴書や交通事件原票 (いわゆる反則切符) は、作成者本人の名前で作成するのを予定しているため、自分の顔写真を貼付したとはいえ、偽名や虚偽の生年月日などを記載した履歴書を作成・提出したならば、私文書偽造罪および同行使罪が成立することになります (最決平11・12・20刑集53-9-1495)。また、他人名義の外国人登録証明書を長年にわたって使用してきた犯人が、新たに再入国許可申請書を作成・行使した場合にも、私文書偽造・同行使罪に当たるとされました (最判昭59・2・17刑集38-3-336)。さらに、名義人の承諾を得たうえで他人名義の供述書を作成したとき、交通事件原票という公的性質の文書を別人名義で作成する行為は、やはり私文書偽造罪になります (最決昭56・4・8刑集35-3-57など)。

◆代理・代表資格の冒用

なるほど、当該文書の性質に応じて実質的に名義人が定まるとしたら、形式主義の前提も危うくなってきます。実際、文書に対する信用が形式的な作成名義だけを問題にするならば、かりに代理・代表資格を冒用したとき、犯人が自分の氏名を表記している以上、偽造でないことになりますが、社会生活上は、別人 (被代理人・被代表者) の名義を勝手に使用したといわざるをえません。もっとも、これは、組織内で実質的な作成権限が付与されたかどうかとは無関係です。同様にして、一般人からみて代理権・代表権のある人間が、その権限を超えて本人名義の文書を作成した場合にも、内部的な権限の分配がどうであるかを問わず、作成名義の冒用があったか否かを基準として考えることになります。権限の濫用または逸脱のいずれかに当たるのかは、背任罪の成否にかかわる問題だからです。

他方、「作成過程の偽り」を重視する見解によれば、履歴書であっても、雇用者の側が応募者の本名や真の年齢を問題にしないとき、たとえ偽名や虚偽の年齢を記載しても、私文書偽造罪ではないとされます。すなわち、作成過程において、雇用関係にかかる責任の帰属主体と書面上の名義人が一致している以上、人格の同一性に「偽り」はないとされるからです。かりに履歴書の目的が被用者本人の特定にとどまるならば、その人の顔写真さえ貼ってあればよいことになります。その結果として、氏名や経歴がウソであっても、私文書の無形偽造として不可罰になってしまいます。

4 「偽る（偽造）」と「欺く（詐欺）」

◆作成者をめぐる事実説と観念説

さて、実質的な観点から「作成過程の偽り」があったかは、文書に向けられた公共の信用からみて重要でしょうか。かりに文書作成時の具体的事情を考慮するならば、詐欺罪における「欺く」行為と重なってきます。なるほど、作成者と名義人の「同一性」をめぐっては、当初、事実説（物体性説）と意思説（精神性説）が対立しましたが、事実説では、物理的に文書を作成した秘書や口述筆記者を（事実上の）作成者とみる結果、つねに書面上の作成名義とくい違う「偽造」になってしまうため、今日では、ほとんど支持されておりません。

しかし、文書作成を指示した上司（意思の主体）を作成者とみる観念説のなかでも、事実的意思説と規範的意思説に分かれるなど、「作成者」をめぐる学説は錯綜しています。かりに観念説が、誰に文書の効果を帰属させるかで作成者を決定するならば、法的な責任の帰属が問題になるため、その意思が無効であった場合の取扱いも問題となりうるでしょう。他方、各人の資格・肩書も含めた作成者と名義人の同一性を論じるとき、やはり具体的な行為事情が考慮されるともいえます。しかし、その場合にも、あくまで書面上の作成名義が真正かどうかを問題にするため、形式主義を放棄したわけではありません。

◆「偽る」と「欺く」の違い

そこで、「偽造」という言葉本来の意味に戻ってみましょう。広い意味の偽造（変造や虚偽文書作成を含む）にあっては、「偽る」という概念がキーワードとなります。これに対して、詐欺罪では「欺く」という要素が中核となるでしょう。かつて詐欺は、「詐偽」と表記されたように、偽造との違いが明確ではありませんでした。しかし、現在では、もっぱら財産犯と位置づけることで、「詐欺」という表記になったと考えられます。

多数の国語辞典によれば、「偽る（いつわる）」には自動詞と他動詞があり、自動詞では「本心や真実を隠して、それと違うことを言う」とされ、または、「偽（にせ）もの」を人為的にこしらえる行為と説明されます。なるほど、他動詞としては、「事実の食い違うことを言ったり、相手をだますようなことをする」であり、詐欺罪の「欺く（あざむく）」とほぼ同義とされます。他方、もっぱら他動詞である「欺く」は、「相手を信頼させておいてだます」ほか、「真実めかして他人をだますこと」と定義されています。したがって、「欺く」は相手方を想定した概念であり、単にニセモノを作るだけの「偽る」とは異なるでしょう。この点で、偽造（偽る）と詐欺（欺く）は区別されるのではないでしょうか。

◆刑法上の「文書」とはなにか

こうした作成名義をめぐる議論は、一般的に作成名義人が表記されない電子文書（電磁的記録）については、ほとんど意味をもちません。そもそも、刑法上の「文書」は、文字または可読的符号を用いて、物体上に一定期間にわたり存続しうる状態で記載された、意思または観念の表示と定義されるからです。他方、かつては電子コピーの文書性が争点となりましたが、通説・判例は、原本を忠実に再現する限りで、電子コピーも偽造罪の客体に当たるとしました（最判昭51・4・30刑集30-3-453、最決昭54・5・30刑集33-4-324など）。これに対して、有力説は、罪刑法定主義に違反すると批判しています。

しかし、刑法典の条文は、なんら「文書」の原本性に言及していません。それどころか、多数の国語辞典は、文書について「文字で書き記したもの。事務上の手紙・書類、書き物、書き付け」であるとします。すなわち、文書を原本に限定する見解は、日常用語的な意味から離れて、あえて（縮小）

解釈をしたにすぎません。かつて判例が「原本」性を要求したのは、草稿などのように、作成名義人の確定的な意思表示でないものは「文書」たりえないとしたからであり（大阪高判昭46・9・16高刑集24-3-545)、その意味で、手書きの写しも「(正式な）文書」でないとされました。

なるほど、当時の写しは、事実証明の点で著しく劣るものでしたが、現在の電子コピーのように、機械的に原本と同じ内容を紙面に写し取る文書については、第三者が同じ内容の原本があるものと誤信するでしょう。その後も、同じような機械的処理をするファックス文書について、公文書偽造罪を認めた判例があります（広島高岡山支判平8・5・22高刑集49-2-246)。このようにして、法律が原本性を明記していない現状では、電子コピーの文書性を肯定する見解も、ただちに罪刑法定主義に反するとはいえません。反対説の主張は、罪刑「法定」主義というルールを、自分に都合よく利用しただけです。

設問への答え

まず、偽造でいう「偽る」行為は、詐欺罪の「欺く」行為と重なりませんので、ニセモノを本物として使う危険性がある場合に限定する必要があります。その意味で、行使の目的が要求されますが、それは、本物として使われる可能性を間接的にうかがわせるだけです。しかも、およそニセモノを本物として使う意図がなかった場合は、抽象的な意味でも公共の信用に対する危険性がなかったことになります。

次に、かりに偽造行為が詐欺罪の準備的行為であるとしても、まずは「本物と偽る」ことが必要であって、少なくとも、一般人が本物と誤信するようなニセモノを作った場合にだけ、本物に対する公共の信用が損なわれることになります。これに対して、本物と間違えることのない粗悪なニセモノは、偽造罪の対象から除外されます。

設問③について、通貨の場合には、国家だけが発行（製造）権限を有するため、誰が作成名義人であるかを議論する必要性が乏しいといえます。他方、文書偽造罪では、公文書偽造罪から私文書偽造罪まで多種多様な客体に区別したうえで、処罰範囲や法定刑で異なった取扱いをしており、作成名義人が誰であるかが重視されることになります。

最後に、たとえ偽造物品を用いた詐欺であっても、「偽る」行為と「欺く」

行為は完全には重なりません。したがって、偽造罪と行使罪のあいだはもちろん、行使罪と詐欺罪の罪数関係も牽連犯《けんれんはん》になるわけです（大判昭7・4・11刑集11-349、最決昭42・8・28刑集21-7-863）。しかし、偽造罪の「欺く」要素を強調しつつ、偽造それ自体が詐欺と重複するとして、行使罪と詐欺罪が観念的競合になるという主張もあります。他方、通貨偽造罪では、特に軽い法定刑の収得後知情行使罪（152条）があることから、その後の詐欺罪が同行使罪に吸収されることになります（法条競合と呼ばれる場合の一つです）。

〈参考文献〉

①井田良「文書偽造罪」法教376号（2012年）67頁以下

②松原芳博「文書偽造罪(1)～(3)」法セ59巻5～7号（2014年）の各該当頁

③松原芳博「通貨偽造罪、有価証券偽造罪、支払用カード偽造罪」法セ59巻8号（2014年）134頁以下

④松澤伸「文書偽造罪における『人格の同一性』」法教453号（2018年）41頁以下

第23講

風俗に対する罪

――賭博・死体損壊など――

設　問

①タバコは嗜好品であり、成人になれば自分の意思で吸ったりできますが、大麻や危険ドラッグを吸引したり、売買することは、なぜ犯罪になるのでしょうか。

②賭博行為には各種の害があるため、わが国では刑法典185条以下で一般的に違法とされているにもかかわらず、競艇、競馬、競輪およびオートレースなどの賭博（公営ギャンブル）は特別法を制定して正当化されています。そもそも刑法典上の賭博犯はなぜ処罰されるのでしょうか。

③刑法典には、死体、遺骨および遺髪などの損壊や同遺棄等罪の規定がありますが、国民に「葬送の自由」があるとしたら、家族の遺体を永久保存し、あるいは、遺体の一部を記念品に加工して身につけることも、この罪に当たるのでしょうか。

《なにが問題となるか》

ある行為を罰する法律が存在するから当該行為は違法な（悪い）犯罪類型であると述べるだけでは、なぜ違法（悪い）と判断されるのかについて実質的な理由がなにも語られておらず、すっきりと納得できないでしょう。他方、ある行為が法令で許されているから当該行為は犯罪には該当せず正当であるというだけでは、説得力をもたないものもあります。本講では、薬物、賭博および親族の遺体の取扱いのような、他人に必ずしも被害を直接与えることない類型を素材に、これらの各種犯罪類型がなぜ違法（悪い）と判断されるのか、あるいは、それらのうちなぜ許容されるものがあるのか、について考察していきましょう。

解　説

1　被害者なき犯罪

◆違法薬物の使用

タバコの喫煙はその依存性や身体への害毒性が常識となっていますが、わが国では20歳を超えれば吸ってもよいと許容されています。これに対して、大麻、コカインおよび覚せい剤といった規制薬物の使用はそれぞれの取締法で禁止されています（大麻取締法、麻薬及び向精神薬取締法および覚せい剤取締法等）。

◆賭博

他方、偶然性を伴う競技の勝敗を予想したうえで金銭を賭け、その予想が当たれば配当金を受け取れる賭博は刑法典で一般的に犯罪であるとされています（185条以下）。しかしながら、テレビCMでおなじみの競馬や競艇などの公営団体が主催する公営競技においては、特別法（競馬法やモーターボート競走法）が制定されたうえで、違法性が阻却され正当な業務行為として許容されています（違法性阻却については、第4講を参照してください）。こうした公営ギャンブルではなにかしらの競技が毎日早朝から深夜にかけて行われていますが、民間人や民間企業が運営主体となり賭場を設けて賭博を行うことは刑法上禁止されています（23章　賭博及び富くじに関する罪）。

◆親族による遺体の処分

なお、死体、遺骨および遺髪等の損壊、遺棄および領得行為（刑190条）も被害者が存在していない点で「被害者なき犯罪」と呼ぶこともできます。被害者がいないのであれば、遺体を管理する遺族等がその一部を自由に使用し、あるいは遺体の一部（移植に用いる臓器やかつら原料の毛髪など）を売買するなどして収益をあげ、さらには遺体を葬送上自由に処分（風葬、鳥葬および土葬）してもよいのではないかという考えも成り立ちます。しかしながら、刑法典や「墓地、埋葬等に関する法律」（昭和23年法律第48号）により死体等の取扱いは法規制を受けているのが実情です。ここでも「被害者なき」行為を犯罪化するには処罰根拠が必要なのです。

2　被害者なき犯罪はなぜ処罰されるのか

こうした被害者なき行為が一方では法で許容され、他方では法により禁止されているのはなぜなのでしょうか。法で禁止されている規制薬物の使用や違法な賭博行為は、これまで検討してきた殺人や傷害などの生命や身体に対する犯罪、窃盗や強盗といった他人の財産を侵害する犯罪と異なり、「被害者」の存在が必ずしも前提とされていない点で異なります。こうした被害者の存在が前提とされていない犯罪は、一般的に「被害者なき犯罪」と呼ばれており、被害者がいないのになお犯罪とすることについては、それ相応の説得的な処罰根拠が必要なのです。

他方で、「被害者なき犯罪」については、次のような見解も有力です。すなわち、規制薬物の使用や違法な賭博におぼれる行為は、行為者自身が自己の健康あるいは財産状態に害悪をもたらしうる自己に対する加虐行為です。これらの犯罪は、被害者が直接観念できないのに加えて、自己の健康や財産状態に傷つける行為である以上、刑法上禁止されていないのにもかかわらず、なぜ刑事罰を科してまで禁止する必要があるのか、自己責任にまかせて放任したらよいではないか、という個人主義に軸足を置く主張にも説得力があります。

こうした有力な主張に対して、たんに法令で禁止されているから違法である、あるいは、法令で禁止されてないから正当であると答えるのみでは、問いに正面から応答したことになりません。

3　「被害者なき犯罪」の処罰根拠と刑法の謙抑性

わが国の刑法典ないし特別刑法上、「被害者なき犯罪」である規制薬物の使用、違法賭博、死体等の損壊や領得などは被害者が生じないのに、なぜ犯罪化されたのでしょうか。以下では、その処罰根拠（保護法益）とそれぞれの犯罪に対する非犯罪化論を概観することにしましょう。

◆規制薬物の使用

一般に、あへん煙、大麻、コカイン、覚せい剤およびシンナー等の自己使用が刑法典上ないし各種特別刑法で禁止される根拠としては、①これらの規制薬物を濫用した場合に生じうる保健衛生上の危害を国家が防ぐため、また、②国家が親身な立場になって国民の健康に対して悪影響のある規制薬物の使用・製造・販売等を問答無用で禁止するため（パターナリズム規制）という点が挙げられます。

こうした法規制に対しては、「刑罰法規の謙抑性」を根拠に、他人の生活利益を侵害や危険化する行為がすべて刑事規制の対象となっていない以上、他の代替的社会統制手段で抑止効果が見込める行為については、刑罰法規を制定せずに代替的手法で対応すればよいという見解もあります。こうした考えによれば、薬物中毒者に対しては、行政の手を借りて適切な医療機関で治療を施すなどすれば、社会から隔絶されることもなく社会の中で立ち直るチャンスが与えられる。犯罪化すれば薬物中毒者は社会から隔絶され社会復帰が困難になる以上、非犯罪化すべきであるという考え方にたどり着きます。

◆賭博

賭博犯罪の処罰根拠は「勤労の美風」であると伝統的に考えられています。すなわち、賭博という偶然事情や勝敗により財物が容易に入手できる状況を国民に許容してしまうと、国民は一攫千金を狙い労働意欲を喪失し賭博におぼれる結果、勤労の対価として賃金を得るという美風がないがしろにされ、ひいては勤労を基盤に置く文化的社会の崩壊につながります。こうした状況の出現を防ぐために賭博を犯罪化するというのが処罰根拠です。最高裁も賭博が刑事規制を受ける理由のひとつとして「賭博行為は……国民をして怠惰浪費の弊風を生ぜしめ、健康で文化的な社会の基礎を成す勤労の美風（憲法第二七条一項参照）を害する」（最大判昭25・11・22刑集4-11-2380）としています。

もっとも、賭博も自己の意思に反して財物を奪われるものではなく、財産を失う覚悟で財物を賭博に投げ出しているのであるから自己責任として放任してよい、あるいは、賭博依存症の人に対しては、行政の手を借りて適切な医療機関で治療をすればよく、わざわざ刑罰を科すまでもないという見解もあります。さらに、刑法典で一般的に賭博を禁止しているのにもかかわらず、現実には公営ギャンブルが年中広く行われている以上、「勤労の美風」という処罰根拠の説得力が乏しく、もはや全面解禁して非犯罪化するべきであるという意見すらあります。

◆死体や遺骨等の使用・収益・処分

遺体に絡む犯罪といえば、たとえば殺人犯が犯跡を隠滅するため被害者の遺体をバラバラに分解したり、または遺棄する行為を思い浮かべる人が多いかと思います。もちろん、これは死体損壊や同遺棄の典型事例です。このほか、たとえば、嬰児の死体から良薬を煎じることができるという民間療法を信奉し、その遺体の一部を切り取り、加工する行為もまた刑法典上の死体損壊等行為として規制されています。

では、なぜこうした死体損壊等行為が処罰されるのでしょうか。それは死体損壊等罪の保護法益は死者に対する敬虔感情であるとされています。すなわち、国民一般が有する死者への弔いを通じて死者を敬う気持ちや、死者の人格権を保護するためであるといわれています。この保護法益は、前述した典型的な死体損壊等罪には妥当するでしょう。

そうであるとすれば、遺族や死者への信奉者による敬虔感情の高まりや、生前の死者の意向から生じる死体等の使用・収益・処分行為には罰則の適用は控えるべきであるという意見もありえましょう。たとえば、死者に対する敬虔感情が高まるあまり死体等の一部を切り取り加工または売買する、あるいは、死者の生前意向から遺族が死体を散骨、風葬および鳥葬に付す、さらには再生医療技術の進展を見据え、死者の再生を願って遺体の一部を切り取り保存するなどの行為です。

4 「被害者なき犯罪」の非犯罪化論の検討

以上のように「被害者なき犯罪」については、その保護法益が公共の健康、風俗および国家のパターナリズムに基づいた観念的なものが多いため、「被害者なき犯罪」の非犯罪化論がかねてから有力に唱えられています。以下では、その非犯罪化論の妥当性について個別に検討します。

◆規制薬物の使用

前述したように規制薬物の使用を禁止する刑罰法規に対しては、刑罰に変わる行政を介した医療などの代替的手段で抑止可能である以上、非犯罪化すべきであるというのが非犯罪化論の骨子です。たしかに、規制薬物の自己使用だけを切り取ってみればそのような考え方も成り立ちうるでしょう。

しかし、規制薬物使用の弊害は使用者本人のみにとどまるものではありません。公衆衛生上の知見のない人が規制薬物を使用する際に用いる注射器を使い回すことで感染症が流行し、公衆の健康に害が及ぶことは想像に難くありません。さらに、規制薬物の使用で生ずる幻覚や幻聴症状あるいは陶酔感から殺傷をはじめとする故意犯や事故をはじめとする過失犯を招来することは経験則上明らかです。

このように考えるとき、規制薬物に関する犯罪は、公衆の健康や安全を保護するために禁止された犯罪とも捉えることができます。非犯罪化論は、この点で個人の自己使用の面にのみ焦点をあてた個人主義的発想に偏っており、公衆の健康や安全に対する配慮を欠く考えであるという反論も可能です。その意味で規制薬物の使用にかかる犯罪は、公衆の安全を危殆化する社会的法益に対する犯罪であると捉えなおすこともできるのです（法益の分類については、第2講を参照してください）。

◆賭博

賭博は先に述べたように自己の財産状態を悪化させうる行為です。そうであるがゆえに、①自己責任論、精神科医による医療機関で治療、さらには破産手続きによる生活再建が可能であることから、刑罰法規で禁止する必要がない。②賭博を犯罪化することで、被疑者・被告人を社会から隔絶することになり一層の経済状況の悪化を招くおそれがあるため、犯罪化せずに治療や生活再建により解決すべきである。以上が非犯罪化論の主張内容です。

しかし、賭博を行う本人から目を転じて、賭博の構造に目を向けたときやはり刑罰法規で禁止する合理性を見いだすことができます。すなわち、公営ギャンブルでもそうであるように、賭場を提供する組織は、賭博により投げ出された財産から賭場を提供する見返りとして、その運営費や賭場の整備のため一定額の手数料を徴収しています（公営ギャンブルの場合には100円につき30円前後が手数料として控除される）。もっとも、こうした手数料は賭場が公営の場合、公共事業にも投資され、最終的に公園整備などに活用されるため国民の福利厚生に還元されている点で、まだ有用ともいえます。

ところが、賭博が民間に対して無制約で解禁されたらどうなるでしょうか。おそらく反社会的勢力を背景とした人物や企業が賭場経営に参画し、賭金から一定額の手数料を控除してその懐に入れることになるでしょう。こうした手数料は反社会的勢力の資金源になり、ひいては賭博が反社会的勢力の温床になりかねないのです。こうして賭博を民間に広く解禁することは、国民の平穏な生活を脅かすおそれのある反社会的勢力の温存や活性化を国家が助長するという皮肉的な効果をもたらしうるのです。

他方において、賭博により財産を失った者が自暴自棄となり、「暴行、脅迫、殺傷、強窃盗その他の副次的犯罪を誘発し又は国民経済の機能に重大な障害を与える恐れすらあ」ります（最大判昭25・11・22刑集4-11-2380）。

このように考えると、賭博行為の犯罪化は、自己の財産に対する加虐行為の防止および勤労の美風を保護するのみならず、やはり国民の平穏な生活を保護する側面があるといわなければなりません。その意味で賭博の非犯罪化論に対しては、賭博犯罪もまた国民の平穏な生活環境を保護する社会的法益に対する犯罪であると反論することが可能です。

◆IR二法（カジノを含む特定複合観光施設区域の整備をめぐる法案）における議論

なお、2016年に賭博場を含むテーマパークや商業施設を一体的に整備することを定めた「特定複合観光施設区域の整備の推進に関する法律」（平成28年法律第115号）が、また、2018年にはその整備や運営ルールを定めた「特定複合観光施設区域整備法」（平成30年法律第80号）が制定され（いわゆるIR二法）、民間団体にも賭場が運営できる体制が整いました。その際、留意事項として検討されたのは、①目的の公益性（賭博から生じた収益の使途を公益性のあるものに限定すること）、②運営主体等の性格（官またはそれに準じる団体に限ること）、③収益の扱い（賭場の業務委託を受けた民間団体が不当な利潤を得ないようにすること）、④射幸性の程度、⑤運営主体の廉潔性（賭場の運営主体から前科者を排除すること）、⑥運営主体への公的監督、⑦運営主体の財政的健全性および⑧副次的弊害（青少年への不当な影響等）の防止です。

こうした検討項目からも明らかなように、賭場の運営を公的団体の管理下に置き、いかに反社会的団体を排除するか、さらには、賭博から得た利益を社会に還元したうえで、賭博中毒者の心神状態をいかにケアするかが重視されています。これは、前述した「勤労の美風」にとどまらない賭博犯罪の新しい保護法益観（国民の平穏な生活を保護する側面）と一致するものとみてよいでしょう。

◆死体や遺骨等の使用・収益・処分

先にみたように死体損壊等罪の処罰は、死者への敬虔感情や死者の人格権を保護するためです。そうすると死者への敬虔感情や死者の生前意向に基づいた「葬送の自由」から、遺族による遺体の一部切除や保存行為は処罰対象から外すべきであるというのが、この罪に対する非犯罪化の考えということになります。

しかし、死体損壊等罪の保護法益は敬虔感情や死者の人格権のみと解するのは狭きに失するのでしょう。遺族による遺体の使用・収益・処分を自由化してしまうと、衛生上の配慮を欠いた遺体の取り扱いや、その遺体の腐敗から生ずる公衆衛生上の問題を生じさせかねません。すなわち、遺族による遺体の取り扱いを自由化することにより、ウイルスや細菌に由来する疫病が流行するおそれもあるのです。遺体の取り扱いや埋葬方法について一定の法規制を受けるのはまさに公衆衛生上の観点からです。こうして、死体損壊等罪は、死者への敬虔感情や死者の人格権ばかりでなく、公衆の健康をも保護法益としていると解すれば非犯罪化に賛成することはできません。

なお、近年においては「葬送の自由」という観念から遺族や生前の死者の意向により死体の風葬や土葬、あるいは遺骨の散骨を希望する声も聞こえてきています。もっとも、これらの行為についても、刑法典190条や「墓地、埋葬等に関する法律」の罰則を厳密に適用すれば、犯罪として立件は可能ですが、それぞれの法律を所管する法務省や厚生労働省は、一定の制約をつけつつ散骨や土葬を事実上容認しています。もっとも、地方公共団体においては公衆衛生上の観点から散骨や土葬を条例で規制しようという動きも増えつつあります。

設問への答え

以上の検討をふまえると、規制薬物を吸引し売買することはなぜ犯罪になるのかについては、規制薬物使用の弊害は使用者本人のみにとどまるものではないからです。すなわち、規制薬物使用に用いる器具の使い回しから生ずる感染症流行のおそれ、さらには、その薬理効果から生じる被害妄想、幻覚および幻聴症状から他人を巻き込んだ故意犯または過失犯を招くおそれがある以上、公衆の健康や平穏な生活も保護する必要があるからこそ犯罪化されたとみるべきでしょう。

また、賭博には各種の害があるとされているので、刑法典上では一般に禁止されています。しかし、特別法で公営ギャンブルが許容されているのは、公営ギャンブルの場合、賭博の過程で徴収される手数料は公共的な使途に利用され、最終的に国民の福利厚生へと還元されるため有効であるからです。民間に解禁した場合、そうした手数料が反社会的勢力の資金源となり、ひいては反社会勢力の温存ないし増強につながるおそれがあり、国民の平穏な生活を脅かす危険があるという差異に着目すれば、民間における賭博が犯罪化される一方で、公営ギャンブルが許容されている合理性を見いだすことができるでしょう。

さらに、遺族による遺体の使用・収益・処分が刑法典をはじめとする刑事規制を受けるのは、その保護法益は敬虔感情や死者の人格権ばかりではなく、死体の取り扱いを自由化した際に想定しうる公衆衛生上の危険回避という公衆の健康をも保護法益としているためであると考えるべきでしょう。

＜参考文献＞

①平野龍一『刑法総論Ⅰ』(有斐閣・1972年) 44頁以下は、「被害者なき犯罪」や犯罪化と非犯罪化について、現代でも色褪せることない筆致でその理念を明確に打ち出しています。

②佐久間修「ヒトの身体構成部分の法的保護とその限界」刑法雑誌44巻2号(2005年) 203頁以下は、死体構成部分の帰属や死体損壊罪の成否について多角的な視野から検討しています。

③安田睦彦「『葬送の自由』と法律」ジュリスト975号 (1991年) 25頁以下は、遺族による「葬送の自由」と行政や法令との抵触問題について詳しく論じています。

第24講

公務員の職務の保護

設　問

公務執行妨害の罪について、次の問いに答えなさい。

①酔っぱらって他人と喧嘩し、怪我をさせた友人が、警察官に交番まで来るよう言われました。しかし、せいぜい任意同行でしかない以上、その指示に従う必要はないと考えた友人は、酔っていた勢いも手伝って、自分の腕をつかんでいた警察官の顔をいきなり殴ったそうです。友人は処罰されるのでしょうか。

②公務員の仕事を妨害しても公務執行妨害罪にならず、単なる業務妨害にとどめる見解がありますが、どのようにして両者を区別するのでしょうか。

《なにが問題となるか》

刑法95条1項は、「公務員が職務を執行するに当たり、これに対して暴行又は脅迫を加えた」場合を公務執行妨害罪として処罰しています。適法な職務を執行している公務員に暴行・脅迫を加えれば、もちろん、公務執行妨害罪は成立します。ただ、公務員によって違法な職務が行われることもあります。それでは、暴行や脅迫を加えて公務員の違法な職務の執行を妨害した場合にも公務執行妨害罪が成立するのでしょうか。

一方、公務執行妨害罪とは別に、業務妨害罪（刑233条、234条）という罪もあります。業務妨害罪は、普通、公務以外の職業その他の事務を妨害した場合に成立する罪です。ただ、公務員の行う公務も、業務の一種にほかなりません。そのため、公務員の職務を妨害した場合にも業務妨害罪の成立する可能性があるのではないかが議論されています。

そこで、この講では、こうした問題について考えてみましょう。

解説

1 公務執行妨害罪

◆職務の適法性

まず、公務執行妨害罪における職務の適法性の要件について考えてみましょう。

刑法95条1項は、妨害の対象となる公務員の職務について、単に「職務」とするだけで、「適法な職務」と規定しているわけではありません。しかし、違法な職務の執行は、保護に値するとはいえないでしょう。もし違法な公務員の行為まで保護すると、公務員の職務そのものではなく、公務員の身分や地位を保護することになってしまいます。そこで、判例（大判大7・5・14刑録24-605）・通説は、公務執行妨害罪における職務の執行は適法なものでなければならない（職務の適法性）としています。なお、職務の適法性の要件は、法文上明示されていないので、「書かれざる構成要件要素」と呼ばれています。

学説上は、職務の適法性の要件を違法要素とする見解も存在しますが、通説は、これを構成要件要素と位置づけています。違法な職務を行う公務員に暴行・脅迫を加えても、類型的に違法・有責な行為とはいいがたく、構成要件該当性自体を否定すべきだからです。

◆適法性の要件

職務が適法であるといえるためには、一般に、①職務の執行が当該公務員の抽象的職務権限に属すること、②当該公務員がその職務行為を行う具体的職務権限を有すること、③その職務の執行を有効にする法律上の手続または方式の重要部分を履践していること、という3つの要件を満たす必要があるとされています。

①抽象的職務権限とは、当該公務員に法律上付与されている抽象的・一般的な意味での職務の範囲のことです。その範囲を越える行為は、そもそも職務の執行とはいえないから、抽象的職務権限は、「適法性」の要件というより、その前提となる「職務」に当たるかという問題です。たとえば、警察官が入場料金の支払示談あっせんを行うことは、抽象的職務権限に属しません（大判大4・10・6刑録21-1441）。

②具体的職務権限とは、当該公務員の具体的な職務行為が法律上の要件を具備していることです。たとえば、警察官には、法令上、被疑者を逮捕する抽象的職務権限が与えられているとはいえますが、警察官が刑事訴訟法212条の要件を欠くような現行犯逮捕をした場合は、具体的職務権限の要件を満たさないことになります。

③手続または方式の重要部分の履践は、当該職務が保護に値するかどうか（要保護性）という問題です。ただし、ほんの少しでも手続・方式の違背があればつねに適法性の要件を欠くというのも現実的ではありません。そこで、現在では、職務行為の相手方の権利を保護するための重要な手続・方式の違反があったか、それとも、軽微な手続・方式の違背にすぎなかったかという観点から、保護に値する職務といえるかどうかを判断する見解が有力になっています。

たとえば、最大判昭42・5・24刑集21-4-505では、討論を省略して採決を図ろうとした議長の措置が違法かどうかが問題となりましたが、同判決は、「かりに当該措置が会議規則に違反するものである等法令上の適法要件を完全には満たしていなかったとしても、……当該措置は、刑法上には少なくとも、本件暴行等による妨害から保護されるに値いする職務……の執行に当る」と判示して、公務執行妨害罪の成立を肯定しました。

◆適法性の判断基準

もっとも、職務執行の適法性をどのような基準で判断すべきかについては、争いがあります。学説は、ⓐ公務員が適法と信じたかどうかを基準とする主観説、ⓑ一般人の立場から適法にみえたかどうかを基準とする折衷説、ⓒ裁判所が法令の要件に従い客観的に判断すべきであるとする客観説に分かれています。

主観説によると、公務員が自己の職務行為を適法であると信じていれば、職務の適法性の要件を満たすことになります。しかし、公務員の行為が明らかに法令に違反していても、公務員が自己の行為を適法であると信じてさえいれば適法性の要件を満たすというのでは、公務員の個人的な判断に従うよう国民に強いることになってしまいます。

折衷説からは、公務員の行為が一般人から適法な職務行為にみえるときには、職務の適法性の要件を満たすことになります。しかし、公務員の行う行為は一般人の立場からは適法にみえる場合が多いでしょうから、折衷説によると、職務の適法性が否定されることはほとんどないといえます。

適法性の要件が要求される趣旨は、公務の保護と国民の人権保障との調和を図るところにあります。そうだとしますと、客観的に法令の要件を満たしていない公務員の行為は、国民の利益を侵害してまで保護に値するものとはいえないでしょう。そこで、通説・判例（最決昭41・4・14判時449-64）は、客観説に立っているといえます。客観説によると、裁判所が法令の要件に従って客観的に判断し、重大な違反があったときには、適法性の要件を満たさないことになります。

◆適法性の誤信

さらに、実際には公務員の職務は適法だったけれども、違法であると誤信して公務員に暴行や脅迫を加えたという場合に、公務執行妨害罪が成立するかという問題もあります。この場合、公務員が適法な職務を執行するにあたり、暴行または脅迫を加えていますので、公務執行妨害罪の客観的要件をすべて満たします。問題は、故意があるかどうかです。公務員の職務が違法であると思っているときには、職務の適法性の認識を欠くため、故意が阻却されないかが問題となるのです。

前述したように、職務の適法性が構成要件要素であるとすると、公務執行妨害罪の故意としては職務の適法性の認識が必要となります。ただ、通説は、職務の適法性の認識があったというためには、「この職務は法令上適法である」とまで思っている必要はなく、一般人であれば適法な職務であると考えるだろうというような事実を認識していれば足りると解しています。そのような事実を認識すれば、規範の問題に直面したといえるからです。たとえば、通常逮捕でいうと、警察官が令状を示し、被疑事実を告げて被疑者を逮捕するといった程度の事実を認識していれば、たとえ「この職務は違法だ」と思っていたとしても、故意は認められます。もし「公務員の職務は違法であるから暴行や脅迫を加えても許される。自分の行為は違法ではない」と思っていたとしても、故意や責任は否定されないというのが、判例・通説の立場です。

他方、一般人であれば適法な職務であると考えるだろうというような事実すら認識していなければ、故意があったとはいえません。たとえば、警察官が令状を示した事実自体を認識していなかったために違法逮捕であると誤信したような場合が、これに当たります。故意が認められなければ、公務執行妨害罪は成立しません。

2 公務と業務

◆業務妨害罪

次に、公務執行妨害罪と業務妨害罪の関係について考えてみましょう。

業務妨害罪は、虚偽の風説の流布や偽計（刑233条）、あるいは威力（刑234条）によって人の業務を妨害した場合に成立します。このように、業務を妨害する手段には、㋐虚偽の風説の流布、㋑偽計、㋒威力の3つがあります。

㋐虚偽の風説の流布とは、虚偽の事項を内容とする噂を不特定または多数の者に知れわたる態様で伝達することです。「あの食品には有害な添加物が使用されている」といった嘘の噂を広めて売上げを減らそうとする場合が、これに当たります。㋑偽計とは、人を欺き、誘惑し、または他人の無知・錯誤を利用することをいいます。気づかれないように工場の機械設備に細工を施して、その機械設備を使用できなくする場合や、宅配ピザ屋に大量の嘘の注文をする場合などが、偽計です。㋒威力とは、人の意思を制圧するに足りる勢力を示すことをいいます。暴行や脅迫のほか、大声で叫んだり蛇を撒いたりして店の営業を困難にする場合などが、威力の例です。このように、業務妨害罪は、様々な手段によって実現することができます。

これに対して、公務執行妨害罪の場合、妨害の手段は暴行または脅迫を行う場合に限られています。したがって、虚偽の風説の流布、偽計、（暴行・脅迫を除く）威力によって公務員の職務の執行を妨げても、公務執行妨害罪は成立しません。

◆公務を業務に含める理由

このように、公務執行妨害罪と業務妨害罪には手段の範囲に違いがあることから、1つの問題が生じます。

たとえば、私立高校に嘘の爆破予告の電話をして、数学の授業を休講にさせたとしましょう。この場合には、業務妨害罪が成立します。私立高校の授業は業務であり、嘘の爆破予告の電話をする行為は偽計に当たるからです。

一方、公立高校に嘘の爆破予告の電話をして、数学の授業を休講にさせた場合、公務執行妨害罪は成立しません。公立高校の教師が行う数学の授業は公務に当たりますが、暴行・脅迫を用いてこれを妨害したわけではないからです。

しかし、同じように高校の数学の授業を妨害しても、それが私立高校の授業なら犯罪となるのに、公立高校の授業なら不可罰というのは不均衡でしょう。公立高校でも私立高校でも、数学の授業の内容や運営方法は同じはずだからです。

そもそも公務員の行う公務といっても、公立高校の授業のように、実質的な内容は民間と変わらないという場合はあります。また、たとえば、市役所の職員による事務は、公共の福祉に奉仕する職務であるという点では民間企業の事務とは異なりますが、デスクワークという点ではその実態は民間企業の事務とあまり変わらないでしょう。

そこで、公務員の行う公務も業務妨害罪の業務に含めてよいという見解が、現在では判例・通説になっています。暴行・脅迫以外の手段によって公立高校の授業や市役所の事務を妨害した場合には、公務執行妨害罪は成立しなくても、業務妨害罪は成立するというのです。業務とは、自然人、法人、その他の団体が職業その他社会生活上の地位に基づいて継続して従事する事務（仕事）をいうと定義されており、公務をこれに含めることは可能です。

◆強制力を行使する権力的公務を業務から除く理由

このように、判例・通説は、公務が業務妨害罪の業務に含まれることを認めています。ただし、すべての公務が業務に含まれるとしているわけでもありません。公務のうち「強制力を行使する権力的公務」は業務妨害罪の業務に含まれないというのです（最決昭62・3・12刑集41-2-140、最決平12・2・17刑集54-2-38、最決平14・9・30刑集56-7-395）。「強制力」というのは、実力行使のことをいい、「権力的公務」というのは、立法、行政、司法という公権力に関わる公務のことです。具体的には、警察官による被疑者の逮捕などが、強制力を行使する権力的公務に当たります。

それでは、判例・通説は、なぜ強制力を行使する権力的公務は業務に含まれないと解しているのでしょうか。それは、強制力を行使する権力的公務であれば、偽計や威力による妨害があっても、それを自力で排除することができるので、業務妨害罪によって保護する必要はないと考えるからです。これによると、警察官による被疑者の逮捕を大声で叫んで妨害しようとした場合には、暴行・脅迫を用いていない以上、公務執行妨害罪は成立しませんし、警察官による被疑者の逮捕は業務に含まれないので、業務妨害罪も成立しないことになります。

逆にいうと、判例・通説からは、強制力を行使する権力的公務以外の公務が業務に含まれることになります。つまり、公務のなかで業務妨害罪の業務に含まれるのは、権力的でない公務（公立高校の授業など）や、権力的ではあるけれども強制力を行使しない公務（議会活動など）になります。これらの公務を威力や偽計などで妨害すれば、業務妨害罪が成立します。

公務の種類		業務に含まれるか
権力的なもの	強制力を行使するもの	業務に含まれない
	強制力を行使しないもの	業務に含まれる
権力的でないもの		

◆強制力を行使する権力的公務以外の公務の妨害と公務執行妨害罪

もう1つ検討すべき問題があります。それは、公務の妨害について業務妨害罪が成立する場合に、公務執行妨害罪も成立するのかという点です。

判例・通説によると、強制力を行使する権力的公務以外の公務は、業務に含まれることになります。公立高校の授業や市役所の事務は、強制力を行使する権力的公務ではないので、これらの公務を暴行・脅迫を用いて妨害した場合には、業務妨害罪が成立します。

この場合、公務執行妨害罪も成立するのでしょうか。暴行・脅迫を用いて公務を妨害しているわけですから、公務執行妨害罪の成立要件も満たすとも考えられます。しかし、学説の多くは、この場合に公務執行妨害罪の成立を否定しています（公務振分け説）。業務妨害罪が成立する以上、公務執行妨害罪の成立まで認める必要はないと考えるのです。これによると、強制力を行使する権力的公務を妨害したときは、公務執行妨害罪が成立して、業務妨害罪は成立せず、逆に、強制力を行使する権力的公務以外の公務を妨害したときは業務妨害罪が成立して、公務執行妨害罪は成立しないというように、公務執行妨害罪と業務妨害罪はどちらか一方だけが成立するという関係にあるということになります。

これに対して、判例は、強制力を行使する権力的公務以外の公務を暴行・脅迫によって妨害した場合に公務執行妨害罪の成立する余地を認めています（最決昭59・5・8刑集38-7-2621）。公務執行妨害罪における職務は、広く公務員が取り扱う各種各様の事務のすべてをいい、強制力を行使する権力的公務以外の公務もこれに含まれると解するわけです。これによると、強制力を行使する権力的公務以外の公務を暴行・脅迫によって妨害した場合、理論的には、公務執行妨害罪と業務妨害罪の両方が成立する可能性があるということになりますが、公務は、公共の福祉に奉仕するものであるから、民間の業務より厚く保護されるのは当然であるとされています。

設問への答え

設問①について、友人は職務中の警察官を殴っていることから、公務執行妨害罪が成立するかどうかが問題となります。この場合、警察官が友人の腕をつかんだ行為が違法であり、職務の適法性の要件を満たさないと考えると、公務執行妨害罪の成立は否定されます。ただし、暴行罪や傷害罪の成立する可能性はあります。これに対して、警察官の行為に重大な違法はなく、適法性の要件を満たすとすると、友人の行為は、公務執行妨害罪の客観的要件を充足することになります。友人は、自分の行為を違法でないと思っていたようですが、事実をすべて認識していたと考えられますので、故意も認められ、公務執行妨害罪が成立します。

設問②について、公務振分け説は、公務を、強制力を行使する権力的公務とそれ以外の公務とに分け、強制力を行使する権力的公務以外の公務を妨害したときは業務妨害罪のみが成立し、公務執行妨害罪は成立しないと解しています。

第25講

汚職と背任の関係

設問

会社の取締役が、会社に内緒で、取引先と支払った商品購入代金の一部を返却してもらうこと（リベート）を約束し、実際に金銭を受け取ることが、（特別）背任罪に当たるとしたら、公務員が関係者から賄賂を受け取った場合も、国民の公僕である任務に背いた点で、背任罪にもなるように思えます。賄賂罪と背任罪の保護法益は、どのように異なるのでしょうか。また、会社法や特別法では、私企業の役職員が収賄罪の主体となっていますが、その保護法益は、どのように考えればよいでしょうか。

《なにが問題となるか》

公務員が賄賂を受け取る行為が犯罪となることに疑問をもつ人は少ないでしょう。しかし、その理由を説明すること、すなわち、賄賂罪が侵害しているのはどのような法益なのか説明することは、じつは簡単ではありません。

会社の取締役が、リベートをもらった場合、会社は本来その金額分安く商品を購入できていたはずですから、会社には財産上の損害が発生しているため、取締役には（特別）背任罪が成立します。公務員が、発注先を選ぶこととひきかえに金品を受領する場合も、利益状況は似ています。では、賄賂罪は、背任罪の代替物なのでしょうか。一般的にはそうは考えられていません。賄賂罪は、背任罪のような財産犯とは別の利益を保護していて、その利益とは、統治システムである国・地方公共団体の作用であると考えられていますが、具体的な内容については争いがあります。また、賄賂罪は、刑法典以外にもあります。そのなかには、会社法上の賄賂罪のように国の作用とはいいがたい規定もあり、法益の理解が問題となります。

解　説

1　賄賂罪の概要

◆刑法典の賄賂罪

賄賂罪は、公務員が仕事とひきかえに金品等の利益（賄賂）をもらうなどした場合に成立する犯罪で、賄賂をもらう側は収賄、送る側は贈賄として、別々の条文で処罰されています。収賄者と贈賄者は、それぞれ相手方の犯行に共犯として関与していることになりますが（198条）、賄賂の授受が行われた場合、収賄側には収賄罪のみが、贈賄側には贈賄罪のみが成立します。刑法典の賄賂罪について、贈賄罪は1つだけですが、収賄罪は7つの類型に分かれており、収賄罪の条文は197条～197条の5という条文に規定されています。このことからわかるように、刑法典における賄賂罪の多くは、現行刑法典成立後に挿入されたものです。しかも、改正は一度になされたものではなく、これまでに大きな改正を三度経験しています。そのため、刑法典の賄賂罪の規定は非常に複雑なものになっています。

◆賄賂罪の類型 ── 基本

基本類型となるのが、刑法197条1項前段の（単純）収賄罪で、公務員が自分の仕事とひきかえに賄賂をもらった場合に成立します（なお、贈賄者と賄賂のやりとりを約束したり、贈賄者に賄賂を要求したりした時点で犯罪は成立します）。特定の仕事を行うことを相手方から依頼（請託）されていた場合、受託収賄罪として単純収賄罪より重く処罰されます（197条1項後段）。賄賂を公務員に代わって第三者が受け取る場合にも賄賂罪は成立します（第三者供賄罪、197条の2。ただし請託は必要）。

賄賂罪においては、賄賂の見返りとして、公務員がなにか仕事のうえで不正をしているように思うかもしれません。しかし、賄賂の対価となっている仕事自体が不正ではなくても上記の賄賂罪は成立します。公務員が賄賂を受け取って不正な行為を行った場合、および、不正な行為を行った対価として賄賂を受け取った場合には、加重収賄罪（197条の3第1項・2項）として、さらに重く処罰されるのです。

◆さらなる賄賂罪の類型

賄賂罪の種類はまだあります。公務員になろうとする者が、なった後に予定されている仕事の対価として賄賂をもらった場合も事前収賄罪として処罰されます（197条2項。処罰されるのは実際に公務員になったときです）。また、公務員が在職時に請託を受けて不正行為を行い、仕事を辞めた後に賄賂を受け取った場合、事後収賄罪として賄賂罪が成立します（197条の3第3項）。

上記6つの賄賂罪は、公務員が自身の職務に関連して賄賂を受け取ったことを必要とします。ただし、例外的に、自己の職務とひきかえに賄賂をもらわなくても、仕事が異なる他の公務員に不正な行為を行わせるように働きかけること（あっせん）の対価として金品を受け取る場合には、あっせん収賄罪という犯罪が成立します（197条の4）。

◆刑法典の賄賂罪の主体

刑法典の賄賂罪が成立するのは、「公務員」が賄賂をもらった場合に限られます。刑法7条1項が「公務員」を具体的に定義していますが、とりあえずは国・地方公共団体の業務に携わる人をイメージしてください。ただし、刑法上の「公務員」には重大な例外が存在します。ある人が、形式的には公務員に該当しなくても、公務に準ずるような公益性のある仕事についている場合、「みなし公務員」と呼ばれ、刑法上公務員と同様の扱いを受け、収賄罪の主体や公務執行妨害罪（95条）の対象となるのです。このような「みなし公務員」の例として、日本銀行の職員や、国立大学の教職員などが挙げられます。

2　保護法益

◆純粋性説と不可買収説

冒頭で賄賂罪と背任罪の類似性について触れましたが、国や地方公共団体も、刑法上、財産の持ち主（帰属主体）としては民間人と同じように取り扱われており（そのように考えないと、国・地方公共団体が被害者となる窃盗や詐欺の説明が困難になります）、公務員が任務に違反すれば刑法上の背任罪が成立します。そのため、賄賂罪は、国の財産を侵害する犯罪ではなく、国の作用を内部から侵害する犯罪と説明されています。もっとも、具体的な保護法益の内容については争いがあります。賄賂罪の保護法益に関する議論の出発点として、2つの見解が挙げられます。

(1)　純粋性説　1つ目は、公務員の職務が公正におこなわれることが賄賂罪の保護法益であり、同罪は不公正な職務行為によって国の作用を内部から侵害する犯罪であると説明します（純粋性説）。もっとも、この見解は、刑法典の賄賂罪の規定にそぐわない点があります。まず、賄賂罪は適法な職務行為に対して賄賂の授受があっても成立します。たとえば、公共工事の発注を担当する公務員に受注者に選んでもらうこととひきかえに賄賂を渡す場合、公務員が受注者を選ぶこと自体は違法な行為ではありません。不正な行為が行われた場合は、加重収賄罪として別途処罰されます（たとえば、賄賂とひきかえに機密を漏えいする場合などが考えられます）。次に、純粋性説を徹底すれば、賄賂罪が成立するためには、賄賂によって職務の公正が害されたこと、すなわち、賄賂をもらった後に不正な行為を行うという順序が必要であり、不正な行為が先に行われてから賄賂を受け取る場合には、同罪が成立しないはずです。しかし、刑法典の賄賂罪は、不正行為と賄賂の先後関係を気にしていません。

(2)　不可買収説　2つ目は、賄賂罪の保護法益を「公務員の職務行為が買収されるべきではないこと」であるとする見解です（不可買収説）。適法行為に対する賄賂を処罰する単純収賄罪が賄賂罪の基本形となっていることがその理由です。しかしながら、「公務員の職務は買収されるべきではない」と言うだけでは、その実態を説明できていないとして批判されています。重要なのは、買収されるべきではないという理由です。

◆信頼保護説

現在の判例（最大判平7・2・22刑集49-2-1など）・通説とされている見解は、「公務員の職務の公正と、それに対する社会一般の信頼」を刑法典の賄賂罪の保護法益であると説明します（信頼保護説）。この見解は、公務員が職務とひきかえに賄賂をもらうことで侵害されているのは、職務の公正それ自体だけではなく、職務が賄賂によって影響を受けたのではないかという国民の不信感であると考えます。

この見解に対しては、「職務の公正に対する信頼」という保護法益がはっきりとしないと批判されますが、信頼が害される結果として公務の円滑な遂行という作用が侵害されているため、保護法益は明確であるという反論が述べられています。また、「○○に対する信頼」という保護法益の内容は、他の犯罪類型（たとえば、金融商品取引法では、株式市場に対する信頼を損なう犯罪を定めています）においてもみられるところで、賄賂罪に限られる特殊な理解というわけではないということも挙げられるでしょう。

3　賄賂の対価としての職務の範囲（職務関連性）

◆「職務に関し」の意義・限界

以上の見解のほかに、公務員には清廉であるべき義務があり、賄賂の授受はその義務に反するという考え方（廉潔義務違反説）もかつて主張されました。しかし、この見解は現在では支持されていません。仕事上付合いのある公務員に日頃お世話になったのでお中元を贈る場合、公務員は利益を得ていますが、賄賂罪は成立しないと考えられています。賄賂罪が成立するのは、特定の職務の対価として（「その職務に関し」て）賄賂を授受する場合に限られると考えられているのです（職務関連性の要件）。

職務関連性の具体的な意義・限界については、保護法益から説明されます。信頼保護説によれば、賄賂の対価となる職務を、当該公務員が「職務として」左右できたと国民が疑いを抱くような状況が必要です。他方、純粋性説によれば、職務が公正に行われない危険性が、公務員が賄賂を受け取ったことによって生じるような状況が必要になります。もっとも、説明の仕方は違っても、結論に大きな違いはありません。

◆職務関連性の判断

公務員が現に担当している職務であれば、「職務に関し」て賄賂の授受があったことが明らかです。しかし、公務員が現に担当していない職務であっても、公務員の仕事内容を定める法令などによれば一般的には担当可能な職務の場合（一般的職務権限）であれば、職務関連性が認められています（最決平17・3・11刑集59-2-1）。それに対して賄賂を受け取っていれば、国民はその職務の公正に対し疑いを抱く可能性があるからです。

さらに、法令に規定されていない職務や、そもそも職務といいがたい行為であっても、職務に密接に関連する行為であれば職務関連性が肯定されます（職務密接関連行為）。たとえば、公務員が長年の慣行上担当している職務や（最決平18・1・23刑集60-1-67）、職務に伴う影響力を同僚や部下に行使する場合（最決平22・9・7刑集64-6-865）、職務に関連する機密漏えい行為（最決昭59・5・30刑集38-7-2682）などがこれに該当します。

◆あっせん収賄罪

以上のように、賄賂罪の成立は、公務員自身の職務の対価として賄賂を受け取る場合に限られるのが原則です。その例外があっせん収賄罪です。あっせん収賄罪は、公務員が、自己の職務ではなく他の公務員の不正な職務行為を働きかけることと引換えに賄賂を受け取る行為を犯罪としたものです。他の公務員への不正行為の働きかけが、職務密接関連行為として賄賂を受け取った公務員の職務関連性の範囲内にある場合、当該公務員に対する加重収賄罪の成立を認めれば足ります。したがって、あっせん収賄罪で問題になっている職務は、収賄者ではなくあっせんを受けた公務員（被あっせん公務員）に関連する職務ということになります。そのため、同罪の保護法益は、第一次的には、被あっせん公務員の職務の公正とこれに対する社会の信頼になります（一般的には、あっせん公務員の廉潔性も二次的に保護法益となると説明されています）。

4　特別刑法における賄賂罪

◆刑法典以外の賄賂罪

賄賂罪は、刑法典以外の法律にも多数あります。刑法典の賄賂罪は、公務員による収賄行為を国家の作用を害するものであるとして処罰対象としていますが、国や地方公共団体以外にも、国家の作用に類する公共・公益作用を担う組織は存在します。そのような組織に属する人々の一部については、前述の「みなし公務員」として、刑法典の賄賂罪が適用されます。

もっとも、公共・公益作用を担う組織にすべて「みなし公務員」の規定があるわけではありません。そのかわりに、当該組織を管轄する法律において、個別の賄賂罪規定が設けられている場合があります。たとえば、日本放送協会（NHK）や日本中央競馬会（JRA）のような法人や、通信・交通といったインフラにかかわる株式会社（NTTやJRなど）、果ては破産管財人など公的手続を担当する者として選任された私人などが挙げられます。このような特別刑法の保護法益は、国の作用に類する公共的・公益的作用を担う職務の公正（およびそれに対する信頼）として説明できるでしょう。

◆会社法上の賄賂罪と特別背任罪

しかし、以上の説明が困難な特別刑法上の賄賂罪も存在します。会社法967条は、取締役などの会社を経営する者への職務の対価としての賄賂を処罰しています。また、同法968条は、株式会社の株主としての権利の行使の対価としての賄賂を処罰しています。これらの犯罪の保護法益はどのように考えればよいでしょうか。

株式会社の取り扱う業務は多岐にわたり、上記のような公共的・公益的特性を一般的に認めることはできません。したがって、国の作用との類似性を根拠に両罪の保護法益を説明することは困難でしょう。

それでは、設問がいうように、背任罪に近い保護法益と考えることは可能でしょうか。確かに、会社法上の賄賂罪の前には取締役等の特別背任罪（同法960条）が定められています。そして、会社の財産への侵害を処罰する特別背任罪の直後には、会社の財産を危険にさらすことを処罰する「会社財産を危うくする罪」（同法963条）が存在します。そのため、その後ろにある同法967条も、会社の財産に危険を及ぼす罪として考えることも不可能ではありません。しかし、そのように解すれば、会社に財産上の損害が発生する危険がなければ同法967条は成立しなくなり、処罰範囲が狭くなってしまいます。また、同法968条の主体である株主や債権者は、背任罪の主体に当たらず、同法960条〜967条までの主体と大幅に異なっているため、同法968条を特別背任罪と結びつけて把握することはさらに困難でしょう。

◆会社法上の賄賂罪の保護法益

したがって、他の賄賂罪と同様に、会社の作用を内部から侵害することが両罪の内容であると解することになるでしょう。もっとも、株式会社一般の作用は国家の作用と類似しませんので、その作用を保護する別の説明が必要です。ここで、特別背任罪が通常の背任罪より重く処罰されるのは、株式会社が多数の利害関係者に影響を与えるという意味で公共的側面があると説明されていることが手がかりになるかもしれません。すなわち、株式会社の作用を侵害することは、公共的側面をもつ利害関係者集団の利益を侵害するから処罰するという説明です。もちろん、この「公共性」を国の「公共性」と同程度に取り扱うことは不可能です。そのため、会社法上の賄賂罪は、刑法典の賄賂罪に比べて成立範囲が限定（不正の請託が必要、賄賂が財産上の利益に限定、主体や対価関係の点で会社の意思決定への影響力行使の場面に限定）されているといえるでしょう。

◆外国公務員贈賄罪の概要

以上の賄賂罪の類型は、収賄側と贈賄側が共に処罰されていました。それに対して、贈賄側だけを処罰する犯罪類型が存在します。不正競争防止法は、外国公務員等に対し、国際的な商取引に関して営業上の不正の利益を得るために、外国公務員に贈賄することを処罰しています（同法18条1項、21条2項7号）。他の賄賂罪と異なり、ここで贈賄しか処罰しないのは本罪の保護法益の理解にかかわります。

本罪の具体例は、「わが国の企業ＸがＡ国で新たな事業を始めようとしたが、当該事業の許可をＡ国で得るためには、Ａ国の役人に許可とひきかえに金品を渡すことが慣行となっていた。そのため、Ｘの職員ＹはＡ国の役人Ｂに金品を渡した」というものです。この場合、ＹからＢへの賄賂の授与によって、Ａ国の職務の公正に対する信頼が害されたことは疑いようがありません。しかし、そこで害されたのはＡ国の作用という法益であり、Ａ国が解決すべき問題です（実際、Ａ国に収賄罪と贈賄罪の規定があれば、ＹとＢは同国内で処罰されるでしょう）。本罪の保護法益を考えるためには、わが国において発生している法益侵害に目を向ける必要があります。

◆外国公務員贈賄罪の立法理由

外国公務員贈賄罪は、経済協力開発機構（OECD）の「国際商取引における外国公務員に対する贈賄の防止に関する条約」を国内的に実施するために1998年に新たに創設されました。同条約の趣旨は、国際商取引における公正な競争の確保にあります。すなわち、国際商取引においては賄賂というルール違反を行うことで、他の競争者から抜け駆けをしようとする事態がしばしば生じており、そのような状況は公正な競争を害するので禁止すべきであるというのが、同条約の目的です。この「公正な競争の確保」が、そのまま外国公務員贈賄罪の保護法益になります。そのため、同罪は

「不正競争防止法」という法律に定められ、「国際的な商取引に関して営業上の不正の利益を得るため」という他の贈賄罪にはない要件が必要とされているのです。また、他の贈賄罪と異なり贈賄者の所属する会社等の法人（上記事例ではX社）も処罰の対象になっています（両罰規定。第26講参照）。

外国公務員贈賄罪は、贈賄者とその競争者との競争関係の不公正という、いわば贈賄側に生じた法益侵害を処罰しています。これに対し、刑法典、特別刑法の賄賂罪は、いわば収賄側に発生した法益侵害に着目したものといえます。しかし、国内公務員に対する贈賄の場合にも、公正な競争の侵害が生じる場合はありえます（設問がまさにそうです）。そうであれば、贈賄者は、収賄者の共犯としての収賄側の法益侵害だけではなく、贈賄側の競争関係にも法益侵害をもたらしたといえ、その当罰性は外国公務員への贈賄と異ならないのではないでしょうか。わが国においては、そのような商取引一般における公正な競争の確保に着目した贈賄処罰規定は存在していませんが、諸外国にはそのような立法例もあります。

設問への答え

背任罪と賄賂罪は、リベート事例などでは同時に存在することが考えられ、両者は重なり合いがあるようにみえます。しかしながら、両者の保護法益はまったく異なります。前者は、国の財産を個人の財産と同視して個人的法益に対する罪であると考えるのに対し、後者は、国の財産ではなく、公共性・公益性をもった統治システムである国家の作用を内部から侵害する罪です。賄賂罪の具体的な保護法益の内容は、公務員の職務の公正であるという考えと、それに加え職務の公正に対する国民の信頼も含まれるとする考えの2つが、現在有力です。

特別刑法には、公務員、みなし公務員以外の者への賄賂を処罰する規定が多く存在しています。その多くは、国家に類する公共・公益作用を内部から侵害する犯罪類型であると説明できます。それに対して、会社法上の賄賂罪については、国家との類似性はみられません。そのため、同罪を、会社財産を危険にさらす犯罪の一種であるとして、特別背任罪と同種の犯罪とする考え方もありますが、多数説は、会社運営の公正およびそれに対する信頼を保護法益として理解しています。その根拠としては、一定以上の利害関係者が想定されるという株式会社の「公共性」が挙げられます。

そのほかに、条約によって導入された外国公務員贈賄罪が存在します。同罪の保護法益は、競争の公正の確保であり、賄賂によって収賄側に生じる法益侵害ではなく、贈賄者とその競争者とのあいだに生じる法益侵害に着目した規定です。

トピックス13 あっせん利得処罰法

あっせん収賄罪と関連して、あっせん利得処罰法という特別法があります。この法律は、いわゆる政治家やその秘書の口利き行為を処罰するもので、あっせん収賄罪の処罰範囲がきわめて限定されていることから立法されました。同法の行為は、あっせん収賄罪と比べると、主体、あっせんの対象・方法、客体、行為に関して限定されている一方、あっせんの内容が不正行為に限られない点で拡張されています。

トピックス14 政治資金規正法

政治家（議員やその候補者）およびその所属する政党との関係では、賄賂罪以外に、政治資金規正法の規制が重要です。この法律は、政治活動の公明・公正を確保するために、国民による継続的な監視や批判のもとで政治活動が行われるようにするため、政治資金の収支の公開と、政治活動に関する寄付の規制（対象者や量・質に関するもの）を定めています。その違反に対しては、刑罰が科せられるほか、選挙権や被選挙権（公民権）が停止されます。この点は、選挙活動を規制する公職選挙法と同じです。ただし、同法と異なり、連座制（候補者の関係者が違反していれば、候補者にも不利益を及ぼす制度）はありません。

第26講

企業犯罪・企業災害と法人処罰

設　問

A市の公共工事の発注に際して、受注業者を選定するために指名競争入札が実施される際、指名業者であるB社の営業部長Xは、他の指名業者3社の営業担当者と、過当競争で、会社が倒産しないように、受注業者を順番で回すことで合意し、長年にわたって、その回の受注予定業者の入札金額よりも、他の業者が高い金額で入札することで、公共工事を順番に受注していました。XとB社の罪責は？

《なにが問題となるか》

テレビや新聞のニュースで、しばしば企業活動によって、多くの人命が奪われたり、健康が害されたり、あるいは、財産が失われたりした事件が報道されています。今日の日本社会では、企業は、経済だけにとどまらず、社会、教育、文化など、さまざまな活動の担い手として中心的な役割を担っています。それだけに、企業のもたらす損害は、個人では到底もたらすことができない大規模なものになることも少なくありません。そうした「企業犯罪」や「企業災害」への対応が、刑法にとって重要な課題となっているのです。

では、どんなときに、個人の刑事責任が問われ、どんなときに、企業の刑事責任が問われるのでしょうか。もし、今のままでは、企業の刑事責任を適切に問えないなら、どうすればよいでしょうか。

解　説

1　企業犯罪への刑法の対応

現行の刑法は、「企業犯罪」や「企業災害」が招いた損害に対して、どのように対応しているのでしょうか。この問いへの答えは、3つのレベルに分けて、整理する必要があります。

◆犯罪や刑罰に関する規定が存在しない場合

第1に、いくら企業が、その活動のなかで、生命や身体などの保護法益を侵害する事態を惹き起こしたとしても、そうした活動を犯罪として処罰する刑法上の規定がなければ、誰の刑事責任を問うこともできません。犯罪と刑罰は、あらかじめ法によって定められていなければならないからです（罪刑法定主義→第2講参照）。たとえば、原子力発電所から放射能が漏出する事故が発生したとしても、それを犯罪として罰する規定がない以上、その事実に対して刑法を適用する余地はないのです（大気汚染防止法や人の健康に係る公害犯罪の処罰に関する法律〔公害罪法〕といった、汚染物質を大気中に流出させた場合に、関係者を処罰することを定めた法律も、汚染物質に放射能を含んでいないため、適用できません）。

◆犯罪や刑罰に関する規定がある場合

第2に、企業活動のなかで、現行の刑法が犯罪として定める行為が行われた場合、その行為を行った個人（法律用語では、「自然人」といいます）は、刑事責任を問われます。化学製品を製造する工場で、有毒物質を河川に漏出させて周辺住民の健康に被害を与えた場合、工場の有毒物質の管理や処理を怠った従業者や工場長は、公害で公衆の生命または身体に危険を生じさせることを禁じた公害罪法違反の罪（同法3条）に問われる可能性があります。また、公害罪法のように、具体的な企業活動を規制する法令の定める犯罪に該当しなくても、食品、薬品、電化製品、自動車など企業が製造・販売した製品の不備によって、利用した人が、傷害を負ったり、死亡したりした場合には、それらの製品の品質管理責任者らに、刑法211条の業務上過失致死傷罪が適用されることも考えられます（もちろん、品質管理責任者らに、過失があればという前提での話です）。

◆罰則の中に「両罰規定」がある場合

第3に、刑法が犯罪として定めるもののうち、そうした行為が、法人の代理人、使用人その他の従業者らによって、法人の業務に関連して行われた場合に、それらの行為者と一緒に、業務主である法人も処罰することを定めた規定（両罰規定）がある場合には、法人である企業自身も、刑事責任を問われます。現在、刑法典には、両罰規定は定められていませんが、前述の公害罪法（4条）のほか、独占禁止法（95条1項1号）、金融商品取引法（207条1項1号）などの企業活動を規制する法律の罰則に採用されており、その数は、600以上に上ります。

2　法人の犯罪能力と処罰根拠

このように、現行法でも、両罰規定が定められているものについては、法人としての企業を処罰することが可能ですが、こうした法人処罰の説明には、学説上、2つのアプローチがあります。

◆法人の犯罪能力否定説

ひとつは、「犯罪は、自然人にしか犯せない」という法人の犯罪能力否定説からの説明です。法人の犯罪能力否定説は、①法人は、法律上の架空の存在でしかなく、刑法上の評価の対象となる行為を行えないこと、②法人は、刑事責任の本質である道義的な非難の対象とはなれないこと、③懲役・禁錮という現行刑法が採用する刑罰制度は、法人には適用できないこと、④法人内の自然人を処罰すれば、法人を処罰する必要性は低いこと等を根拠にして、法人が、「～した者」という刑法上の行為の主体となることを否定します。

なるほど、これらの根拠には、一理あるように思えます。それでは、法人に犯罪能力がないのであれば、現実に存在し、かつ運用されている両罰規定は、どのように理解されているのでしょうか。じつは、法人の犯罪能力否定説も、両罰規定を無効とは主張しません。その代わりに、「法人の犯罪能力は認めないが、受刑能力は認める」と説明します。つまり、法人は、犯罪を行ってはいないが、従業員ら自然人だけに刑事責任を負わせ、企業が不当な利益を得て、儲けるような事態を避けるため、従業員ら自然人の犯罪についての刑事責任が、法人に転嫁される（無過失転嫁責任）と考えるのです。しかし、これでは、犯罪を行っていない者に、刑事責任を負わせて、刑罰を科すことになり、近代刑法の最も重要な基本原則のひとつに数えられる責任主義の原則に反してしまいます。このため、法人の犯罪能力否定説は、今では、多数の支持を得られていないのが現状です。

◆法人の犯罪能力肯定説

これに対して、支持を増やしているのが、もうひとつのアプローチである「法人の犯罪能力肯定説」からの説明です。法人の犯罪能力肯定説は、①法人は今や社会的な実体として認められていること、②「企業倫理」という言葉がしばしば用いられるように、法人も道義的な非難の対象となり得ること、③法人に適した刑罰として、罰金刑が存在すること、④利益を得ている法人自身の活動を効果的に規制するには、法人自体を処罰する必要性が高いこと等を根拠に、法人自身も、犯罪の主体となれると解します。この説明によれば、両罰規定は、法人自身が行った犯罪行為の責任を問うことになります。

◆法人の処罰根拠

今や多数説としての地位を確立している法人の犯罪能力肯定説ですが、そのなかでも、法人の処罰根拠を、違反行為（犯罪）を行った従業者に対する、業務主としての選任・監督上の過失責任と解する過失責任説が有力になっています。たとえば、化学薬品を製造販売している企業の工場で、有毒物質が河川に漏出する事故があり、その河川でとれた魚を食べた人が、重い障害を負ってしまったというケースでは、有毒物質を漏出させてしまった従業者が、その行為の責任を問われて処罰されるのと同時に、業務主である法人も、有毒物質を漏出させないように管理しなければならない大切な仕事に、その従業者を就かせ、しっかり監督していなかったために事故を招いた点について刑事責任を問われるというわけです。

◆過失推定説

また学説上は、そのなかでも、法人側が、注意義務を尽くしていた（無過失であった）と反証しない限り、過失の存在が推定されるという過失推定説が広い支持を集めています。業務主である法人には、従業者をしっかり選任したり、監督したりする義務があるから、事故が起これば、通常、法人に注意義務違反が推定され、法人に、その推定を破る立証義務を負担させるというわけです。判例も、両罰規定における自然人業務主の処罰根拠を、従業者の違反行為に対する選任・監督上の過失が推定されたものと解した最高裁昭和32年11月27日大法廷判決（刑集11-12-3113）の法意は、法人業務主についても推及されるとして、過失推定説に立つことを明言しています（最判昭40・3・26刑集19-2-83）。

過失推定説が通説として支持を集めている理由は、責任主義の原則を遵守しながら、行政取締目的の達成を図るという両罰規定に求められている機能を巧みに調和させているからです。これに対して、一部には、「過失責任説は妥当であるとしても、その過失の存在を推定してしまい、被告側が、無過失を立証しなければ、罰せられるというのでは、近代刑事裁判の大原則である『無罪の推定』に反してしまう」として、法人の過失も、自然人の場合と同じように、検察によって立証されなければならないという純過失説も主張されています。

3　両罰規定による法人処罰の問題点

このように、現在の日本では、両罰規定を適用可能な場合に限って、法人にも刑事責任を問い、処罰することができるしくみになっているわけですが、こうした現状には、多くの問題点が指摘されています。

◆基準の不明確さ

第1に、両罰規定が盛り込まれている法令と盛り込まれていない法令の間に、どのような違いがあるのか明らかではありません。前にも述べましたが、両罰規定は、今では600以上の法令に採用されており、その数は罰則規定を有する法令の過半数になります。しかし、それでも、半数近くの罰則付き法令が両罰規定を定めていないことになりますが、どういう法令に両罰規定が設けられ、どういう規定に設けられないかの基準が必ずしも明確でないのです。普通に考えれば、「企業等の法人の活動を規制する法令に設けられている」といえそうですが、必ずしも、そうとはいいきれない面があります。とくに、問題なのは、刑法典に両罰規定がないことです。刑法典は、大きな企業が経済活動の主役ではなく、その規制の重要性も、今の時代ほど重要ではなかった明治時代につくられました。しかも、定められている犯罪の多くは、殺人罪のように、自然人にしかできないと考えられていたものです。ですから、制定当初に、刑法典に、両罰規定が採用されなかったとしても、無理もないといえるでしょう。しかし、刑法典のなかにも、談合罪や贈賄罪のように、企業活動のなかで起こることが、無理なくイメージできるものも少なくありません。とりわけ、業務上過失致死罪は、多くの企業災害で実際に、関係する自然人の刑事責任を問う際に用いられてきただけに、併せて、法人も処罰しなくてよいのか、疑問が残ります。この点は、あとで、もう一度、立法論のなかで、掘り下げて考えたいと思います。

◆代表者の違反行為に対する法人処罰の根拠の不明確さ

第2に、法人の代表者が、違反行為（犯罪）を行ったときの法人処罰の根拠が不明です。前述したように、両罰規定における法人処罰の根拠は、従業者などに対する業務主としての法人の選任・監督上の過失責任と解されています。しかし、その説明では、法人による選任・監督を受けない、法人の代表者の違反行為（犯罪）について、なぜ代表者と法人が処罰されるのかの説明がつきません。一般的には、「法人の代表者は、法人と同一視できるのだから、代表者の違反行為（犯罪）は、法人自身の違反行為（犯罪）と把握することができ、法人は、自らの行為に対する故意・過失責任を問われる」と理解されてきたのですが、これだと、代表者が違反行為（犯罪）を行ったときに、代表者と法人が処罰されるのに、従業者が違反行為（犯罪）を行ったときには、従業者と法人しか処罰されず、代表者が処罰されない理由をうまく説明できないのです。つまり、代表者自身の過失による違反行為が、法人の過失による違反行為と把握され、代表者と法人が処罰されるのであれば、従業者が違反行為を行ったときは、従業者に対する代表者の管理監督過失行為が、法人自身の管理監督過失行為と把握されるのですから、従業者と法人だけでなく、代表者も処罰されなければならないはずですが、規定は、そうはなっていないのです。

◆法定罰金額の不整合

第3に、両罰規定の多くは、違反行為（犯罪）を行った自然人の罰金刑と法人の罰金刑の金額が同額になっているため、法人を処罰しても効果が期待できません。企業法人のなかには、資産規模が、個人とは比べものにならないほど大きなものも存在します。ところが、両罰規定の大半は、違反行為を行った従業者らに対するのと同額の罰金刑が、法人にも適用されているため、法人を罰しても、意味がないのではないかと指摘されてきました。このため1990年代以降、法令のなかには、両罰規定の法人に対する罰金刑の上限額を、従業者に対する罰金刑のそれよりも高く定めるものが登場しています。たとえば、不正競争防止法や金融商品取引法では、最高7億円の罰金刑が規定されていますし、独占禁止法では、最高5億円の罰金刑が規定されています。ただし、このように法人と自然人行為者の罰金刑の上限額に差を設けているのは、一部の法令に限られているため、今度は、なぜ一部の法令の両罰規定だけが、法人と自然人行為者の罰金刑の上限額に差を設けているのかという新たな問題が生じています。

4 立法論としての法人処罰

◆立法論の必要性

これまで説明してきたように、今の日本では、法人の犯罪能力を認める見解が圧倒的な通説です。ということは、法人は、少なくとも、企業活動に関連するものについては、刑法典上の犯罪でも実行可能で、これに対して刑事責任を問うこともできることになります。ところが、現行刑法には、両罰規定がないため、法人の刑事責任を問うことはできません。では、刑法典に、両罰規定を導入すれば、それで問題が解決するかというと、そうではありません。両罰規定には、前述したような様々な問題が指摘されているからです。

◆法人処罰立法が必要な背景事情

じつは、日本で、法人処罰が、最初に法令に規定されたのは、明治時代でした。最初は、従業者らの違反行為について、法人だけが処罰される形式でしたが、違反行為を行った本人も処罰したほうが効果的ということで、20世紀の初めごろには、両罰規定が採用され始めました。ところが、当時の判例は、法人の犯罪能力を認めていませんでした（大判昭10・11・25刑集14-1217）。また、学説も、法人の犯罪能力否定説が通説でした。

しかし、企業活動を規制する法令に違反したときに、従業者などの自然人だけが罰せられるのでは、企業に対して違反行為を抑止することができず、法人に不当な利益を得させてしまいかねないという問題意識から、法人も処罰することになったのです。つまり、法人の犯罪能力否定説からの説明が、最初は主流だったのです。ところが、その後、日本国憲法が制定され、刑法の運用に当たって、責任主義の原則を、それまで以上に、しっかりと尊重すべきとの機運が高まると、法人の犯罪能力否定説は次第に支持を失い、法人の犯罪能力肯定説にとって代わられることになりました。結果的に、もともと企業活動の効果的な規制のために、法人の犯罪能力否定説の下でつくられた規定を、法人の犯罪能力肯定説に基づき運用することになったことから、いくつもの矛盾を内包することになったのです。

このように、法人処罰の重要性は高まるばかりなのに、現在、法人の処罰を定めている両罰規定が抱える問題は多岐にわたっていることから、両罰規定に代わる新しい法人処罰の立法論も議論されています。

◆企業組織体責任論

立法論において、学説上これまで最も注目を集めたのは、企業組織体責任論です。この企業組織体責任論では、法人の刑事責任を問う犯罪類型を法人の業務と密接な関連性が認められる刑法典上の犯罪にまで広げる一方で、「法人などの企業組織の中にいる自然人の行為は、同時にその企業組織体活動・行為の一こまとみることが前法律的な社会通念である」として、企業のトップから末端の従業者までの企業活動を分担する誰かが、犯罪を実行したことが特定できるか、企業組織活動自体に落ち度が認められる場合に、企業の行為責任を問うことができると説かれます（板倉宏『企業犯罪の理論と現実』〔有斐閣、1975年〕20頁）。

この見解は、前述したような両罰規定の問題点を念頭に置き、積極的な法人処罰を実現するために提案されたものとして、一定の評価を受けました。ただ、法人の行為として把握される範囲が無限定になり、結果責任を問うことになるのではないかといった疑問も呈され、多数の支持を得るには至りませんでした。

◆法人行為責任説（同一視説）

これに対して、現在、広く支持を集めているのは、法人の代表者らの意思と行為を、法人自身の意思と行為と同一視し、代表者らの行為責任を、法人の行為責任と捉える法人行為責任説です。この見解では、企業組織体責任論と同様に、積極的な法人処罰に道を開く一方で、法人と同一視できる自然人行為者の範囲を、法人の代表者などに限定することによって、処罰範囲を合理的に限定することが可能になると理解されています。たしかに、民事法上、法人の代表者が職務上発生させた損害については、法人に責任が生じると定められており（民44条、法人78条など）、こうした限定には一定の説得力も認められます。

◆新しい立法論（組織モデル）の胎動

しかし、法人行為責任説も、なお、現在の両罰規定が抱える本質的な問題を克服できていないといえるでしょう。というのも、そもそも、法人行為責任説も、企業組織体責任論も、法人の刑事責任を問う前提として、法人内の自然人の違反行為を要求する点では共通しています。しかし、今日の大規模な企業の活動においては、社長のような地位の高い者の過失が認定できなかったり、さらには、違反行為者を特定できなかったりしたケースが存在し、そうしたケースのなかにも、法人としては、コンプライアンス体制を適切に構築したり、安全管理システムを整備したりすることによって違反行為（犯罪）発生を防止できたものがあるはずです。それにもかかわらず違反行為（犯罪）を防止しなかった場合には、社長などの個人とは切り離して、法人そのものの刑事責任を問うべきという選択肢もあり得るのではないでしょうか。

しかし、これまでの法人内の自然人の違反行為を要求する立法論では、そうした選択肢はとれません。そこで、近時、学説においては、こうした個人から切り離した法人の組織体としての性質に着目し、法人固有の刑事責任を問う考え方（従来の「個人モデル」に対置して「組織モデル」と呼ばれています）が唱えられています。

◆法人処罰論のパラダイムシフト

これまでの日本における法人処罰論は、もともと自然人だけを対象にすることを当然の前提としてきた刑法理論の枠組みに、異質な法人をはめ込むために、「法人を自然人と同じに扱うには、どうすればよいか」という観点から議論がされてきました。そして、その結果として、法人内の代表者（法人行為責任説）や末端の従業者まで含むすべての自然人（企業組織体責任論）の刑事責任を、法人自身の刑事責任として把握するというアプローチがとられてきました。

しかし、その結果として、個人の行為や意思を超えた「組織」としての側面（自然人を超えた風土や文化をもち、制度として持続することなど）を考慮できないというひずみを生み出してしまったように思います。今日の社会で深刻な問題として捉えられている企業犯罪は、まさに、こうした特徴に起因して、大きな被害をもたらしているのです。したがって、そうした企業犯罪に適正に対応するためには、自然人とは異なる法人の「組織」としての性質を認め、刑法の果たすべき役割について、原点に返って検討することが求められているといえるでしょう。

設問への答え

事例では、A市の公共事業について、B社を含む4社が談合し、入札価格について「カルテル」を結んでいます。このような「公正な価格を害し又は不正な利益を得る目的」での公共事業での談合は、刑法96条の6第2項の談合罪に該当します。したがって、Xは、談合罪の刑事責任を問われることになります。

また、このような談合行為は、一定の長期にわたって行われると、同時に、独占禁止法3条が禁じる不当な取引制限の一類型である「カルテル」にも該当しますから、Xは、この犯罪についても刑事責任が課されます。一見すると、同じような犯罪ですが、談合罪は、公の入札制度を保護法益としているのに対して、独禁法の取引制限の罪は、自由競争の結果、価格が決定する自由市場経済の公正性を保護法益としているため、両罪は、別個の犯罪と解されています（東京高判平5・12・14高刑集46-3-322）。したがって、Xについては、刑法上の談合罪と独禁法上の取引制限の罪が成立し、刑罰については、刑法54条1項前段に従い、重い独禁法上の取引制限の罪の懲役5年以下または罰金500万円以下の刑で処せられます（独禁89条1項）。

これに対して、法人であるB社は、刑法上の談合罪については、法人を処罰する規定がないため、刑事責任は問えません。しかし、独禁法上の取引制限の罪については、95条に両罰規定が存在するため、この規定を適用し、B社に、Xに対する選任・監督上の過失責任が問われます。また、この過失は、B社が業務主であることから、その存在が推定され、B社が、注意義務を尽くしていたという無過失の立証を行わない限り、免責されません。

判例索引

明　治

大　正

昭　和

平　成

令　和

事項索引

あ　行

か　行

さ　行

た　行

な　行

は　行

ま 行

や 行

ら・わ　行

はじめての刑法学

2020年5月31日　第1刷発行

編著者　佐久間　修

発行者　株式会社　三省堂
代表者　北口克彦

印刷者　三省堂印刷株式会社

発行所　株式会社　三省堂
〒101-8371　東京都千代田区神田三崎町二丁目22番14号
電話　編集　(03) 3230-9411
営業　(03) 3230-9412
https://www.sanseido.co.jp/

Printed in Japan

落丁本・乱丁本はお取り替えいたします。　〈はじめての刑法学・320pp.〉

ISBN978-4-385-32087-8